倭国軍事考

若槻真治著

塙書房刊

目次

目　次

倭国軍事考

はじめに

本書は、律令国家形成以前、主として四世紀以降の倭国に関する軍事活動、軍事組織、軍事思想の実態について、文献史学、考古学、国文学、東洋史学などの研究を参考にしながらできるだけ幅広く解明しようとしたものである。

戦後の日本古代史では、軍事全般を扱った単著として、一九六八年に刊行された直木孝次郎氏の『日本古代兵制史の研究』(吉川弘文館)や、一九七五年に刊行された笹山晴生氏の『古代国家と軍隊』(中央公論社)などを嚆矢として軍事研究が進められてきた。近年では『人類にとって戦いとは(全五巻)』(東洋書林)や『戦争の日本史(全二三巻)』(吉川弘文館)のシリーズなど、「戦争」を題材に論集が組まれるようになった。軍事に関係する制度や機構の研究が一定の到達点に達して、戦争そのものを考える研究へと(もとよりその両者は別物ではないが)、対象が移り変わってきたと言える。だがその本質は、直木氏がすでに『日本古代兵制史の研究』で述べているとおり、それが「日本古代国家の性格を明らかにすることに通ずる」からである(同書三ページ)。

私も軍事研究には関心を持ってきた。ただ私の主要な関心は、制度とか機構にではなく倭国の軍事を成り立たせている理念にある。あえて言えば軍事思想や軍事イデオロギーや軍事文化である。これは日本列島に支配権力が形成され、国家が誕生し、天皇制が出現したことと不可分の関係にあったから、体制や組織や支配者が変遷しても、後代の軍事に引き継がれた可能性がある。場合によっては現在も生き残っているのかもしれない。そうであれば「日本古代国家の性格」だけでなく、日本国家(権力)の性格を明らかにすることができるかもしれない。

ところでなぜ軍事活動が生まれるのか。

『古事記』『日本書紀』に記載された軍事活動のほとんどは、王位の継承権争奪や王権内の勢力争いに関するもの、王権に服属しない諸豪族や異族の制圧に関するもの、あるいは高句麗・新羅・百済の朝鮮半島三国の動乱に関するもののいずれかである。

しかし実際は、領域的な支配権、あるいはもっと漠然とした勢力圏をめぐる争いや流通や外交の主導権をめぐる争いなど、いわば「公的」な理由で発生するものから、作物や財産等の配分や窃盗、女性の獲得、集団のメンバー同士のけんかといった、現代の感覚では「私的」と言わざるを得ないような理由を発端として発生するものまで、軍事活動に至る理由はもっと多様だったはずである。その上に周辺勢力からの各種圧迫、気候変動や自然災害、人口増加、疫病などによる不安定要因が加わって、社会的な緊張状態が生まれる。祭りや儀礼のような、共同体意識を再編成する活動と結びつくこともあったかもしれない。こうして様々な原因で緊張関係が高まり、小競り合いが起こり、場合によっては本格的な軍事活動に発展する。

軍事活動には権力を必要とする。規模の大小、性格の相違はあれ、各種の紛争、権力闘争、領域拡大、異民族支配、階級的収奪など、軍事活動を開始し、あるいは収束するためには、多くの場合に権力行為を伴う。そして権力行為は臨時的に発生するものだけでなく、常態化する場合も多く、その場合には権力組織が強化される。

国家形成期においてはなおさらである。例えば原始的公権力の段階では臨時的なものであった戦時の軍事指揮者および軍事組織が、外的国家を形成する途上で、戦争の頻発によって常時の軍事指揮者と軍事組織を生み出し、さらにそれが共同体内外の矛盾と対立の激化に伴って、政治的・経済的な制度や体制を備えた内的国家権力に転成する。国家形成の過程で、外敵を倒すための臨時的な軍事力が内部支配のための常備軍に変質し、国家権力にとってなくてはならないものになる、と言った変遷は一つの典型例と言ってもよいかもしれない。それはともかく、国家形成の過程で王や政権が軍事的性格の色濃いものになることは、一般的に認められることであろう。ただし個別具体的な国家権力の実態は様々であったに違いない。民会が軍事活動に大きな役割を果たすアテネと、数十万単位の兵力を駆使しながら異民族や国内の勢力と戦った中国の帝国と、際立った軍事力で大陸を縦横に席巻した騎馬民族国家と、外海を挟んで大陸とは微妙な位置関係にあったアジアの列島が同様の軍事体制・軍事組織を構築するはずはない。

その上、民族環境や国際環境も大きく影響する。大陸でも海洋でも、近接する民族や国家間で時には戦闘が生じるし、戦闘が生じないまでも、政治、経済、文化の相互関係が多様な権力を育てる。確かに軍事と「国家の性格」とは深く結びついているから、「国家の性格」が多様であるように軍事も多様に展開したはずである。

しかもそれはただ単に国家や軍事の暴力的な側面だけにとどまらない。国家という共同幻想そのものが、自らの支配権や権益を確保するために必要とされたものだったから、そこでは権力主体による社会全体に対する意思の支配・収奪が必要不可欠である。社会を安定させ、政治的・経済的な秩序を建設するために、在来的か外来的かを問わず、観念的・精神的あるいは宗教的・イデオロギー的な支配が、必然的に国家支配に動員される。物理的な暴力だけで支配が完成する国家は存在しない。暴力装置や生産様式や法制度だけでなく、イデオロギーや伝統的な宗教理念などとも深くかかわって、各々異なった軍事思想や軍事文化が作り上げられたに違いないのである。その中には歴史的な変遷とともに途絶えてしまったものも、権力の形態は変わっても引き継がれたものもあっただろう。

このように王や国家権力が多様であるのと同じように、軍事体制や軍事思想も多様だが、こうした軍事に伴う物理的なことも観念的なことも、記紀に記載されているのは、この内のごく一部の、ほんの一場面でしかない。

記紀編纂には、いわゆる帝紀や旧辞、家記、中国・朝鮮半島関連の記録など各種の史料が使われたが、いずれも軍事の一部分しか伝えない。しかも記紀の記事には、それらの原史料の出所が事細かく記されているわけではないし、記録類に由来するものと、編纂段階で明らかに加工されたり創作されたりしたものが混在し、漢籍を用いて修飾された記事も随所にある。記事の背景に何があるのか、それが何らかの史料に基づくものなのかどうなのか、それが実態を伝えているのかどうかが極めてわかりにくい。そのうえ、記紀は古代天皇制国家成立の歴史を記すために制作された、政治的イデオロギーの産物であったことも確かだから、書物全体に分厚いフィルターがかけられているようなものである。つまり記紀の記事から軍事の実態を知ろうとしても困難で、これは扱う史料を『風土記』に拡大したとしてもそれほど変わらない。したがって記紀をテキストとして軍事活動を分析することには、大きな限界があると言わざるを得ない。

私ができることは限られている。考古学や中国史・朝鮮史の知識を持つことはもちろんだが、あとは古代史料を読み込むしかない。史料の限界を十分に知ったうえで、どこまでのことが言えるのか自問自答しながら、ともかく記紀の説話などを中心に考えていくしかない。

各種の記事や説話を読み解きながら、あるいは用語の概念を追究しながら、倭国の軍事活動の在り方を掘り下げ、軍事体制・軍事能力、あるいは軍事思想の位相を明らかにすること。政治論、組織機構論、実証論にとどまらず、東アジア的な視点で、軍事全体を総合的に把握すること。そして倭国や倭王・大王・天皇の権力的特質だけでなく、日本的権力の本質論的把握を進めること。成功したかどうかは心もとないが、こうしたことを本書では目指した。

優れた論文や著作はたくさんあるが、これまで私のような視点と構成で軍事が分析されたことは管見の限りではほとんどないと思っている。

第1章　親征論

初出『古代文化研究十七号』二〇〇九年　本書所収にあたり改稿。

一八八二（明治一五）年一月に「下賜」された『軍人勅諭』には次のようにある。

我国の軍隊は世々天皇の統率し給ふ所にぞある／昔神武天皇躬つから大伴物部の兵ともを率ゐ中国のまつろはぬものともを討ち平け給ひ高御座に即かせられて天下しろしめし給ひしより二千五百有餘年を経ぬ／此間世の様の移り換るに随ひて兵制の沿革も亦屢なりき／古は天皇躬ら軍隊を率ひ給ふ御制にて時ありては皇后皇太子の代らせ給ふこともありつれと大凡兵権を臣下に委ね給ふことはなかりき…（以下略）…（一ノ瀬俊也編『近代日本軍隊教育・生活マニュアル資料集成第二巻』二〇一ページ、柏書房二〇一〇年刊、／は若槻が書き加えた）

よく知られているように、自由民権運動の高まりが軍人に波及するのを恐れた山県有朋は、軍人に求める忠勇の精神を、天皇から勅諭が下賜される形式で成文化して示そうとした。それを起草したのが西周で、西の草稿に福地源一郎や山県自身が手を入れて完成したのが『軍人勅諭』だと言われている（梅溪昇『軍人勅諭成立史』青史出版二〇〇〇年刊参照）。

西周の『軍人勅諭草稿』を見ると、上記と同じ箇所が次のように書かれている。

我が帝国の軍兵は、神武天皇東征の初、大伴、物部、大倭の三氏海陸の軍を司りしより今に二千五百有余年、其間世々の沿革固より屈指に暇あらず、古は親征ならざるも皇后皇太子代りて膺懲の任に当り賜い、未曾て

兵権を他に委し賜わざりしも…（以下略）…（『西周全集第三巻』一〇九ページ、宗高書房一九八一年刊）

つまり西周が「古は親征ならざるも…」と一応は親征の「歴史」を踏まえた見方を示した箇所を、山県はあえて「古は天皇躬ら軍隊を率ひ給ふ御制にて…」と、親征が「制度」であったと断定した。『軍人勅諭』を天皇の絶対的な軍隊統帥権を前面に押し出したものとするために、山県や『軍人勅諭』の制作を最終的に主導した福地は、天皇の親征を太古から定まった「制度」であったと強調する必要があったのだろう。西はそれなりに『日本書紀』や『古事記』の記事に忠実に描こうとしたわけだが、山県にとって記紀にどう書かれているかは二の次の問題だった（梅渓前掲書第三章参照。また佐伯真一『「武国」日本』平凡社新書二〇一八年刊、第四章参照）。

山県的な解釈をする現代の研究者は多い。そこでは倭国の王権は軍事的専制王権で、倭国王（大王）は軍事的専制君主（軍事王）だとされる。

本当にそうだったのか。第1章「親征論」では、王・大王・天皇の親征が証明できるかどうか、『日本書紀』や『古事記』等の史料を改めて見直した。また考古学的に見て、弥生時代以降の歴史状況の中で、軍事的王権や軍事王を輩出する歴史的環境があったのかどうかを検討した。

記紀には、従来から王・大王・天皇が親征を行ったと誤解されてきた説話をはじめ、軍事活動に関連する説話が数多く記載されている。しかしこうした説話が、本当に王・大王・天皇の親征を証明しているのか私には疑問である。彼らが軍事王であったことをむしろ否定するものや、王・大王・天皇が軍事王で、記紀編纂期にその伝統が継承されていたら、このようには描かなかったのではないかと思われるものも多いのではないか。倭王武の上表文にあるような、「躬ら甲冑を擐らし、山川を跋渉し、寧処するに遑あらず」という王・大王と、実際の王・大王では相当なずれがあると私には思えるのである。

また、かつての高度成長期以来、発掘調査が爆発的に増加することによって、考古学研究者による軍事や戦争に関連する遺跡や遺物の調査も急速に進展した。その中には、環濠集落や高地性集落をはじめ、様々な武器・兵器など軍事活動にかかわるものも多い。ただそれぞれの遺物がどの時代のものかも含め、本当に戦闘が行われていたことを証明するようなものなのかどうか、検討すべき課題は多いと感じている。特に四世紀以降、律令体制形成に至るまで、倭王権が軍事的専制体制で、倭国王が軍事王でなければならないほど、戦闘状態が恒常化し、緊迫した一触即発の時代が続いていたのかどうか。私は初期王権形成の推進力を考えるうえでも、古墳時代が開始される背景を考えるうえでも、直接的な軍事活動よりも、より政治的、宗教的、あるいは外交的な要因など、多角的な視点が必要だと考えている。

この問題は古代国家の性格だけでなく、天皇制とは何かを考えるためにも重要である。倭王権の軍事活動は、王・大王・天皇自身が軍事指揮者として国内外の戦陣の先頭に立つような形態とは全く異なる可能性がある。私は倭国を軍事的専制王権とし、王・大王・天皇を軍事王とする考え方には違和感を覚えざるを得ないのである。

第2章　外征論

初出『古代文化研究第十七号』二〇〇九年　本書所収にあたり改稿。

欽明紀を読めばわかるように、古代王権にとって対外関係は最重要事項のひとつであった。特に朝鮮半島三国（高句麗、百済、新羅）との政治的交渉に関する記事は多い。また広く知られるように、倭国では鉄を入手するために朝鮮半島とは活発な交易活動を行った。中でも倭国と最も密接に結ばれた対外的なパートナーは、金海など朝鮮半島南部や南西部の地域であった。そして経済活動だけではなく軍事活動も行った。広開土王碑の碑文に書かれているように、四世紀末には倭軍が海を越えて朝鮮半島に出兵することもあった。

中国大陸や朝鮮半島の側から見れば、日本列島は東アジアの最辺境の地であった。そこで誕生した倭国は、中国大陸と朝鮮半島から、経済的、政治的、文化的な様々な影響を受けてきた。最辺境の地であったから、それは屈折し、しかも複雑な形で届いたと思われる。穏やかな波も激しい波もあっただろう。倭国はそうした渡来文化を基本的には受容する側であったと思うが、倭国は経済的、政治的、文化的に、ある意味ではどん欲に受容したから、人々は激しく交流しただろうし、経済でも政治でも文化でも多くのことに関与したのだと思う。

倭王権は朝鮮半島の諸国に対して、中華思想でいう事大（自国が服属する大国に従属する）と字小（自国に服属する小国を養う）のうち、一貫して字小の立場を貫いた。王権にとってその立場にあることが理想であり、それが目標でもあったことを意味しているが、もとより実態であったわけではない。ところがそれを実態と考えて、かつては「任那日本府」の存在が疑われることはなかったし、現状でも倭国が主体的に、朝鮮半島の諸国に対して大きな軍事的影響力を及ぼしていたとされる。

第2章「外征論」では、外征軍（倭軍）の性格、四世紀から新羅統一にかけての倭軍の軍事方針、王・大王・天皇と外征との関係などについて、主として朝鮮半島を舞台とした『日本書紀』の記事を通じて論じている。第1章「親征論」や第3章「軍兵論」とのかかわりも深い。

私は従来の学説に対して二つの点で疑問を持っている。一つは倭軍の性格についてである。倭軍が倭王権によって中央集権的に編成されたものだったとする考え方には疑問がある。そしてもう一つは倭軍と王・大王・天皇との関係についてである。ここでも一般的に、外征軍としての倭軍の頂点に王・大王・天皇が君臨したことが認められてきたが、それには疑問がある。

前者の倭軍の性格については、四世紀から七世紀後半に至るまで、私はむしろ倭軍に対する倭王権の統一的な関与度は低く、相対的に豪族の自立性が強いのが実態ではないかと考えている。朝鮮半島に派遣された諸豪族が、倭王権に掌握されていたわけでも、一元的な統制を受けていたわけでもない。このことは、倭王権に部族同盟的・連合政権的な性格があったことや、混乱する国際情勢の中で、倭王権の外征方針が必ずしも一貫したものではなかったことからも推定される。こうしたことから私は白村江戦以前の倭軍について、一定程度の統一性は持ちながら、倭王権の関与が緩やかであった〈広義の倭軍〉か、それ以上に豪族の主体性が強かった場合かのいずれかだったのではないかと考えた。

また後者の倭軍と王・大王・天皇との関係であるが、王・大王・天皇が登場する対外関係記事には独特なものも多い。王・大王・天皇は、外征に限らず対外的な場面で「外部」を遠ざける傾向がある。それは中国の古代国家とも朝鮮半島の古代国家とも異なる。「東夷の（小）帝国」の皇帝とは思えないようなものもある。王・大王・天皇にとって「外部」に他ならない中国や朝鮮国家などが、自らの超越性を左右する重要な要因だったからではないか。王・大王・天皇は、それと正面から対峙することを結局は避けてきたのではないか。

従来、倭軍が王権の一元的な統制下で中央集権的に組織されていたことと、その統帥権を倭王・大王・天皇が握っていたことについて、ほとんど疑いが持たれてこなかったように思う。しかし私にはそう思えない。

第3章　軍兵論

初出『古代文化研究第二十一号』二〇一三年　本書所収にあたり改稿。

倭国の軍事活動は、次のように「意思決定」「準備」「実戦」「事後処理」の四段階に分けて整理することができる。

①意思決定に関するもの

情報収集、情報分析、合議、卜占・祭祀等

②開戦の準備に関するもの

間接的準備　支援・提携団体への呼び掛け、合議、軍事計画作成、軍事指揮官決定、卜占・祭祀等

直接的準備　軍兵の徴発、兵器の準備、城塞の建築、兵糧の準備等

③実戦に関するもの

軍兵の出動、移動、配置、戦闘等

④戦後処理に関するもの

占領・統治、恩賞分配、敵兵捕縛・処刑等

第3章「軍兵論」では、こうした一連の過程のうち、「意思決定」と「準備」と「実戦」について検討を加えた。まず意思決定の段階であるが、一定規模以上の戦闘を開始するにあたっては、王権の関係者が協議することを通じて意思決定した可能性が高い。いわゆる「大夫制」や「合議」の問題であり、王権の内部機構の特徴を考えるうえでは、欠かすことのできない問題である。そして、こうした意思決定によって軍兵を動員することになった場合、倭軍全体を統括する実質的な権限、つまり軍事指揮権が誰に所属したのかも問われなければならない。

また開戦が決定すると、将軍を決め、軍兵や兵器をそろえて出動する準備の段階に至る。当然軍隊の規模に応じた輜重も用意されなければならない。朝鮮半島を対象とした外征となると、船の建造や兵糧の調達など、その作業は一段と大がかりだったはずである。

さらに実戦の段階となると、一般的には部隊全体を指揮する将軍を決め、いくつかの部隊に軍兵を配置し、全体の統率を取ったうえで作戦を決めて実戦に臨む、といった過程が想定される。当然相手方に関する情報が取得されていることや、部隊間の伝達手段の確保や、軍兵の役割分担を徹底することが必要であり、そのための訓練などが行われていなければならない。壬申の乱のような白兵戦が、朝鮮半島を含む各地で行われたことをイメージするのであれば当然そうなるだろう。

しかしこうした一連の過程の実態について、具体的に議論されたことはそれほど多くはない。史料がほとんどないうえに、王・大王・天皇の主導的な役割が疑われたことはなく、「国造軍」や「親衛軍」が実在することが前提とされてきたからだろう。その上、一方では朝鮮半島の諸情勢が『日本書紀』を通して考えられてきたために、朝鮮半島の諸勢力が倭国の軍事力に依存していると、暗黙の裡に認めてきたことが背景にあるのではないか。

私は軍事の実態に関して、合議などによる意思決定の在り方や、王・大王・天皇がそこで果たした役割、あるいは「国造軍」が実在するかどうか、「親衛軍」のような常備軍がどの程度整備されていたのか、実戦はどのように行われたのかなど、通説にはいくつかの疑問を持っている。また『日本書紀』の記事を鵜呑みにすれば、数万単位という軍兵の数や、「諸神部及国造伴造等」と言った大袈裟な記述を信じることになるが、私にはこれらのことにも疑問を持っている。第3章ではこうした点について検討を加えた。

第4章　征夷論

初出『古代文化研究第十九号』二〇一一年　本書所収にあたり全面改稿（ほぼ新稿）。

『古事記』『日本書紀』には、王権の正当性や優位性を示すために、土蜘蛛、熊襲、蝦夷などの未開の異族が登場し、その制圧が描かれる。日本武尊説話や蝦夷関係の記事の分量を想起すれば明らかなように、それは王権の正当性や神聖性を構築するうえで、重要な役割を果たしている。つまり、古代日本の正史（支配の縁起）には未開の異族を制圧する説話は欠かせなかった。

第4章「征夷論」では、最初にこうした未開の異族を制圧する説話の背景にあったと思われる、華夷思想の導入について検討する。そして、土蜘蛛、熊襲、蝦夷、隼人等の説話が記紀に記載された意味を考える。

ここでは未開の異族を制圧することを「征夷」とした。この征夷の「夷」は、古代中国の華夷思想に厳密に従っているわけではなく、幅広くこれを用いている。そもそも儒教思想と一体的な関係にある華夷思想は、儒教の理解の深まりやその儀礼の徹底した導入がなければ厳密な意味での華夷思想とはいえない。そして儒教思想の受容が、倭国や場合によっては律令政権下においても不徹底なものだとすれば、華夷思想も不徹底なものにならざるを得ない。厳密な意味で「夷」を用いることは（これは「夷」字に限ったことではないのだが）、古代日本ではそもそも極めて困難なのである。

しかし不徹底なものだからこれを「華夷思想」「夷狄」と呼ばなければよいとも思わない。「不徹底だ」「不十分だ」「異質だ」というような理由でこれを「華夷思想」「夷狄」としないという考え方では、かえって倭国の中華思想導入や儒教導入の意味や特徴、あるいはそれが古代史に与えたダイナミズムを見逃してしまうのではないかと懸念するからである。したがって本書では、未開の異族を制圧する説話を征夷説話と呼び、華夷思想とは不可分のものとして扱った。

私は華夷思想が倭国に伝来するのは通説よりもかなり古く、相当独特な華夷思想というべきであろうが、倭国にとってもその意味も大きいと考えている。倭国権力の支配イデオロギーには、四世紀代以前からすでに陰に陽に影響を与え続けていたのではないだろうか。倭王武の上表文は、政権中枢において、華夷思想の利用に長けた渡来人がいたことを示しているが、渡来人との通交の中で、中央、地方を問わず、漢字が本格的に用いられる前から、一定の認識はあったと考えた方がよいと思う。そしてそれは単に政治的なイデオロギーとして存在していたばかりではなく、天下観、差別感、神話、始祖信仰、氏族意識など、様々な思想形成に深くかかわっていたのではないか。

華夷思想の影響で誕生したのが、土蜘蛛や熊襲や蝦夷が登場する征夷説話ではないだろうか。『日本書紀』の征夷説話は「遭遇型」と「離反型」の二つのタイプに分類することができる。例えば磐余彦が先住の長髄彦と戦ったり、景行が西征で土蜘蛛と戦う説話は遭遇型の征夷説話である。「叛く」という理由で日本武尊などが熊襲を三回制圧する説話、同じく蝦夷を五回制圧する説話は離反型の征夷説話である。

私はこの遭遇型と離反型の違いには意味があると思っている。明らかに征夷を行う権力の姿勢が強化されているからである。また例えば土蜘蛛と蝦夷のような異なったタイプ間や、同じ「離反型」でも例えば熊襲と蝦夷の征夷説話では相違点もあり、それぞれの説話が作られた時期や意味は異なっている可能性が高い。

土蜘蛛、先住者、熊襲、蝦夷などの征夷説話は、ある種伝統的なものから、新たに登場した中華思想の産物もあれば、記紀編纂期の政治情勢を色濃く反映したものまで様々である。こうした征夷説話をいくつかの角度から分析し、征夷説話に隠された特徴とその背景にある思想やイデオロギーを探り、倭王権が華夷思想を導入したことの意味と、支配権力思想の特質を描きたいと考えた。

第5章　倭国軍事思想論序説

初出『古代文化研究第二十六号』二〇一八年　本書所収にあたり改稿。

管見の限り、倭国段階の軍事思想を直接的に取り上げた論文は存在しない。将門の乱や源平の合戦以降は増えると思うが、それ以前を扱った研究は、あったとしてもごくわずかであろう。竹簡が大量に出土する古代中国と違って、史料の絶対量に大きな限界があるし、量だけではなくその質に関しても、両者の間には隔絶した差がある。記紀から軍事思想を抽出しようとしても、思想の名に耐えられるような内容にはまず出会うことができない。極端に言えばオリジナルな軍事思想など、ないに等しい。

さらに『日本書紀』『古事記』『風土記』などの基本文献ですら、来歴が多様なうえに、史料の性格は複雑で加工された痕跡を取り除くことも容易ではないから、思想研究は最もやりにくい分野の一つであると言ってもよいと思う。日本武尊説話のようにまとまった説話があっても、「孤独」や「悲劇」が強調されるなど、それは主として文学的に解釈されてきたが理由のないことではない。その結果、古代の軍事思想に関係する研究は、『平家物語』や『軍記』を研究する国文学研究者の努力に多くを負うことになった。

だが、記紀や風土記などの古代史料には、天皇制国家の建設を妨げる抵抗者を、武力的に制圧する役割を担った数多くの武人が登場するし、軍兵や戦闘もしばしば記載される。武人や軍兵や戦闘は、記紀の「歴史」、つまり「古代天皇制国家成立の歴史」を彩る主要な構成要素のひとつで、一種の立役者だと言える。そして実際に武人や軍兵は存在したであろうし、戦闘も行われただろうから、ただの戦術や戦闘技法としてではなく、武人意識や政治思想と密接に結びついた何らかの軍事思想が存在したのも確かだろう。

第5章「倭国軍事思想論序説」では、日本武尊説話に代表される記紀の武人説話に焦点を絞り、「孤独」「悲劇」から脱却して、武人像を通して軍事思想を描き出すことに取り組んだ。そこではまず武人と軍兵との関係から武人説話を大きく二分類した。軍兵とのかかわりがないかあるいは薄く、基本的に敵対者と単独で一対一で戦う武人説話（単体活動型武人説話）と、軍兵との関係が深く、従軍して戦う武人説話である。そして後者を、自身が戦場で活躍するタイプの武人説話（従軍奮戦型武人説話）と、軍兵を指揮するタイプの武人説話（軍事指揮者型武人説話）にさらに二分類した。つまり武人説話を計三種類のタイプに分類したということになる。最終的には記紀等にほぼ同時に収録されることになるが、来歴や素材を異にすると考えられるこの三種類の説話が共存しているところに、記紀武人説話の特色があると思われる。

そして三種類の説話の背景にある倭語「武（タケ）」の概念に注目した。「武（タケ）」は武人と切り離せないが、それはただ単に勇敢だとか勇猛だとかということばかりではなく、武人個人の呪術的な力や内面的な気質と深く結びついている。一方で記紀には集団的な軍事力全体を指す「武（タケ）」は存在しない。

この「武（タケ）」の概念が重要な意味を持っていたことと、最も古い要素を残していると考えられる〝単体活動型武人説話（単体型説話）〟が重視されたこととはおそらく関連している。また、両者の根底に存在し、両者を支える構造的な志向性や価値観を、より抽象的に〈単体性〉とここでは呼んだ。「武（タケ）」や〈単体性〉は倭国軍事思想を知るうえでの要ではないかと思う。

古代史研究からは逸脱するかもしれないが、私は「武（タケ）」や〈単体性〉は、『日本書紀』にはしばしば現れる「おのづから」の思想、白村江の敗戦、「ますらを」の抒情、武士成立（職能としての武士論）、武士道、公私、そして天皇制など、多様な問題と多岐にわたって接点を持つのではないかと推定する。そしてそこに〝武人の原像〟を求めている。私にとってはここが倭国軍事思想研究の出発点であって、本論を「序説」とした所以である。

以上、本書に所収した論文のポイントに触れながら、私の研究の視角や本書の概要について簡単に解説を加えた。

私は倭王権について、それが軍事的専制権力であったことにも、王・大王・天皇が軍事王であったことにも疑問を持った。しかしその一方で、朝鮮半島での倭軍としての名目的な一体感、古墳の広がりに見られるような全国的同調性、中央を起点とした威信財の頒布と地方からの上番という関係など、倭国に一定の支配服属関係が定着していたことも疑いない。軍団的な組織整備が進むまでは基本的に豪族・王族が徴兵・発兵を行っていたにせよ、倭王権はある程度それを組織化する権限や共同幻想を保持していたのである。

倭王権は軍事的専制王権ではなく、王・大王・天皇は軍事王ではない。しかしそこには国家的にも社会的にも支配権力が実態として存立していた。この支配権力が持つ統治原理の微妙な〈間接性〉とは何か。同時に、単純に軍事指揮者に還元できない王・大王・天皇の存在意義とは何か。こうしたことを考えなければ、倭的（日本的）権力の本質には到達できない。そのことに軍事を通じて、かつ「武（タケ）」のような軍事思想の分析を通じて接近しようとしたのが本書である。

通説とは大幅に異なる結論に達していることも多く、簡単に理解してもらえるとも思っていないが、本書が軍事研究のみならず、権力論や国家論、天皇制論に一石を投じることになれば幸いである。

なお、本書の執筆にあたっては多くの先行研究に依拠しているが、すべて敬称を略させていただいたことをあらかじめお断りする。

第1章　親征論

1.「軍事王としての倭王」論

倭王・倭王権の軍事的性格を強調する論者は多い。広開土王の碑文に残された倭軍による朝鮮半島侵略の記録、中期古墳などからしばしば武具類が大量に出土すること、倭王武の上表文、日本武尊をはじめとする記紀の武力行使に関する数多くの記述、稲荷山鉄剣銘文などから、三世紀後半から奈良時代にかけて、極めて軍事色の強い政権、つまり「軍事的王権」が樹立されたと言う。そして同時に、王権の最高位に君臨する王・大王・天皇は、外交的能力とともに軍事的能力に優れた王（以下これを「軍事王」という）であったと考えられてきた。

しかし倭王権が軍事的王権で倭王が軍事王であったとする見解が、それほど古くから主張されていたわけではない。英雄時代論争やアジア的生産様式論争、古代専制国家をめぐる論争においても、中央政権の軍事力の強大さは当然のように前提とされ、朝鮮半島の「任那日本府」が疑われることもなかったが、軍事に対する関心は全体的に低く、倭王権や倭王が軍事的王権とか軍事王と総括されたことはほとんどなかったと思う(1)。

こうした状況が変化するいくつかの契機があった。

まず大きな契機となったのは、開発に伴う発掘調査が全国で急増する中で、軍事に関連する遺物や遺跡が次々と発見されたことがあげられる。例えば一九七六年に福岡県スダレ遺跡で発見された人骨は、石剣が突き刺さったままの状態であった。戦闘が原因で死亡したとみられるこうした弥生時代の人骨の発見例が増加し、防御的な施設を備えた環濠集落や高地性集落の調査が進んだ(2)。また古墳の発掘調査事例が増えるにつれ、副葬された武器や武具の研究も進み、考古学者によって軍事組織や軍事活動の実態が盛んに論じられるようになった(3)。

また、一九七八年に稲荷山古墳出土鉄剣銘文が解読されたことは、倭王権と軍事とのかかわりに関する議論にも大きな影響を与えた。特にこの鉄剣が東国での出土だったということ、銘文には「獲加多支鹵大王」「治天下」「奉事根源」などという注目すべき文字や、「杖刀人」という〝親衛軍〟を思い浮かばせる語句があったことなどから、この鉄剣は〝軍事的な国土統一〟のイメージに適合しやすかった。また、この鉄剣銘文とともに、倭王武の上表文や江田船山古墳出土大刀銘文などが、「府官制」や「人制」などの当時の政権組織を物語るものとしても注目された。こうしたことから葛城氏や吉備氏を打倒した雄略大王の権力と、倭政権の軍事力(特に武器所有と軍事組織、軍事的トモなど)に対する評価が一気に高まった。そして、この鉄剣銘文の発見に合わせて、井上光貞や岸俊男の先駆的な論考が発表されることによって、雄略期を古代王権の画期とする見解が定着した(4)。

中でも一九八〇年に発表された井上光貞論文「雄略朝における王権と東アジア」は、雄略期の軍事政権としての側面を強調し、いわゆる「倭の五王」として広く知られる五世紀代の王権を明確に性格づけた論文であった。

したがって大観すれば、倭五王のうち、第一—第四の倭国の王権は葛城氏との連合政権であるのに対して、第五の倭王武、すなわち雄略期から以後の倭国の王権は軍事的専制王権としての自己を確立するといってよいであろう(5)。

この井上の論文以降、五世紀後半にあたる雄略の時代を中心に、王権を軍事的側面からとらえることが一般的になった。

また川口勝康らにより記紀系譜の史料批判が進められたことも大きな契機となった。記紀の天皇系譜が、六世紀代に複数の系譜を一つにまとめたものであること、したがって王位（大王位）を世襲で継承する王権内規範の確立も、継体・欽明期を遡らないことが徐々に明らかにされた(6)。

その結果、単一の血族による世襲権力が、古墳時代の最初から中央集権的な権力を確立していたという伝統的なイメージ（万世一系）は崩れ去った。また世襲の否定とともに、王権の構成やその中心地についても通説が見直された。発表年代は前後するが、水野祐の「三王朝交替論」、吉田晶の「部族同盟論」、関晃の「畿内政権論」などの刺激的な研究も再認識されることになった。これらの学説が現在でもそのまま認められているわけではないが、「ヤマト王権」の内部には様々な対立の要素があり、四・五世紀代の政権の基盤が決して固定的でも盤石でもないことが明らかになった意味は大きく、専制王権の構造が見直されることになった。

そして単一の血統によって世襲で継承されたのではなく、複数の王族や有力豪族層の微妙なバランスの上で王位が成り立っていたとするならば、王位（大王位）を獲得するためには、「統治能力」や「外交的能力」「軍事的能力」などの「実力」が必要だったのではないかという見解が生まれる。大平聡の先駆的な研究や遠山美都男らの研究がそうであり(7)、これによって王・大王・天皇と軍事的能力がより具体的に結びつくことになった(8)。

前記した井上光貞の見解では、王権の支配の在り方に関して、雄略以降とそれ以前を、政権の構造が専制型か連合型か、ならびに軍事が中心であったかなかったかの違いで区分していた。しかし「実力」が重視されるにつれ、王権が連合的であったか独裁的であったかにかかわらず、王・大王は軍事指揮者であることで王位を得たとする見解が一般化した。

例えば遠山美都男は次のように述べている(9)。

（筆者注：四世紀代について）

「倭国王」はその直接の基盤であった首長連合の中枢を構成した勢力のなかから、外交・軍事の資質の卓越性、場合によっては具体的な戦争成果などによって選出・推戴されていたのではないかと推定される。[10]

（筆者注：五世紀代について）

この時期の「倭国王」に集中され体現された権力（すなわち王権）とは軍事的支配に関わるものであって、「倭国王」選出の条件として軍事的資質、具体的には外交の延長としての戦争指導能力が重視されていたことが想定される。[11]

「国家は必ずしも力による実体的支配と等号で結ばれるものではない」といった長山泰孝の指摘もあったが、[12]「外交的能力（資質）」「軍事的能力（資質）」は、王・大王・天皇が「即位」するための必要条件として定着したと考えてもよいだろう。[13] 仁藤敦史も次のように言っている。

「倭の五王」段階に顕著であった外向きの「軍事王」としての性格は、対外的な軍事活動の失敗により、新たに卓越した軍事指導者を求めて王や王系を交替させうるという不安定性を絶えず内包していたと考えられる。[14]

このように、より軍事的能力の高い者（王族など）が軍事王に推戴される、という見解は通説であるといっても過言ではない。

こうした見解を歴史像として大雑把にまとめると、次のようになるだろう。

「倭国乱」以降、大和国の三輪山の西麓一帯を中心とする地域に勢力を確立したヤマト王権は、他地域や豪族を圧倒する軍事力を背景に、外交権および威信財の供給権を掌握し、全国規模で支配権を確立した。四世紀・五世紀には強大化した軍事力を背景として朝鮮半島に対する軍事介入も行った。王・大王の地位と称号は、一定の地域勢力内もしくは王族などの血族的結合体の中で、特に優れた軍事的能力を持った者が実力を評価されて推戴され、関東以西の地域の統治者として、有力豪族層を専制的、人格的に隷属させて君臨した。雄略の時代（五世紀後半）には、渡来人を中核として政権組織も徐々に整い、上番した地方の豪族層などを媒介として優れた技術や文化は列島内に広がった。また「治天下大王」として自立性を高めた国王（大王）は、冊封体制から離脱するなど、対外的にも自立していった。こうしてヤマト王権は四世紀から八世紀にかけて軍事力によって維持され、遂には軍事的専制化と世襲化を遂げて天皇と律令国家に結実した…。

しかし私は、倭王権をこのようにとらえる見解には疑問を抱き続けている。「神武東征」以来、歴代の天皇が頻繁に発生した戦争を勝ち抜いて、正当で神聖な天皇制国家や律令国家を作り上げたことが『古事記』や『日本書紀』から証明できるだろうか。軍事王が君主の姿だったのだろうか。

2. 倭王の親征

王の親征は、戦争を自力で勝ち抜くことが当たり前であった春秋戦国以来の中国皇帝が、周辺諸国や異民族に対して、自らの圧倒的な軍事力を誇示し、帝国の秩序には反抗しがたいことを示す象徴的な行為であった。秦の始皇帝は、即位後に広大な範囲で五度の地方巡幸を行い、それを刻石文に残している。それを碑文や歴史書に記録しておくことも、超越的な権力者であった皇帝の、特に軍事指揮者としての事績を顕彰することと、権力の暴力的な正統性を後代に伝えるために重要な意義があった。浜田耕策や武田幸男が指摘しているように、高句麗広開土王碑文でも、王の軍事活動は「王躬率住討」や「教遣歩騎五万」などと、「親征」と「派遣」の表現が使い分けられている[15]。それだけ親征は特筆すべき王の業績だったのである。

倭国王はこのような親征を行ったのだろうか。

先ほども触れたように、倭王権が軍事政権で、倭国王が軍事王であったという見解はすでに定着しているといってよいと思う。熊谷公男も『大王から天皇へ』の中で、「倭王武の先祖の王たちは甲冑に身を固めてみずから征服戦争の先頭に立って列島各地を転戦し、地方勢力を服属させていったというイメージがすっかり定着している」と述べている[16]。

熊谷はそれに対して疑問を述べる[17]。

記紀を見わたしてみても、大王がみずから軍兵を率いて親征をしたというのは、七世紀後半の百済救援の際の斉明天皇を別にすれば、神武東征神話や景行天皇の熊襲平定の話ぐらいなもので、それに準ずるものとして、神功皇后の新羅征討やヤマトタケルの熊襲・蝦夷の征討説話などがあるにすぎない。

さらに次のように言う[18]。

五世紀代には倭王がみずから軍兵を率いることはもはやなく、王権を構成する有力メンバーが倭王の権限を一時的に委譲されて、軍事指揮官として内外の遠征に派遣されていたとみられる。

熊谷は私と同じように王・大王の軍事王のイメージに疑義を持っているわけだが、残念ながら熊谷の見解では物足りない。というのも、記紀には、王・大王・天皇がみずから先頭に立ち、軍兵を率いて実際に戦場に臨んだことを示す記事は、五世紀代以前以後にかかわらずほとんど存在しないからである。親征は「もはやなく」ではなく、王・大王・天皇が親征を行った確実な根拠はもともとないのである。そして「倭王の権限を一時的に委譲され」というが、倭王にそのような「権限」があったのかどうかも不明としなければならない。

熊谷が挙げた例を順に検討してみる。

・百済救援軍の派遣における斉明天皇の行幸

『日本書紀』の斉明七年正月条から同年五月条にかけて、百済から来訪した鬼室福信の求めに応えて、斉明自身が百済救援軍を派遣するために、「御船西に征きて」とみずから筑紫朝倉宮に行幸する記事がある。しかし、斉明が救援軍に対してどのようにかかわろうとしていたのか『日本書紀』は具体的に何も記さない。彼女が軍事王だったのか、別の役割を持っていたのかは不明である。そして戦場を見ることも、救援軍の先頭に立つこともなく斉明は朝倉宮で崩じてしまう（この点は後述する）。したがって斉明は少なくとも親征を実施したわけではないし、それを目指していたかどうかも不明である。

・神武東征神話

『日本書紀』には磐余彦の東征について「天皇親ら諸の皇子・舟師を帥いて東を征ちたまう」と書かれており、みずから軍隊を率いて戦場に臨む軍事王のイメージにはよく適合する（神武紀即位前紀）。しかしこの段階では磐余彦は即位していないのだから、「天子がみずから師を率いて征伐すること」（諸橋大漢和辞典）という意味での親征には該当しない[19]。したがって、この磐余彦や後述する日本武尊、雄略即位前紀に記載された記事など、皇子の軍事活動記事を用いて親征が実施されたことを主張する意見には従えない。皇子の説話と王・大王・天皇の説話を混同すべきではない。

・景行天皇の九州巡幸

景行紀の一連の九州関連記事は極めて説話性・神話性が強く、「神武東征」と同様に事実とは到底考えられないものであるが、そこでは景行自身が九州に至り、「熊襲」や「土蜘蛛」の敵対者を打ち倒しながら、豊前、豊後、日向、球磨、肥後、肥前と九州を一巡する。しかし、その中でさえ、景行が直接軍勢を率いて攻撃を行うような記述は皆無である。例えば豊前では、多臣の祖武諸木等が抵抗する賊を打ち倒し、日向では熊襲の娘の裏切り行為によって倒し、球磨では兵を派遣して倒す。景行は群臣との協議は行うが、みずからが武装して戦場に臨むことはない。具体的な軍事指揮者が不明な豊後を含め、いずれも親征というには景行自身のかかわりが間接的である。

・神功皇后の新羅攻撃

この記事も天皇＝軍事王のイメージを作り上げた代表的な説話だろう。しかし神功（気長足姫）は即位していないからこれも親征ではない。書紀の編纂者がわざわざ妊娠した皇后に男装させ武装させて新羅攻撃を行わせた背景に、天皇を軍事王として描く意図を読み取ることは困難である。書記の編纂者がここで天皇＝軍事王を描くつもりなら、このような造形をするはずはない。神功像には持統天皇像が投影されているという意見もあるが、そうであったとしても相当屈折した創作である。またこの侵略の真の主体は「胎中天皇」であった可能性も指摘されるが、なぜそのような神秘的で手の込んだ軍事説話が必要だったのか別に考える必要がある。だがそうだとしてもこれは親征ではない。

・日本武尊の熊襲・蝦夷攻撃

記紀を通じて典型的な「英雄」であり「タケル」という名称からも軍事王を連想しやすい日本武尊だが、磐余彦と同様に日本武尊は皇子だから、彼の軍事活動は親征ではない。日本武尊は、異族を征服させる勇猛な軍事王として、軍兵の先頭に立って「皇軍」を率いるのではなく、単独の武人として活動し、最後は即位することなく悲劇的な死を迎える少年皇子である[20]。

また日本武尊の西征・東征では、いずれの説話でも軍兵は登場しない。例えば『日本書紀』の西征説話では、十六歳の日本武尊が、美濃在住で弓の得意な弟彦公と、弟彦公が率いる石占横立、田子稲置、乳近稲置を従えただけで熊襲討伐のために派遣されるが、彼らは軍兵とはされていない（景行紀二十七年十月条）。東征説話でも彼に同行するのは吉備武彦と大伴武日連および膳夫だけである（景行紀四十年七月条）。『古事記』の西征説話でも同行者は記載されていない。東征説話では吉備臣等の祖、御鉏友耳健日子が同行するほか、久米直の祖、七拳脛が膳夫として同行するとされるが（景行記）、周知のようにここで日本武尊は、倭比賣に「軍衆を賜はずて…」と嘆いて出立する。つまり日本武尊はこれを「軍衆（軍兵）」とは認識していない。したがって『古事記』の西征・東征説話でもやはり軍兵は同行しないのである。

従う軍兵もいない状態で強敵に立ち向かわなければならなかった日本武尊の行動を、親征とは言わないだろう。また日本武尊がかつては「天皇」として扱われた痕跡はあるが、最終的には、記紀ではそれは採用されなかった。いずれにしろ『古事記』も『日本書紀』も、日本武尊の活動を親征として記載しようとする意図はなかったと考えられる[21]。

このように、熊谷が例示したものも、すべて親征とは断定できないものばかりである。ではそれ以外の記事ではどうか。

熊襲、蝦夷、土蜘蛛などに対する軍事説話や、朝鮮半島に対する軍事説話などを除き、中央政権がかかわった軍事的行為を『日本書紀』の中から抽出してみると表１の通りである（朝鮮半島に関する記事については本書第２章で、熊襲や蝦夷については第４章で取り上げる）。この中で、王・大王・天皇の親征と言える可能性があるものは、

本紀					
番号	条文	対象・名称	種別	軍兵等	戦場その他
A	十年九月条	武埴安彦、吾田姫	野戦	将軍、師、軍卒、精兵、官軍、義兵、軍衆、卒	大坂、那羅山、輪韓河など
B	五年十月条	狭穂彦王、狭穂姫	攻城	卒、師、軍衆、将軍	稲城
C	元年閏十一月条	蒲見別王		兵卒	
D	摂政元年二月条～元年三月条	忍熊王、麛坂王	野戦	将軍、兵、軍、師、精兵、三軍、軍衆、衆	菟道河、逢坂、瀬田
参考	四十年二月条	隼別皇子・雌鳥皇女		なし	伊勢の蔣代野
E	五年七月条	玉田宿禰	屋敷	兵、卒	玉田の家
F	元年二月条	大草香皇子	屋敷	兵、軍衆	大草香皇子の家
G	七年八月条	吉備下道臣前津屋		兵士	
H	十三年八月条	文石小麻呂	屋敷	敢死士	播磨国御井隈
I	十四年四月条	根使主・小根使主	攻城	官軍	日根、稲城
J	十八年八月条	伊勢朝日郎	野戦	官軍、軍	伊賀の青墓
K	二十一年六月条～二十二年十二月条	筑紫国造磐井	野戦	軍、将軍	筑紫の御井郡
L	元年五月条	三輪君逆	屋敷?	兵、衆	後宮
M	二年四月条	中臣勝海連	暗殺	衆	
参考	五年十一月条	崇峻天皇	暗殺	なし	
N	二年十一月条	山背大兄王	屋敷、野戦	将軍、舎人、軍、師、軍旅、軍将、兵	斑鳩宮、生駒、斑鳩寺
O	四年六月条	蘇我入鹿・蝦夷	暗殺	兵、将軍	殿内、法興寺、蘇我家
P	大化元年九月条	古人大兄皇子		兵	
Q	大化五年三月条	蘇我倉山田麻呂大臣	屋敷自殺	軍、士卒、将軍	大臣の宅、山田寺
参考	四年十一月条	有間皇子		(宮造る丁、船師)	市経の家

本文で磐余彦等について論じた関係で、ここにも掲載することにした。

表1　『日本書紀』の暗殺・軍事活動一覧（国内での王族・豪族戦）

王号	即位前紀				
	番号	対象・名称	種別	軍兵等	戦場その他
神武	a	長髄彦	野戦	皇師、兵、軍	孔舎衛坂
	b	名草戸畔、丹敷戸畔	野戦？	軍、皇軍	名草邑、荒坂津
	c	兄猾、弟猾	屋敷	軍門、兵、皇師、軍卒	新宮、殿内
	d	八十梟帥	野戦、屋敷	女軍、男軍、軍、兵、卒、皇軍	国見丘
	e	兄磯城、弟磯城	野戦	皇師、兵甲、兵、卒、女軍、皇軍	磐余邑、忍坂、墨坂
	f	長髄彦	野戦？	皇師、軍卒、皇軍、兵	鳥見
	g	新城戸畔、居勢祝、猪祝（以上、土蜘蛛）		士卒、偏師、皇軍、皇師、大軍	波哆丘岬、坂下、長柄丘岬など
綏靖	参考	手研耳命	屋敷暗殺	なし	片丘の大ムロ
崇神					
垂仁					
仲哀					
神功					
仁徳	h	大山守皇子	野戦	兵、兵士	菟道河
履中	i	住吉仲皇子	野戦、屋敷、宮、暗殺	兵、伏兵、精兵、兵衆、軍衆	竜田山、攪食、難波
允恭					
安康	j	木梨軽太子	屋敷自殺	兵	物部大前宿禰の家
雄略	参考	安康天皇・眉輪王	屋敷暗殺	なし	山宮
	k	八釣白彦皇子・坂合黒彦皇子		兵	
	l	円大臣・眉輪王	屋敷	兵	円大臣の宅
	参考	市辺押磐皇子	暗殺	なし	蚊屋野
	m	御馬皇子・三輪君身狭	野戦	激軍	三輪の磐井
清寧	n	星川皇子	屋敷	軍士、船師	大蔵
武烈	o	平群鮪臣	野戦	兵	乃楽山
	p	平群真鳥臣	屋敷	兵	大臣の宅
継体					
用明					
崇峻	q	穴穂部皇子・宅部皇子	宮	兵、衛士	穴穂部皇子の宮
	r	物部守屋	屋敷、稲城、野戦	軍旅、軍兵、奴軍、軍、衆、兵、衛士	渋川の家、難波の宅、稲城
舒明	s	境部臣摩理勢	屋敷	兵、軍	（摩理勢の）家
皇極					
孝徳					
斉明					
天武	t	壬申の乱	野戦	舎人、兵、諸軍、衆、五百軍、師、軍、伏兵、将軍、精兵、軍卒、軍衆、軍士、勇敢士、士卒、官軍	不破、犬上、玉倉部邑、乃楽山、倉歴、横河、倭京、安河、栗太、瀬田

＊a～g については、h 以下とは異なり「未開の異族」的な性格が強く、本書第4章「征夷論」で再び扱う。

わずかに允恭紀五年七月条にある玉田宿禰を攻撃する記事（E）と、安康紀元年二月条にある大草香皇子を攻撃する記事（F）であろう。

前者では「天皇兵を設けて殺したまはむとす」と書かれ、後者では「則ち大きに怒りて、兵を起して大草香皇子の家を囲みて、殺しつ」と書かれる。E、Fのように、軍兵の指揮官の派遣記事がないまま、兵を挙げて殺害に及んでいるから、王・大王・天皇が直接的な軍事行為に及んだと読み取れる可能性が全くないわけではない。また崇峻紀五年十月条には、崇峻が宮殿で兵器を準備していたという記事もある。しかし、これらの記事は可能性としては残るものの、ここには王・大王・天皇がみずから軍兵を率いて戦場に向かったことが具体的に記されているわけではなく[22]、指揮官の派遣記事が省略された可能性もある。したがって親征と断定することには慎重にならざるを得ない。

用明以降の比較的新しい時代の記事では、表1のL、M、N、O、Pのように、親征どころか大王・天皇が軍事活動にかかわった形跡すらないものが多い。Lでは、穴穂部皇子が物部守屋と蘇我馬子に了解を求め、物部守屋が軍勢を率いて三輪君を討ち、Mでは、物部守屋に同調する中臣勝海連を彦人皇子の舎人が暗殺するが、いずれもこれらの戦闘行為に用明が関与したという記事はない。Nでは、蘇我入鹿が巨勢氏と土師氏を派遣して山背大兄を斑鳩宮に襲うが、これにも皇極が関与したという記事は全くない。Oはいわゆる乙巳の変で、中大兄皇子たちの勢力が蘇我本宗家を攻撃する。皇極は大変驚いて「知らず、するところ、何事ありつるや」と述べたと記載されている（皇極紀四年六月条）。Pでは、古人大兄の謀反が発覚したことを知り、中大兄が菟田氏や高麗氏を派遣して古人大兄を討つが、ここでも孝徳の関与については一切記されていない。斉明紀四年十一月条でも、謀反に荷担していた蘇我赤兄が有間皇子を裏切り、赤兄に命じられた物部氏が、宮殿を造るために動員された労働者を率いて有間皇子を包囲したとされるが、斉明に報告されるのはその後のことである。

いずれの戦闘でも、王族や有力豪族が兵を挙げるか配下の豪族に指揮を取らせて兵を派遣するが、当時の大王であったはずの用明、皇極、孝徳、斉明は、軍事王として登場しないだけでなく、軍事活動に一切かかわらず、事件に関する立場が全く明らかにされない。言うなればすべて黙認するか事後追認するだけであるかのように記載されている。

そしてこの傾向は、清寧以降の即位前紀の記事からも確認することができる。もちろんここでは、将来大王・天皇になるべきであると書紀編纂者が認定した、有資格者としての皇子が対象であるが、先述した大平聡や遠山美都男のように、大王位の継承には軍事的資質が必要であったと考える意見もあるので、本紀のL、M、N、O、Pと同じように、彼らが軍事活動に無関与であった点には注目してよいのではないか。

例えば表1のnでは、大伴室屋大連が雄略の「遺詔」を根拠に星川皇子を攻撃するが、白髪皇子（後の清寧）はまったく関与しない。o、pでも、「王」になろうとした平群真鳥臣と、その子の鮪に対して、小泊瀬皇子（後の武烈）と大伴室屋が相談して攻撃を加えて勝利する。しかし実際に軍勢を率いるのは大伴連であって、小泊瀬皇子は攻撃には関与しない。『日本書紀』武烈天皇即位前紀では、『後漢書』光武帝紀の「光武、将数千兵、徼之於陽関」の記事を採用して[23]、「大伴連、将数千兵、徼之於路」と記述している。書紀の編纂者は『後漢書』の親征記事を確実に知っているが、軍事指揮者を皇帝から大伴連に書き換えた。親征を記載することには消極的なのである。

またqも、蘇我馬子が炊屋姫命（後の推古）の指示で穴穂部皇子と宅部皇子を攻撃するが、次代の大王となる泊瀬部皇子（後の崇峻）は一切かかわっていない。rでは、蘇我馬子などが中心となって物部守屋を攻撃する。

攻撃軍は泊瀬部皇子などの皇子軍と群臣軍の両方で構成されているが、泊瀬部皇子はこの皇子軍の一員であるにすぎず、泊瀬部皇子が攻撃軍を率いているわけではないし、また後に崇峻が即位するに際して、この戦争での活躍が影響したような形跡もない。ｓでは、蘇我蝦夷が軍勢を派遣して同族の境部臣摩理勢を攻撃するが、発端となった大王位継承の当事者であった田村皇子（後の舒明）と山背大兄皇子はまったく関与していない。

古代史上最大の国内戦といわれる壬申の乱においてはどうか。大友皇子は瀬田橋の西で「大きに陣を成せり」と、最前線で陣営を築いていたとされる。しかし大海人皇子は、周知のように軍事指揮権を高市皇子になぜか委譲し、直接的に戦場に臨むことはない。高市皇子も「軍衆に号令したまふ」とされるが具体的な活動は不明である。この壬申の乱の記事を見ても、書紀の編纂者に、大海人皇子や高市皇子を戦場に直接臨む武将的な皇子（実戦上での軍事指揮者）として描こうとした気持ちが強くあったとは思えない[24]。

このように王・大王・天皇が親征したことを示す確実な記事はほとんどなく、記紀編纂者が王・大王・天皇が親征を行うことに関心や認識が希薄だったことがわかる。そしてそればかりでなく、大王位継承候補者が軍事指揮者的な能力や資質を備えていたものでなければならなかったのかどうか。この点に関しては二重王権との関係で本章の最後に再述するが、これについても疑問は多い。一二一ページで引用した遠山美都男の見解のように、「軍事の資質の卓越性」「戦争成果」「軍事的資質」「戦争指導能力」が「即位」と直結したかのような想定は、少なくとも六世紀以降では認めがたい。

では倭王武の上表文はどう考えるのか。

よく知られるように、上表文には「昔自り祖禰躬ら甲冑を擐らし、山川を跋渉し、寧処するに遑あらず。東のかた毛人五十国を征し…（略）」とある。武王の祖先たちは、自らが武装して、休む間もなく戦闘行為に従事していたと書かれている。まさに親征する軍事王が描かれているといってよい。

しかし、「躬ら甲冑を擐らし、山川を跋渉し、寧処するに遑あらず」という一文自体が、『春秋左氏伝』や『晋書』の中で用いられた、いわば常套文であり、上表文の全体が漢籍からの引用句で成り立っていることもしばしば指摘される[25]。上表文が書かれた目的が、宋の権威を背景に、朝鮮半島での倭の立場を向上させることと、宋から官爵を得ることで倭王の国内で地位を向上させることにあったから、倭王としては、「祖禰」が皇帝の藩屏として領土拡大に貢献したことを強調して、宋皇帝に恭順する姿勢を示す必要があった。その点から考えると、上表文に描かれた軍事行為が史実に基づくものだとは単純には信じられない。

「東…毛人…征」「西…衆夷…服」に関しても、五世紀後半に実際に行われたとは思えない。倭王権が関東以北の東北経営に直接乗り出すのは七世紀以降だが、毛野君などとの連携関係を基盤にしたものであった。また九州についても磐井の乱以前に直接的な戦闘が行われたとは思えない。したがって上表文に言うような関東や九州を対象とした軍事的征服活動が、この段階で実際に行われたとは考えられないのである。「海北」に関しても同様だろう（本書第2章参照）。

上表文の記載は、当時の国際情勢の中で、倭王権が国内的・国際的な地位の維持にいかに腐心していたかを知るうえでは格好の史料である。しかし、五世紀後半の王・大王が軍事王で、王権が軍事的専制王権であったことを具体的に証明する史料にはならない[26]。

3. 倭王権と軍事

（1）弥生時代から古墳時代前期の戦争と軍事

倭国王が親征したことを論証する史料が乏しいことを指摘したが、では倭国内外の軍事的な状況はどのようなものだったのだろうか。軍事王を輩出するような歴史的背景が認められるのだろうか。弥生時代以降の戦争の歴史について、考古学の成果を振り返ってみたい(27)。

おそらく縄文時代にも何らかの戦争はあったのだろうが、日本列島で一般的に戦争が見られるようになるのは、紀元前五世紀から前四世紀にかけて、朝鮮半島から稲作とともに、環濠集落が玄界灘沿岸部に伝来してから後のこととされる。前三世紀になると環濠集落や武器が出土する範囲は広がり、その量も増え、つまりは軍事・戦争が西日本の各地に広がったと思われる。

交易・外交の拡大とともに戦闘の規模は徐々に拡大したと考えられ、はじめは小規模な集団同士による水利権や耕作地の占拠をめぐる争いが、次第に共同体の統合によって作られた政治勢力同士の、より大規模な共同体間での政治的・経済的闘争へと激化していったものと思われる。

そしてこの統合・階層化が進行する過程で、特に弥生時代前期後半（前三世紀後半）から中期後半（前一世紀後半から一世紀前半）にかけて戦争犠牲者の数が増えるように、戦争は激化し、共同体間の格差は拡大し、共同体内の階級関係も厳しくなったとみられる(28)。また、橋口達也が福岡県吉武高木遺跡に埋葬された犠牲者を例に出して述べているように、この段階では、いわゆる「首長層・首長層周辺」の有力者が先頭に立って戦闘に加わっていた。[29]この時代の政治権力を「王権」と呼び、その首長を「王」と呼ぶのであれば、確かにこの段階では「親征する王」を認めることができるかもしれない。

ただし高地性集落のピークは弥生時代中期末から後期初頭、環濠集落は弥生時代早期に出現して中期末を境に後期には衰退すること、戦争犠牲者は中期中頃がピークであることなどから考えると、[30]中期を中心に西日本各地で戦乱が発生した可能性は高いとしても、いずれも『魏志倭人伝』の「倭国乱」が推定される二世紀後半（後期末）とは時期が異なる。したがってそれは「倭国乱」とは区別して考えなければならない。おそらく弥生時代中期ごろの戦闘や軍事と、後期末の戦闘や軍事（倭国乱）とは規模も質も異なるであろう。[31]そして政治的・経済的・文化的に他を凌駕していた九州北部から、その中心が畿内に移動するのもやはり後期末から末期前半（二世紀後半から末）と考えられる。

考古学者の中でも見解は様々である。例えば都出比呂志は弥生時代の戦争を四段階に分ける。早期から前期の小規模なもの（第一段階）、中期の「国」を築く段階での戦争（第二段階）、そしてその「国」を大きなブロックに統合するときに西日本全体を巻き込んで発生した、弥生時代後期の「倭国乱」（第三段階）、そしていったん卑弥呼を共立した後に「邪馬台国」と「狗奴国」との間で争う三世紀中頃の戦争（第四段階）である。[32]

一方で寺沢薫のように、中期の戦いを、「奴国」「伊都国」を中心として連合する二大勢力の形成が、瀬戸内、山陰、近畿周辺に成長しつつあった「キビ政権」「イズモ政権」などの政治勢力に政治的・軍事的緊張を与えたと考える研究者もいる。[33]そこでは、青銅器の大量埋納や環濠集落、高地性集落の造営に見られるような戦時体制的な対応を、西日本エリア全体に同時代的かつ広範囲にわたる大規模な勢力同士の軍事的対立の結果と考えるのである。

また「倭国乱」に関しても、都出のように西日本の政治的統合にかかわる戦いと考える研究者もいれば、近畿の豪族間での抗争と解釈する研究者、北部九州から大和への東遷、あるいは逆に大和から北部九州への西遷によって、地域政権同士で服属関係を確認しあう、軍事行為に準じた何らかの政治的行為が行われたことを推測する研究者もいる。あるいは「筑備播讃」などの地域政権が連合して近畿中部で新政権を樹立する際の、相互牽制した政治的緊張感を表現したものと考える研究者もいて、未だに諸説は対立している(34)。

「倭国乱」の実態には不明な点が多いが、この時期の戦闘は「イズモ」対「キビ」とか、北部九州対瀬戸内とか、瀬戸内対近畿のように拡大することはなかったと私は考えている。考古学的に見ても、北部九州から西日本にかけて、地域勢力同士が実際に戦いあったという痕跡はなく(35)、征服戦争のような広範囲にわたる軍事活動が頻繁にあったとは考えられない。古墳発生期前後の弥生墳丘墓や発生期古墳の被葬者から、戦闘行為の痕跡が発見されたという例も聞かない。緊張感が高まったとしても、大規模な戦闘には至らなかった可能性が高い。

朝鮮半島との交易でいえば、弥生時代の後期末に「原の辻＝三雲貿易（交易）」から「博多貿易（交易）」へと交易ルートは変化した可能性があり(36)、日本海沿岸を結ぶルートと瀬戸内海ルートでもその影響を受けている可能性がある(37)。しかし福岡平野の勢力は一貫してそれにかかわっていたとされ、鉄素材をはじめとする朝鮮半島との交易・物流が長期間にわたり断絶することもなく、土器の分布や形式の変化も、広い範囲で混在しながら比較的穏やかに進む。

こうしたことから考えると、戦争を発端として社会が急激に変化した可能性は低い。むしろより大きな変化が確認されるのは、沖ノ島遺跡での祭祀が開始され、博多湾の勢力が急激に衰退する古墳時代開始以降である。交易の状況から見ても、各種の戦闘行為が仮にあったとしても、私には弥生時代後期から古墳形成に至る段階で、それが広域化した、あるいは激化したとは思えないのである。

以上、簡単にこれまでの研究を振り返ってみた。弥生時代中期から卑弥呼・壱与の時代に至るおよそ五百年間は、その後の王権や国家形成の動向、王・大王・天皇の性格を決定づける極めて重要な時期である。今後も国家成立に関する論議として、前方後円墳の発生と巨大化・広域展開に関する問題や、鉄の流通や所有の問題、威信財の問題、九州、瀬戸内、山陰、東国との関係の問題、あるいは「邪馬台国」の所在地の問題や東アジアの国際情勢なども複雑に絡み合って論じられることになるだろう。さらに考古学的な遺物や遺跡の実年代に関する研究を見直すことや、弥生・古墳時代全体の編年を確定することも今後に残された課題だと思われる。

十分な整理ができているわけではないが、初期王権の王と軍事とのかかわりで私が重視する事項をあげると次の通りである。

まず二世紀後半から末にかけては、環濠集落や高地性集落のように戦時体制に対応した集落は衰退し、纏向遺跡のように、環濠も柵列も持たない「無防備」な大集落が、いわゆる「ヤマト政権」の中枢部に造営されて拡大する[38]。古代中国に見られるような巨大な城壁を持つ城塞都市は、古代倭・日本ではついに造営されなかった。このことから考えると、「ヤマト政権」成立の背景にたとえ戦時的な緊張感があったとしても、劇的な軍事的征服を推定することはできないだろう。

したがって、初期王権形成のダイナミズムを考える場合には、直接的な軍事活動よりも、政治的・宗教的な原因、あるいは交易の拡大や対外関係に起因する求心力によって、地域政権の連合化が進んだと考えるべきだと思う[39]。そして当然それは当時の王の性格とも深くかかわったはずである。

次に、よく知られているように、『魏志』倭人伝には「其の国、本亦男子を以て王と為す。住まること七、八十年にして倭国乱れ、相攻伐して年を歴。乃ち共に一女子を立てて王と為し、名づけて卑弥呼と曰う。鬼道を事とし能く衆を惑わす」とあり、(40)卑弥呼は「共立」される。

「共立」の意味を考えなければならないが、壱与も含め、二度の紛争を軍事的指揮者が克服できず、何らかの非軍事的な手段で結集したという伝統の意味は重い。そしてここで最も重要なことは、戦乱の可能性を胚胎させながら、少なくとも日本列島で史上初めての規模で、地域や中央の豪族たちが結集したことであろう。

権力の連合化を進める初期王権のダイナミズムが「共立」に象徴されているとしたら、これは「ヤマト王権」が、北部九州にあった伝統的な勢力をはるかに上回る、他を凌駕する規模で勢力をまとめたことを意味する。そしてそれは王権の存立や維持、および王・大王の性格にとって本質的な意味を持っていたと思う。

上述したように、弥生時代中期後半までは、犠牲になることを恐れることなく軍事活動の先頭に立った「首長」が存在したといわれる。しかし「相攻伐」しても決着がつかず、その結果「共立」したということは、戦いによる、まさに実力による覇権の争奪ではなく、他にまとまる何らかの手段があったこと、そしてすでに戦う「首長」の時代ではなくなったことを意味している。つまりこの段階、いわゆる「ツクシ政権」「キビ政権」「イズモ政権」「ヤマト政権」などの「王」は、戦わない「王」だったのではないか。具体的に論証することは不可能に近いが、初期王権の形成過程においては、「征服」「服属」も、軍事的な意味ではなく、より政治的・宗教的・イデオロギー的な意味で考えられるべきではないか。

そして古墳、特に前方後円墳をどう考えるかも重要である。言うなれば前方後円墳を中央政権による軍事的な征服の象徴とみなすかどうかである。

確かに古墳は畿内・大和の中心性を如実に示しているし、その規模、副葬品の量、石室や石棺の形態など、物的な格差は歴然としている。その点で福永伸哉が言うように、古墳は「成立したヤマト政権が政治的主導権を維持発展させていく目的で創出した「統治手段」としての墳墓記念物と理解すべき」なのかもしれない[41]。

しかし前方後円墳は北部九州の要素や吉備の要素などを取り入れて形成された政治的・文化的複合物である。また前方後円墳をはじめとする定型化された古墳の造営が、各地に広がるスピードは驚くほど速い。そして結果的には複数のタイプの墳墓が広域的に受容され、さらに三百年間にわたって造営され続ける。

軍事的に制圧した支配者が暴力的な「統治手段」で造営した（させた）としたらこのようになるのだろうか。「統治手段」であれば、支配権力者は管理・独占を強化し、むしろその様式を特権的に、しかも限定的に用いるのではないのか。そして制圧された側もそれを受容することに抵抗するのではないか。

前期古墳に限らず、規模、墳形、副葬品の質、副葬品の量、造営場所等が、例えば中国の礼秩序のように整然と管理されていたとは思えない[42]。このことは、古墳がただ単に軍事的で制度化された征服の産物ではなく、政治的・経済的・宗教的・イデオロギー的な産物であるとともに、各地域の要素を積極的に混在させた複合的なシンボルであったことを示している。したがって古墳には、「ヤマト政権」の支配権力に起因するある種の共同幻想が緩やかに浸透していた側面と、それとは別に地域ごとの独自性を幅広く包摂する側面の両方の性格がある。古墳が軍事的専制王権を象徴するシンボルであるなら、このようにはならなかったのではないか。

（2）古墳時代中期以降の戦争と軍事

では初期王権形成以降、いわゆる古墳時代中期以降についてはどうなのか。通説では、倭王権は前代以来の鉄や鏡をはじめとする威信財の搬入を行う外交や経済活動の統括者であるとともに、軍事政権的な性格を強め、王・大王がその指揮者であったとされる。前方後円墳の全国への波及が、極端に言えば日本武尊の西征・東征説話や、武王の上表文にあるように、王・大王が「祖禰」のように自ら甲冑に身を包んで各地を転戦し、「毛人」「衆夷」「海北」を征服したというストーリーになぞらえて説明される傾向すら、未だに存在する。

また特に中期古墳の副葬品に大量の武器・武具が発見されることなどから、威信財の埋納が顕著である前期古墳と対比して、王権が軍事体制へと転換したととらえる解釈がある。また地域によっては前方後円墳が突然出現することや、古墳の規模や造営地域が変化すること、古墳によって武器の副葬に様々なバリエーションがあることを、中央政権による軍事的介入（将軍の派遣）や政治的統制が強化された結果であると考える場合もある。さらに、地方の古墳でこうした武器・武具が発見された場合、それを中央政権からの「分与」「配布」「下賜」ととらえ、中央集権的軍事組織が全国的に形成されていた証拠であるとする、「同笵鏡理論」を武器に転用した解釈などもある。

しかし、古墳が全国に広がる過程と、倭王権の軍事活動が連動していることを示す明確な根拠はない。甲冑など武器・武具の生産技術が伝播することはあったとしても、それが古墳の造営や、軍事的支配や征服活動とどのような関係にあったのかは明確ではないし、そもそも武器・武具が畿内だけではなく、全国各地で出土することは、中央権力が軍事力を独占していないことを示しているのではないか。朝鮮半島の技術や物資の導入も、地域的な特性があることや伝搬ルートが多様であることから考えると、すべてが中央権力のコントロール下にあったとは思えない(43)。

また古墳に副葬される武器・武具や被葬者の解釈についても、未だに定説を見ない状況にあるといってよい。

武器や武具をなぜ古墳や陪塚に副葬するのか。武器・武具と鏡とガラス玉などにはそれぞれどのような価値があったのか。これらを副葬する意味はどう違うのか。副葬品として埋納される武器が、武威を示すものか、辟邪なのか、あるいは軍事組織や軍事力を直接的に示しているのか。副葬された量の意味は何か。そして、そもそも古墳が造営される意味と、立地場所や規模の意味は何か。考古学者の間でも議論が続いている問題だが、未だにわからないことが多すぎる。現段階では、古墳や古墳の副葬品から軍事組織・軍事体制、被葬者の性格を直接説明することは不可能ではないか[44]。

下垣仁志は「古墳時代の考古資料から判断するかぎり、当該期は総じて戦争の徴証が希薄だと結論づけなければならない」と言う[45]。もちろん戦争がなかったからと言って、王・大王が軍事王ではなく軍事政権が存在しなかったことにはならない。だが倭国内外が常時戦闘状態で、まさに王・大王が日本列島を「寧処するに遑あらず」（宋書）と言うほど転戦するような状況は考えにくい。とすればやはり軍事王や軍事的専制体制も想定することは難しいだろう。

このように考古学的な側面から見ても、倭王権が軍事政権で、王・大王・天皇が親征する「国土征服戦」が実在した根拠は極めてあいまいと言うほかない。私は専門的な軍人の出現や常備軍のような軍事集団の結成、広域的な軍事組織の編成、王・大王が軍事王であったことなどが考古学的に証明されているとは言いがたいと考えている[46]。

（3）文献史料から見た倭王権と軍事

倭王権の外征の在り方については本書第2章で、また軍事活動の具体的な内容については第3章で取り上げるが、倭国段階の王権と軍事との関係について概況をまとめておきたい。

私は、倭王権の軍事活動で、王・大王自身が軍事指揮者として国内外の戦陣の先頭に立つようなことは基本的にはなかったと考えている。また四世紀から七世紀後半に至るまで、軍事活動に対する中央権力による統一的な関与度は低く、相対的に豪族の自立性が強いのが実態ではないかと考えている。これらのことは王・大王・天皇の最高君主としての性格、中央政権の組織的特性、中央政権の地方支配の本質にまで及ぶ重要な問題である。

改めて表1を見ると、即位前・即位後を通じて、屋敷を戦場とするものや、あるいは暗殺行為的な形態をとるものが多く、したがって戦闘の規模も概して小規模で(47)、磐井の乱や壬申の乱などの大規模な野戦は例外中の例外に属していることがわかる。そして、戦場は畿内の範囲に収まるものがほとんどであり、畿外に及ぶものは極めて少数である。

おそらく四世紀以降の倭国内で、令制下の国の範囲を超えるような大規模な軍事的活動が発生した可能性は少ないのではないか。軍事活動の多くは、中央政権周辺では畿内の範囲、地方では地域的な政治単位の範囲内で終結するようなもので、それも大半は権力闘争の一環で行われるものではなかったか。

これは、中央政権による地方支配の本質が、軍事的制圧によって確立された強制的規範によるものではなく、宗教やイデオロギーに象徴されるような非軍事的で、多様な共同幻想に基づいたものとしてあったことを示すものである。『風土記』では戦闘記事がほとんどなく、多くは神々の「国占め」「土地占め」に置き換えられているが、これもこうした事情を示しているのではないか。また、たとえ軍隊の威力を強調するにしても、威信財としての武器・武具に対する憧憬や、視覚的にとらえられた儀仗兵の威容さと規律感、軍隊自身が聖化されていたとしたらその神秘性など、様々な要素によってその脅威が形成されていたと考えるべきであり、これを単純に物理的な軍事力（暴力）に還元してはならないと思う。[48]

しかし、冒頭でも取り上げたように、王・大王・天皇や王権について語られている通説はこれとは異なる。東アジア関係史の代表的な研究者である鈴木靖民は、宋朝から与えられた官爵や府官制的称号などから、いわゆる「倭の五王」代の倭王の権限について次のように述べている。

倭王讃より武に至る時代、すなわち四二〇年代から四七〇年代にかけて、倭国の王たちは宋皇帝に公認された自らの将軍号・国王号に依拠して臣僚に対する将軍号・太守号の仮授権、宋への除正推薦権を行使し、内外の戦争・征服のための軍事的徴発権・軍事的支配権を確保して首長層を抑え、宋・朝鮮諸国を主な相手とする外交権を発揮して独占的に内実化したのである。隣接する百済や高句麗をはじめ、中国周辺諸国でも行われる冊封制度の日本独自の受容と展開である。[49]

ここでは①臣僚に対する将軍号・太守号の仮授権、②それらの爵号の宋への除正推薦権、③内外の戦争のための軍事的徴発権・軍事的支配権、④宋・朝鮮諸国を対象とする外交権、という四つの権限が掲げられている。鈴木は、倭国王が宋に公認されたこの「仮授権」「除正推薦権」「軍事徴発権・軍事支配権」「外交権」を行使して、内政・外政に及ぶ権限を「独占的に内実化した」と考えている。[50] 別の論文でも「当時、近畿を中心とする倭の王権は日本列島内の各地勢力（首長）に卓越して、ただ一人外交権と軍事権を独占し、集中できる最高権能者として立っていかなければならなかったのはいうまでもなく（後略）」と述べている。[51] また、鈴木は倭王讃以降導入した府官制的秩序を、倭王武の段階に至ってさらに王権の基底部にまで浸透させ、勃興しつつあった新興在地首長層を直接取り込むことに成功したと考えている。これが雄略時代の画期的な特徴であり、王権が律令制へと向かう出発点となったという。[52]

鈴木の見解は、五世紀後半段階で王・大王と倭王権が持っていた軍事的権限や王族・豪族に対する組織的な強制力について、それを極めて専制的に整備されたものとして解釈するものである。「軍事支配権」を「独占的に内実化した」というのだから、常備軍や豪族軍を王・大王に結集し、その軍事力を組織的に用いて、あるいはその暴力を背景として国内・国外を支配することも可能だったと考えているのだろう。いわば「使持節、都督倭・新羅・任那・加羅・秦韓・慕韓六国諸軍事、安東大将軍、倭国王」とされ、宋書倭国伝に掲載された上表文に「東征毛人五十五国、西服衆夷六十六国、渡平海北九十五国」と述べた雄略を、軍事王として実体化したのである。(53)

確かに「倭の五王」は自身が官爵を授与されるとともに、王権と近い関係にあった有力王族・豪族にも宋皇帝から爵号が与えられるよう仲介した。それは倭王・大王にしか認められない特権だったろうから、国内統治の上で一定の意味を持っていただろう。しかし、それが直ちに王・大王や王権の、国内外に対する「軍事徴発権・軍事支配権」を保障するものだったとは私には思えない。

記紀を読む限り、中国の冊封体制や府官制的秩序で認められた「使持節、都督、諸軍事」という軍事権を王・大王・天皇が帯びたことによって、あるいは軍郡号を王族や豪族に与えることによって、国内外に大きな変化が生まれた顕著な形跡はない。そうすることで朝鮮半島での倭国の地位は上昇したのだろうか。将軍号が倭国軍に定着したのだろうか。中央や地方の豪族が臣従して全国的な徴兵が行われたのだろうか。これらはいずれも確認できない。

徴兵については第3章で検討するのでそこに譲るが、その実態を探ると徴兵の方法は様々である。豪族がそれぞれ独自に軍兵を挑発することも多く、徴兵は随時行われる。徴兵の主体も多様であり、王権の側が、府官制的な体制の下で徴発を強く統制していた痕跡はないと言ってもよい(54)。

史料の不確かさは残るとしても、六世紀代の内乱、白村江、壬申の乱においてもその傾向は確認できる。したがって、それ以前に中央政権の軍事徴発権が全国に徹底されていたとは考えられない。四世紀から軍団創設に至る八世紀までの期間、中央政権が自身で絶対的な兵力を保持・管理していたのではなく、基本的には戦闘に参加する豪族・王族が兵を徴発することが一般的であったと考えて間違いないだろう(55)。府官制的秩序が浸透したことを過大評価することには慎重にならざるを得ない。倭王武の上表文に描かれている官爵は、国内の統治手段である以上に、高句麗や百済に対抗し、東アジア諸国の政局でより有利な立場に立つための政治的意思の現れであり、国内での豪族の支配・統率に直接的かつ強力に影響するようなものではなかったのではないか。

もちろん井上光貞、直木孝次郎、上田正昭らによって古くから研究が行われてきた、いわゆる軍事的伴造や舎人のような、王権に直属する性格を持った軍事力が全くなかったということではない。ただ、筑紫君磐井のような地方の有力な敵対者を攻撃しようとすれば、一斉・大量動員にはなじまない伴造軍よりも(56)、豪族層が引き連れる豪族軍が主力となる場合が多かったと推測される(57)。もし豪族軍に頼らずに一定規模以上の軍事力（兵士、兵器など）を確保しようとすれば、下向井龍彦が言うように、「人的・物的軍事手段を行政的に整備調達する制度や、定量の「軍役」を賦課しうる客観的基準（たとえば田数や戸数）」が存在することが前提であろう(58)。

また、軍事的伴造とともに常備軍の設置を強調する見解もあるが、軍団以前に大規模な常備軍が設置されていたとも思えない(59)。稲荷山鉄剣銘にある「杖刀人」も、実際の戦闘集団的なものか儀仗的なものかは現段階では不明だが(60)、彼らだけで国内全土を軍事的に支配することなど不可能であろう。

記紀を読むと、長髄彦（神武紀）、武埴安彦（崇神紀）、狭穂彦（垂仁紀）、住吉仲皇子（履中紀）などのような説話上の存在から、筑紫君磐井（継体紀）、穴穂部皇子（崇峻紀）、物部守屋、大海人皇子などに至るまで、数多くの「反逆者」が挙兵している。そしてその一方で、先述したように表1のL、M、N、O、Pやn～sなどには王・大王・天皇が介在した記録すらなかった。したがって反乱説話や王族同士の勢力争いの記事になにがしかの信憑性を認めるのであれば、「独占的に内実化した」という鈴木の見解とは逆に、史料の上では、倭王権による直接的な軍事的統制の弱さと、王族・豪族の自立性の高さが顕著なのである。

雄略から継体にかけての五世紀後半から六世紀前半の時代が、倭王権にとって、大王の地位の出現、伊勢での祭祀の開始、仏教の伝来、地方支配の拡充、王権体制の整備、葛城氏等の有力豪族の衰退、渡来人や渡来技術の定着、畿内における大規模古墳築造の衰退など、政治、経済、文化にかかわる大きな画期であったことは確かである[61]。しかし、その原因とその後の展開はより多角的にとらえるべきであろう。

4．王・大王・天皇と軍事

これまで述べてきた通り、弥生時代後期から古墳時代を通じて、日本列島各地で軍事的な戦闘が多発した形跡や、中央の勢力が地方を軍事的に制圧し、倭国王が親征したような形跡はなさそうである。また記紀の編纂者が天皇の親征を記録したり、天皇を軍事王として描こうとする意識も弱い。景行紀のような格好の場でも、『日本書紀』編纂者は倭王の直接的な軍事活動を記述しようとはしていない。書紀の執筆者や編纂者も、中国的な皇帝像をある意味では理想に持ちながら作成を続けていたはずであり、創作の自由度から考えても、現実以上に親征が誇張されてもよいはずなのにそうはなっていない。

では王・大王・天皇と軍事ついてはどのように考えたらよいのか。

『日本書紀』の即位前紀では、最初に天皇の人物像が簡単に記される。例えば神武の場合は「生れましながらにして明達し。意（みこころ）確如（かたくつよ）くます」というようにである。その中で軍事に関係するものを選び出してみると、綏靖が「武芸人に過ぎたまふ」、崇神が「幼（わか）くして雄略（ををしきこと）を好みたまふ」、雄略が「長（ひととな）りて伉健（たくましきこと）、人に過ぎたまへり」、そして天武が「壮（おとこざかり）に及（いた）りて雄抜（をを）しく神武（たけ）し」の四例を挙げることができる。

綏靖（神渟名川耳）がここで挙がるのは庶兄の手研耳を暗殺したからであろう。崇神は「四道将軍」を派遣した記事が関係する可能性がある。雄略は表1にも見られる通り数々の軍事説話があり、天武は壬申の乱が背景にあるのだろう。いずれも書紀編纂期の極めて新しい段階で、おそらく書紀の本文を参照して加筆されたと考えられる。

しかし本書第5章で扱う「武（タケ）」の問題ともかかわってくるが、「人に過ぎた…武芸（綏靖）」「伉健（雄略）」や「雄略を好むこと（崇神）」「雄抜で神武である（天武）」ことなどは、いずれもこれら天皇個人の武人的な性格（ひととなり）を伝えるものである。つまりここに書かれているのは、決して軍兵を統率する軍事王としての用兵能力や、彼らの戦場での勇敢さなどを特筆したようなものではない。王・大王・天皇が、王族や豪族を軍事力によって圧服したり、あるいは外征で軍事行動を先導または統率する軍事王的な存在であれば、このような表現にはならないのではないか。

そして単に王・大王・天皇と軍事活動との関係が薄いだけではなく、むしろ両者の関係に否定的な記事もみられる。例えば仲哀の死である。

仲哀は神の託宣に背いて熊襲攻撃を続けたために死ぬ（仲哀紀九年二月条）。「一云」では熊襲の矢に当たって死んだとも伝える（同条）。これは『日本書紀』に記載された軍事説話の中で、最も親征に近いほぼ唯一の例と言ってもよい。仲哀の死は続く神功や応神の扱いも含めて検討されなければならないが、この説話は神の意志に背いて死ぬ軍事王の説話であり、もっと穿った見方をすれば、王・大王・天皇が軍事王になることを否定した説話である。[62] また、よく似た記事が雄略紀九年三月条にある。雄略は「親ら新羅を伐たむと欲す」が、神が「な往しそ」と戒めたために中止する。親征しようとして神が止めたところが仲哀の説話と共通する。書紀編纂者がここで言いたかったことは何なのか。やはりここでも王・大王・天皇が軍事王になろうとすることを、神言を借りて否定したということではないのか。

斉明の筑紫行幸も同様である。そこでは前後の記事に、建造した船の異常、不審な蠅の群れ、あるいは神の祟りや「鬼火」などの事件が掲載され、百済救援の失敗と斉明の死が、まるで神意の現れであるかのように書かれている（斉明紀七年五月条）。斉明の葬儀の様子を、朝倉山の上から笠をかぶった鬼が見守ったという異様な記事もある（同八月条）。斉明の死によって親征が頓挫したのか、もともと親征を行うつもりはなかったのかは断定しがたいが、この斉明の死には、百済救援軍が失敗する予兆としての意味のほかに、そもそも王・大王・天皇自身が、筑紫に行幸して救援軍の派遣に深くかかわろうとしたことに対する社会的な批判か、少なくとも書紀の編纂者には批判的な意識があったことが読み取れる。それをなぜストレートに書かないのか。そこにも興味深い問題は潜んでいるようにも思われるが、ともかくそれは王・大王・天皇の伝統にのっとった正当な行為でも、決して称えられるものでもなかったことを、書紀編纂者は伝えようとしているのではないだろうか。

即位にかかわる「霊夢」の記事も興味深いものである。

崇神紀四十八年正月条に、崇神が大王位の継承を決めるために、子供の豊城命と活目命（後の垂仁）に霊夢を見せて占ったという記事がある。二人は潔斎して各々夢を見る。すると兄の豊城命は御諸山に登って東を向いて〝槍を突き出し刀を振った〟夢を見たと報告し、弟の活目命は御諸山に登って〝縄を四方に張って粟を食べようとして寄ってくる雀を追い払った〟夢を見たと報告する。崇神は二人の報告を聞いて夢あわせ（判定）を行い、活目命の方がふさわしいと判断して後継者にしたと言う。また、垂仁紀三十年正月条では、垂仁が五十瓊敷命と大足彦命（後の景行）に願いを言わせる。すると兄の五十瓊敷命は「弓矢」を要求し、大足彦命は「皇位」を要求する。その結果大足彦命が「皇位」を継承することになる。

両者の説話には相違点も多いが、大王位を決める時に、軍事的な能力（資格）と非軍事的な能力（資格）とが対比して取り上げられていることが興味深い。明らかにここでは、両者は分離して考えるものなのである。そして、武勇を誇る豊城命と武器を要求する五十瓊敷命は、いずれも大王位にふさわしいとはされなかった。軍事ではない方の価値に、王・大王・天皇としての適合性が求められたのである。はたして軍事的専制王権であったとしたら、こうした説話が存在しただろうか。王や大王、そして天皇が軍事王であったのなら、これほど不適切な説話はないのではないか。こうしたことから考えても、私は倭王権の王・大王・天皇を軍事王と呼ぶのは論外として、その王権を軍事的専制王権と呼ぶことにも反対せざるを得ないのである。

『日本書紀』の編纂を命じた天武が「凡そ政要は軍事なり」（天武紀十三年閏四月条）と述べたことからすれば、数多くの軍事説話が書紀に掲載されたことはうなずけるにしても、親征を描かず、むしろこうした王・大王・天皇が軍事王であることに否定的な記事が多いことは不思議である。そこにはやはりそれ相応の理由と歴史が存在しているると考えるべきなのだろう。

これまで述べてきたように、私は王・大王・天皇と軍事とが直接的に結びついているとはどうしても思えない。そこには屈折した関係がある。極めて難しい問題であり結論が出ているわけではないが、両者の関係を探るうえで有効ではないかと考える二つの視点から仮説を述べてみたい。一つは聖俗二元的な王権構造からこの問題が説明できないかどうかであり、いま一つは例えば施政権、外交権、軍隊統帥権などの諸権限が、単独の王・大王・天皇によって一身に独占されていたかどうかという視点である。

五世紀後半代にその転換点を迎える可能性はあるが、少なくともそれ以前、そして場合によってはそれ以降も、王・大王が王権内で一元的に存在していたかどうかは明確ではない。卑弥呼と男弟の関係もさることながら、『隋書』倭国伝が伝える、開皇二十年（六〇〇）の遣使が述べる、「(倭王は) 天未だ明けざる時、出でて政を聴き、跏趺して坐す。日出ずれば便ち理務を停め、我が弟に委ねんと云う」というような聖俗二重王権的な在り方が無視できないからである。これを卑弥呼と男弟の関係と同じだというつもりもないし、推古と厩戸や斉明と中大兄などに限定された在り方だった可能性もある。だが王・大王が推戴されるにあたっては、「女王・男弟」「大王・王妻」などの聖俗二重王権的な在り方の下で、王・大王を聖化する儀礼が必要であったという有力な見解もあり、王権の神聖な女性を輩出した有力豪族の存在も無視できないことから考えると、(63) 王権を支える聖性と現実的な権力との関係については単純に一元化すべきではない。そしてこの場合に、聖の側が王・大王・天皇であったか、俗の側がそうであったのかは単純には決めがたい。神聖な卑弥呼が王であった時代から、俗の側が王・大王を名乗る時代へと変遷したかもしれないし、されにそれがもう一度変遷した可能性もある。

憶測に近いが、「皇子」の日本武尊が活躍することや、『日本書紀』即位前紀に王位争奪の騒乱が書かれ、そこで軍事的に活躍する「皇子」が繰り返し登場することは、この二重王権的な王権の在り方と関係するのではないだろうか。

例えば先述したように、即位前紀では（表1参照）、神日本磐余彦（神武、a～g）をはじめとして、神渟名川耳（綏靖、参考）、菟道稚郎子（仁徳、h）、瑞歯別（履中、i）、穴穂（安康、j）、眉輪（雄略、参考）、大泊瀬（雄略、k～m）など、直接的・間接的に暗殺行為や軍事活動に関与したとされる「皇子」も多く、それは壬申の乱の大海人に続く。

すでに述べたように、これを王・大王・天皇が親征した根拠とすることは全くの誤りである。親征の概念からも逸脱するし、むしろ「皇子」であることに積極的な意味を認めるべきだと思うからである。また、このことから当時の王位継承が実力主義であったために、「皇子」が軍事力で競争相手を打ち倒すことが常態であったとする見解もあるが疑問である。実力と実績では申し分のない日本武尊はついに「天皇」になれないし、菟道稚郎子や眉輪王は目的を達成するが即位しない。また、特に清寧以降では軍事活動に関与した痕跡がない「皇子」も多く、大海人の例は極めて特殊だからである。

また血縁を絞り込んだ世襲王権の形成によって、「皇子」自体がはじめて大きな存在価値を持つことができただろうから、「皇子」を主体にした説話が形成されるのも継体から欽明期以降であろう(64)。したがって「皇子」説話の原形がもとはどういうものだったのか厳密に言えばわからない。王族の説話や豪族の説話が、「皇子」の軍事的活動に書き替えられた可能性もある。

しかしいずれにしろ、即位前紀で活躍する軍事的な「皇子」と、本紀の即位後の「天皇」が異質であることは間違いないように思われる。私はこれを即位前紀⇓本紀と時系列的に読むのではなく、聖俗二元論の王権構造を表象するものとして読み替えるべきではないかと考える。逆に言えば、本来は同時に記載され、構造的な差異として読まれるべきであった聖と俗との二元的な記事が、『日本書紀』の史書としての編纂方針の下で即位前紀と本紀に分割されるか、あるいは熊襲や蝦夷を制圧する征夷説話のような記事にまとめられるなど、再整理されたと考えたいのである。特に雄略紀以前はこの傾向が顕著ではないか。むろん先ほどの例で言えば「皇子」の側が俗で、「天皇」が聖の側ということになる。このように考えなければ、「皇子」の軍事説話が即位前紀に偏ることや、日本武尊が「天皇」になれない理由を説明することは不可能かもしれない。

また次に、聖俗二元論ともかかわることだが、内政・外政を司る行政的な権限や軍事的な権限を、王・大王・天皇が独占的に統括していたのかどうかについても、未だに検討の余地は残されていると思う。

五世紀以降、倭国において対国家外交上での代表権を持った王・大王が存在していたことは、「讃・珍・済・興・武」から見て確実であるし、「治天下大王」は「獲加多支鹵大王」であった。しかし彼らが倭国王として代表権や外交権限を有していたとしても、軍事的な権限やその他実務的、実態的な権限まですべて同時に掌握していたかどうかはわからない。

従来こうした権限を王・大王・天皇が独占することは当たり前のように考えられてきた。しかし先ほどの霊夢説話からも明らかなように、王権を継承する際には、軍事的な能力（資格、価値観）と非軍事的な能力（資格、価値観）が区別されている。この説話を読む限り、両者は一身で兼ね備えるようなものではなく、分掌されたとしか考えられないのではないか。また、仁藤敦史が述べるように、中央権力の分節的な構造と、地方支配においては多元的な貢納奉仕関係がみられることは重要だと思われる(65)。そのような王権の構造を問うことなく、それを単純に大王（軍事王）に還元してしまっては、王権の本質から目を背けることにしかならないと思われる。

一般的に考えると、絶対的な神の分身であるような王が神聖王権を築いたり、戦闘状態が長期間続いて社会や国家が軍事体制的な状態にある場合には、王に権限は集中しやすく、独裁的な軍事支配体制に移行しやすい。しかし倭国内が常に戦闘状態であったとは思えず、また第2章で述べるように、外征の実態から考えても、倭王権が外征軍〈広義の倭軍〉に対して強い軍事的統率力を持っていたとは思えない。七世紀末に至るまでは〈狭義の倭軍〉は存在せず、四世紀から七世紀にかけて、絶対的な軍事独裁者が待望されることも、王・大王が軍事指揮者として推戴され続けることもなかった。軍事権は王族の誰かが、あるいは有力豪族の誰かが分掌していたのではないか。

また「倭の五王」の系譜が、「讃・珍」と「済・興・武」の二系統に分かれる可能性があることはよく知られている。五世紀段階で王族が複数あっただけではなく、「豪族とはちがう「王族」などまだ存在しなかった」[66]可能性も高い。四三八年の倭王珍の遣使に際して授与された、倭隋ら十三人に対する将軍号の格差がわずかであることなどから考えても[67]、四、五世紀代の王権の実態は、複数の王族と、それぞれ自立的に存在していた和邇氏や葛城氏などの有力な豪族が、同盟的・連合的に結合して王・大王を推戴（共立）して構成するものであったと思われる。だがそうであるとすれば、最高君主としての地位がたとえ中央集権的に確立されていたとしても、王・大王が軍事権や外交権などのすべての権限を手中にして、他と隔絶して君臨するような体制は想定しづらいのではないか。

このように考えると、清寧期以降で軍事に関与しない「皇子」が目立つことも何ら不思議ではない。王・大王・天皇と軍事との間に溝があることは確かだが、世襲王権が徐々に強まり、王位が特定の血族に限定されるにつれ、王・大王・天皇と同様に、王族が軍事と距離を置くようになることも十分に考えられるのではないか。来目皇子（推古紀十一年二月条）も当摩皇子（同七月条）も、結局は外征から撤退するのである。

したがって、王から大王へ、そして大王から天皇へという歴史的変遷が、非軍事王から軍事王へ（あるいはその逆）といった過程をたどったとは思えない。古代倭の王権は、軍事指揮者を頂点に据えた軍事集団的な組織によって専制的に統治される、このようなわかりやすい政治社会ではなく、私たちは異なった権力像、国家像、王・大王・天皇像を考えなければならない。

優れた研究も多いが、古代史上での王・大王・天皇の全体像は未だに明らかではない。かつては歴史学が民俗学や神話学、宗教学などと共同して、この列島の最高権力者の在り方を活発に論議した時代があった。曲がりなりにもそこでは、「王・大王・天皇論」をその起源や権力総体から論じる舞台が作られていたし、王や王権と軍事との関係について議論が深まることも期待された。

しかし研究は総合的な方向にではなく、むしろ個別分散的に、多極的に行われ[68]、その交流も進んでいない現状にある[69]。王・大王・天皇に、聖性や権力や超越性が収斂したのはなぜなのか。律令制においてすら、天皇は実質的な政治君主であると同時に、本来的には律令制とは矛盾する側面を持った伝統的な王であることも事実なのだが[70]、こうした点を深く掘り下げようという研究は、自戒も込めて言えば概して低調であるし、軍事に関心を持つ天皇制研究は、古代史研究にはほぼ存在しない。本質的な議論が停滞する一方で、王・大王・天皇や王権の軍事的実力が、「軍事王」として突出して強調されている、というのが私の実感である。

（1）石母田正一九七一、井上光貞一九六五第Ⅲ部、上田正昭一九六八Ⅰ―第二、門脇禎二・甘粕健一九六七第三章、同第四章、塩沢君夫一九五八第四章、同一九七〇第一章、直木孝次郎一九六八、吉田晶一九七三など参照。当時発表された軍事史関連文献目録については松本政春がまとめている（同一九八五参照）。ただし、倭王権や倭王が軍事政権とか軍事王とはされなかったからと言って、そうした考え方が全くなかったということではない。井上光貞は一九五一年に発表した「日本における古代国家の形成」（井上光貞一九六五第Ⅲ部に所収）で、宋書倭国伝を引用しながらすでに「統一を可能にしたのは軍事的王としての天皇個人の実力であった」という指摘を行っている（同五四七ページ）。古代史家には王・大王・天皇の個人的な能力を重視する考え方が伝統的にあり、世襲制や神聖な血統が王位継承の前提とされていた当時においては、井上のような考え方は、明示されてはいなかったにせよ暗黙の前提であった可能性がある。しかし一九五〇年代から六〇年代にかけては、軍事に関する関心が低かったことに加え、日本古代史学では「生産」「所有」「階級」「共同体」などの経済的基礎を踏まえた研究が求められることが多く、天皇の「実力」を論じる際には「天皇中心主義」「英雄主義」として批判を受けることがあったから、「軍事王」や「軍事政権」が研究テーマとして取り上げられることはそれほど多くはなかったと思われる。

（2）橋口達也一九九五、藤尾慎一郎一九九九、酒井龍一二〇〇〇など参照。
（3）考古学の古代軍事研究については、上記のほか、参考文献に挙げた田中晋作、豊島直博、藤田和尊、藤原哲、松木武彦らの諸論文・著書などを参考にした。研究史に関しては藤原哲二〇一八b参照。
（4）井上光貞「雄略朝における王権と東アジア」（同二〇〇〇所収、初出は一九八〇）、岸俊男「画期としての雄略朝」（同一九八八所収、初出は一九八四）参照。
（5）井上光貞二〇〇〇、九七ページ参照。
（6）川口勝康一九八〇、同一九八一参照。
（7）大平聡一九八六、遠山美都男一九九八第一章（初出は一九八八）参照。
（8）注（1）でも述べたように、王・大王・天皇の実力や資質に関しては古くから取り上げられることもあったが、考古学研究や系譜研究の進展によって、一九八〇年代以降に新たな段階を迎えることになったと思われる。
（9）遠山美都男は、大平聡の見解をさらに拡張して王の「軍事的資質」を強調する。
（10）遠山美都男前掲書、一六ページ参照。

(11)同右、一七ページ参照。
(12)長山泰孝一九九四、一九〇ページ参照。
(13)原秀三郎一九八四、鈴木靖民二〇一二序章(初出は一九八四)、川口勝康一九八七、鬼頭清明一九九三など参照。
(14)仁藤敦史二〇一二序章、二ページ参照。「ツカサ」の分散、君主号の未成立、「二重身分」など、中央政権の分節的な権力構造を解く仁藤の研究には学ぶところが多い。しかしここで引用した一文に示されているように、仁藤も王・大王は「軍事王」であり、王族には「卓越した軍事指導者」であることが求められたとする。そうした動向が権力の中に全くなかったとまで言うつもりはないが、分節的な構造の権力体制で、両者が同時に存在するだろうか。それが自分たちの既得権を大いに損なう可能性があることは、権力を分節的に握っていた者たちには当然わかっていたと思うからである。
(15)浜田耕策一九七三、武田幸男一九八九参照。
(16)熊谷公男二〇〇八、九七ページ参照。
(17)熊谷公男前掲書、九七ページ参照。
(18)熊谷公男前掲書、九九ページ参照。
(19)「親征」概念は中華思想の中で「天子」だけが行い得るものである。したがって倭の王・大王が軍兵を率いて戦闘を行っても、厳密に言えばそれは「親征」ではない。ただ行論の都合上、本論では「天子」であることを前提とはせず、幅広く王・大王・天皇が軍兵を率いて直接的に戦場に臨むことも「親征」として考える。ただし本文でも述べたように、皇子の軍事活動は「親征」とは切り離すべきである。
(20)大泊瀬皇子(雄略)の暴力的・軍事的な活動も、日本武尊と同様に皇子論として議論されるべきものであろう。
(21)日本武尊説話については、単体型武人説話として本書第5章で取り上げる。
(22)『古事記』と『日本書紀』では記載方法が異なるが、王・大王・天皇が「躬ら甲冑を擐らし」、軍兵を率いたわけではなかったことは確かである。
(23)岩波文庫本『日本書紀　三』頭注六による。

(24) よく知られているように、高市皇子については柿本人麻呂の「高市皇子挽歌」（『万葉集』巻第二199）があり、そこでは高市皇子は軍兵を引き連れて賊軍を平定する軍事指揮者として描かれている。ただしこれが事実であったかどうかは別問題である。
(25) 福井佳夫一九九五、同一九九六、内田清一九九六、河内春人二〇一八第3章参照。
(26) 上表文が宋に対して実態以上に自分をアピールする性格のもので、記載内容をそのまま受けとることができないことは多くの論者も指摘するところである。熊谷公男二〇〇八など参照。
(27) 考古学から「軍事」「戦争」を取り上げた論文は多いが、研究史を整理した下垣仁志二〇一七、藤原哲二〇一八bは近年の傾向を知る上で参考になった。また周知のように、現在弥生時代の開始時期についてはＡＭＳ法による編年の見直しが急激に進んでいる。私自身はその成果を十分に吸収していないので、寺沢薫二〇〇〇などの見解に準拠している。
(28) 寺沢薫前掲書、第四章～第七章、橋口達也一九九五参照。
(29) 橋口達也前掲論文参照。
(30) 酒井龍一二〇〇〇参照。
(31) 弥生後期末の遺跡では、鳥取県の青谷上寺地遺跡で、殺傷痕のある大量の人骨が溝に埋められているが、その戦闘（？）の性格をどう考えるかについては今後の課題だと思われる。
(32) 都出比呂志二〇一一第一章、同二〇〇五第十二章参照。
(33) 寺沢薫二〇〇〇参照。
(34) 文献史学の側では、後漢の衰退・滅亡と黄巾の乱の勃発など、中国大陸での「大乱」の状況と「倭国乱」とを関連づけて解釈する説が有力であろう。ここでは、九州北部から畿内へ政治や外交の中心が移動することを、後漢と結びついた奴国が楽浪郡の衰退によっていわば没落し、公孫氏が邪馬台国を厚遇することによって畿内勢力が勃興していく過程としてとらえることになる（山尾幸久一九九八、同二〇〇五参照）。ただしこの解釈については、楽浪衰退後も博多湾交易が継続することから疑問も出されており、今後の検討がさらに必要だと思われる（久住猛雄二〇〇七参照）。

(35) 寺沢薫前掲書、第六章、二三五ページ。酒井龍一前掲論文参照。
(36) 久住猛雄前掲論文参照。
(37) 池淵俊一二〇一八参照。
(38) 寺沢薫一九八四参照。また北部九州でも後期後半から古墳時代初頭にかけて、低地における集落が爆発的に増加する。橋口達也前掲論文参照。
(39) 寺沢薫二〇〇〇、松木武彦二〇〇五参照。
(40) 『魏志倭人伝』の書き下しについては山尾幸久一九七二参照。
(41) 福永伸哉二〇一三、一八九ページ参照。
(42) 古墳被葬者の身分と実力が墳形と規模の二つの基準で示されるという、都出比呂志が描いた「古墳の階層性」の図は有名だが、私は懐疑的である(都出比呂志二〇一一、六九ページ)。都出はその「階層」が中央集権的に構成されたものではなく、「実力のある首長どうしが互いに身分を相互承認しあう関係」とするが(都出比呂志二〇〇五序章、三一ページ)、ほぼ全国的に「身分」を承認しあう場合の「身分」とは何か、いったい誰がどうやってその「身分」を決めているのかが私にはよくわからない。
(43) 本書第2章、高田貫太二〇一七参照。
(44) 考古学研究者の中には、藤田和尊、田中晋作、豊島直博らのように、四世紀から五世紀代以降の軍事的組織をかなり整ったものとする見解も多いが(参考文献参照)、本文で述べたように私は懐疑的である。私は威信財の搬入と流通にかかわる中央権力と地方権力の関与の実態、武器の国産化と流通に関する実態などが、埋葬者の権限や性格とのかかわりの中で考古学的に解き明かされることを期待している。
(45) 下垣仁志前掲論文、五四ページ参照。
(46) 松木武彦一九九四、同一九九八a、同一九九八b、同一九九九、同二〇〇五では常備軍という言い方は慎重に避けられ、中央の政権によるコントロールも限定的に考えられている。私の考えも松木に近い。また大量に埋納された鉄器に実用品でないものが多数含まれることについては松木武彦二〇〇一第四章参照。

(47) 雄略紀七年八月条に、吉備下道臣前津屋を「物部兵士三十人」で攻撃したという記事があるが（表1のG）、実体としてはこの程度の兵力で戦っていた可能性も高いと思う。

(48) 石母田正が引用して以来、古代の軍事行為を、ナポレオン戦争時の軍事理論であるクラウゼビッツの『戦争論』を用いて説明する研究者が時折みられるが、首をかしげざるを得ない（クラウゼビッツ一九六五参照）。ナポレオン戦争で生まれた近代軍事理論を古代倭国に「適用」できるのだろうか。私はむしろロジエ・カイヨワの『戦争論』の方が参考になると思っている（ロジエ・カイヨワ一九七四参照）。

(49) 鈴木靖民二〇〇二、六三ページ参照。なお、同書には藤田和尊、田中晋作、豊島直博らの考古学の見解が引用され、府官制と重ね合わせて検討されている。古墳時代中期に「常備軍」が存在したと主張する藤田らの見解に対しては明言が避けられているものの、「武器・武具類の生産・再分配システムと軍事動員センターの機能・役割」を王権が中央集権的に管理していたことが想定されている（七三ページ）。府官制的秩序論からは当然の帰結といえるだろうが、私には「常備軍」の存在とともに疑問が多い。この点に関しては本書第3章で取り上げているので参照されたい。

(50) 鈴木は五世紀から七世紀にかけての倭王権と東アジアの関係を活発に論じているが、論考によって用いている概念に相違があり、それが同じことを指しているのか、それとも解釈に変化が生じたことを意味しているのかが判然としない。例えば鈴木靖民一九八八ｂでは、「武の段階における倭王による各地首長間の提携を前提条件とした対内的な軍事（兵士）徴発、指揮権の系統的把握・集中が図られた」（六八ページ）と述べているが、これが先に引用した「軍事徴発権・軍事支配権」を「独占的に内実化」したことと同じ意味なのか違うのかがよくわからないのである。

(51) 鈴木靖民一九八八ａ、三七ページ参照。

(52) 鈴木靖民一九八八ｂ参照。

(53) 坂元義種一九七八参照。坂元は中国皇帝が発令した爵号等を東アジア各地との国際政治秩序の上で意味づけ、画期的な業績をあげた。坂元はそれによって保障された権限を「潜在的」な権限と考えている（坂元義種一九七八第六章（初出は一九六九)、二八六ページ参照)。鈴木靖民はこれを倭国内に「顕在的」に適用しようとしたといえる。

(54) 徴兵に関しては本書第3章で論じているので参照されたい。なお高橋崇一九五五のように親衛軍の存在も認めない見解や、野田嶺志二〇一〇第九章(初出は一九九〇)のように「子弟軍」を重視する見解もある。

(55) 大海人皇子が出家した時に、「私兵器」を官司に収めたとされているように(天武即位前紀)、このことは兵器の所有関係からも言えると思われる。

(56) 下向井龍彦一九九一参照。

(57) 岸俊男一九六六Ⅶ章(初出は一九五五)、直木孝次郎一九六八「九 国造軍」などによって、従来からこうした豪族が組織した軍隊は「国造軍」と呼ばれてきたが、国造の成立時期や性格に関しては異論もあり、ここでは豪族軍としておく。本書第3章参照。

(58) 下向井龍彦一九九一、四〇ページ参照。

(59) この点に関しても本書第3章を参照されたい。

(60) 武井睦雄一九七九、東野治之一九八三参照。

(61) 山尾幸久一九八三Ⅳ篇六章参照。

(62) 本書第4章参照。

(63) 山尾幸久一九八三Ⅱ篇二章参照。

(64) 大平聡二〇〇二、川口勝康一九八一参照。血縁原理の導入は五世紀代であったかもしれないが、継承規範の成立は継体・欽明期以降であろう。王族については篠川賢二〇〇一第三章(初出は一九九八)参照。

(65) 仁藤敦史二〇一二序章参照。

(66) 山尾幸久二〇〇三、一九四ページ参照。

(67) 河内春人二〇一八、坂元義種一九七八第九章(初出は一九七〇)参照。

(68) 荒木敏夫一九九七、同二〇〇一参照。

(69) 熊谷公男二〇〇八、倉本一宏二〇〇六、鈴木靖民編二〇〇二所収論文などの概説書、概説論文を読んでも閉鎖的な印象は共通している。

(70) 佐藤宗諄一九九一、大津透一九九四参照。なお、かつて山尾幸久は初期王権論を展開した際に、倭王権と三輪山祭祀とのかかわりや、「女王・男王制（聖俗二重王権）」や「大王・王妻制」などを梃子にして、古代王権を総合的に追究しようとした（山尾幸久一九八三Ⅱ篇二章、同Ⅱ篇三章、同Ⅳ篇六章）。私はこれを高く評価するが、こうした試みはその後全くといっていいほど継承されていない。

＊参考文献

荒木敏夫一九九七「王権論の現在」『歴史評論　564』

同　　二〇〇一八「日本古代の王権・国家と社会」『歴史評論　618』

池淵俊一二〇〇一八「魏志倭人伝と出雲」『しまねの古代文化　25』

石母田正一九七一『日本の古代国家』岩波書店

泉森　皎一九八五「刀剣の出土状態の検討」『末永先生米寿記念献呈論文集』

井上光貞一九六五『日本古代国家の研究』岩波書店

同　　一九七一「推古朝外交政策の展開」『聖徳太子論集』平楽寺書店

同　　一九七一「大和国家の軍事的基礎」『日本古代史の諸問題』思索社

同　　一九七五「大化改新と東アジア」『岩波講座　日本歴史　第二巻』岩波書店

同　　二〇〇〇『天皇と古代王権』岩波書店

上田正昭一九六八『日本古代国家論究』塙書房

内田　清一九九六「百済・倭の上表文の原典について」『東アジアの古代文化　86』大和書房

大津　透一九九四「古代天皇制論」『岩波講座　日本通史　第四巻』岩波書店

大平　聡一九八六「日本古代王権継承試論」『歴史評論　429』
同　　二〇〇二「世襲王権の成立」『倭国と東アジア』吉川弘文館
同　　二〇〇六「古代の国家形成と王権」『王権を考える』山川出版社
門脇禎二・甘粕健一九六七『体系・日本歴史　1』日本評論社
川口勝康一九八〇「国際関係からみた古事記」『文学　48』
同　　一九八一「五世紀の大王と王統譜を探る」『巨大古墳と倭の五王』青木書店
同　　一九八七「大王の出現」『日本の社会史　第3巻』岩波書店
川崎　晃二〇一二『古代学論究』慶應義塾大学出版会
岸　俊男一九六六『日本古代政治史研究』塙書房
同　　一九八八『日本古代文物の研究』塙書房
鬼頭清明一九七五「日本民族の形成と国際的環境」『大系日本国家史　1』東京大学出版会
同　　一九七六『日本古代国家の形成と東アジア』校倉書房
同　　一九九一「ヤマトタケルとワカタケル大王」『東洋大学大学院紀要　文学』
同　　一九九三「六世紀までの日本列島」『岩波講座　日本通史　第二巻』岩波書店
久住猛雄二〇〇七「「博多湾貿易」の成立と解体」『考古学研究　53—4』
熊谷公男二〇〇八『大王から天皇へ』講談社学術文庫
クラウゼビッツ一九六五『戦争論』淡徳三郎訳・徳間書店
倉本一宏二〇〇六「大和王権の成立と展開」『新体系日本史　1』山川出版社
河内春人二〇一八『倭の五王』中公新書
小林敏男一九九三「古代国家における雄略朝の位置」『歴史評論　514』
五味文彦一九九五「天皇と軍事制」『講座・前近代の天皇　第4巻』青木書店

酒井龍一二〇〇〇「倭国大乱の考古学」『考古学による日本歴史　6』雄山閣出版
坂元義種一九七八『古代東アジアの日本と朝鮮』吉川弘文館
同　一九九三「東アジアの国際関係」『岩波講座　日本通史　第二巻』岩波書店
笹山晴生一九八四「文献にみられる戦術と武器」『日本古代文化の探求　戦』社会思想社
同　二〇〇四『古代国家と軍隊』講談社
佐藤長門二〇〇二「倭王権の転成」『倭国と東アジア』吉川弘文館
佐藤宗諄一九九一「古代天皇制論とその系譜」『歴史評論　492』
塩沢君夫一九五八『古代専制国家の構造』御茶の水書房
同　一九七〇『アジア的生産様式論』御茶の水書房
篠川　賢二〇〇一『日本古代の王権と王統』吉川弘文館
下垣仁志二〇一七「古代国家論と戦争論」『日本史研究　654』
志水正司一九九四「倭の五王に関する基礎的考察」『日本古代史の研究』（初出は一九六六）
下向井龍彦一九八七「日本律令軍制の基本構造」『史学研究　175』
同　一九九一「日本律令軍制の形成過程」『史学雑誌　100—6』
白石太一郎一九九九『古墳とヤマト政権』文春新書
杉山　宏一九七四「律令制下の軍制について」『立正史学　38』
鈴木靖民一九八八ａ「倭の五王」『古代を考える　雄略天皇とその時代』吉川弘文館
同　一九八八ｂ「武（雄略）の王権と東アジア」『古代を考える　雄略天皇とその時代』吉川弘文館
同　二〇〇二「倭国と東アジア」『倭国と東アジア』吉川弘文館
同　二〇一一『日本の古代国家形成と東アジア』吉川弘文館
同　二〇一二『倭国史の展開と東アジア』岩波書店

同編　二〇〇二『倭国と東アジア』吉川弘文館
関　晃　一九七三「推古政治の性格」『論集日本歴史　1』有精堂出版（初出は一九六七）
同　一九九七「天武・持統朝の畿内武装政策について」『関晃著作集　第四巻』吉川弘文館（初出は一九七三）
高田貫太二〇一七『海の向こうから見た倭国』講談社現代新書
高橋　崇一九五五「天武・持統朝の兵制」『芸林　6―6』
滝川政次郎一九六一「節刀考」『國學院大學政経論叢　5―1』
武井睦雄一九七九「「杖刀」考」『日本歴史　373』
武田幸男一九八〇「六世紀における朝鮮三国の国家体制」『東アジアにおける日本古代史講座　4』学生社
同　一九八九『高句麗史と東アジア』岩波書店
辰巳和弘一九八六「古墳時代の武器とその性格」『日本の古代　第6巻』中央公論社
舘野和己二〇〇四「ヤマト王権の列島支配」『日本史講座　1』東京大学出版会
田中晋作一九九三「武器の所有形態からみた常備軍成立の可能性について」『古代文化　45―8、10』
同　一九九四「古墳時代常備軍の成立の可能性について」『古代王権と交流　5』名著出版
同　一九九五「古墳時代中期における軍事組織について」『考古学研究　41―4』
同　二〇〇四「古墳時代における軍事組織について」『国立歴史民俗博物館研究報告第　第110集』
田中史生二〇〇二「渡来人と王権・地域」『倭国と東アジア』吉川弘文館
同　二〇〇五「武の上表文」『文字と古代日本　2』吉川弘文館
都出比呂志二〇〇五『前方後円墳と社会』塙書房
同　二〇一一『古代国家はいつ成立したか』岩波新書
寺沢　薫一九八四「纏向遺跡と初期ヤマト政権」『橿原考古学研究所論集　6』
同　二〇〇〇『王権誕生』講談社

東野治之一九八三「護身剣銘文考」『日本古代木簡の研究』塙書房（初出は一九八〇）
同　　二〇〇七『遣唐使』岩波書店
遠山美都男一九九八『古代王権と大化改新』雄山閣出版
豊島直博一九九九「古墳時代における軍事組織の形成」『国家形成期の考古学』大阪大学文学部考古学研究室
同　　二〇〇〇「古墳時代中期の畿内における軍事組織の変革」『考古学雑誌　85―2』
直木孝次郎一九六八『日本古代兵制史の研究』吉川弘文館
長山泰孝一九九二「前期大和政権の支配体制」『古代国家と王権』吉川弘文館（初出は一九八四）
同　　一九九四「国家と豪族」『岩波講座　日本通史　第三巻』岩波書店
新納　泉二〇〇〇「装飾付大刀と古墳時代後期の兵制」『展望日本歴史　4』東京堂出版（初出は一九八三）
同　　二〇〇二「古墳時代の社会統合」『倭国と東アジア』吉川弘文館
仁藤敦史一九九九「小墾田宮と浄御原宮」『古代文化　51―3』
同　　二〇〇〇「律令国家論の現状と課題」『古代王権と官僚制』臨川書店（初出は一九九一）
同　　二〇〇四「文献よりみた古代の日朝関係」『国立歴史民俗博物館研究報告　第110集』
同　　二〇〇四「ヤマト王権の成立」『日本史講座　1』東京大学出版会
同　　二〇一二『古代王権と支配構造』吉川弘文館
野田嶺志一九八四『律令国家の軍事制』吉川弘文館
同　　二〇一〇『日本古代軍事構造の研究』塙書房
橋口達也一九九五「弥生時代の戦い」『考古学研究　42―1』
浜田耕策一九七三「高句麗好太王陵碑文の虚像と実像」『日本歴史　304』
同　　二〇〇五「四世紀の日韓関係」『日韓歴史共同研究委員会報告書（第1期）』
原島礼二一九六一「大夫小論覚書」『歴史評論　113』

同　一九七〇「四～五世紀の大王・倭王」『倭の五王とその前後』塙書房
同　一九七七「六世紀日本の朝鮮侵略と軍事動員体制」『日本古代王権の形成』校倉書房（初出は一九七四）
原秀三郎一九八四「日本列島の未開と文明」『講座　日本歴史　1』東京大学出版会
平野邦雄一九八五『大化前代政治過程の研究』吉川弘文館
福井佳夫一九九五「倭国王武「遣使上表」について（上）」『中京国文　14』
同　一九九六「同右（下）」『中京国文　15』
福永伸哉一九九八「対半島交渉から見た古墳時代倭政権の性格」『青丘学術論集　第12集』
同　一九九九「古墳の出現と中央政権の儀礼管理」『考古学研究　46－2』
同　二〇一三「前方後円墳の成立」『岩波講座　日本歴史　第1巻』
藤尾慎一郎一九九九「弥生時代の戦いに関する諸問題」『人類にとって戦とは　2』東洋書林
藤田和尊一九八八「古墳時代における武器・武具保有形態の変遷」『橿原考古学研究所論集　8』
藤原　哲二〇一八a『日本列島における戦争と国家の起源』同成社
同　二〇一八b「古墳時代の軍事組織に関する研究課題と具体像について」『古代武器研究　14』
北條芳隆二〇〇〇「前方後円墳と倭王権」『古墳時代像を見なおす』青木書店
星野良作一九九七「壬申の乱における兵力」『壬申の乱研究の展開』吉川弘文館（初出は一九六〇）
町田　章二〇〇〇「総論－戦争」『考古学による日本歴史　6』雄山閣
松木武彦一九九四「古墳時代の武器・武具および軍事組織研究の動向」『考古学研究　41－1』
同　一九九八a「「戦い」から「戦争」へ」『古代国家はこうして生まれた』角川書店
同　一九九八b「戦争の始まりと王権の形成」『古代史の論点　4　権力と国家と戦争』小学館
同　一九九九「古墳時代の武装と戦闘」『人類にとって戦とは　2』東洋書林
同　二〇〇一『人はなぜ戦うのか』講談社

同　　二〇〇五「集団の軋轢と戦争」『列島の古代史　３』岩波書店
松本政春一九八五「日本古代軍事研究文献目録」『続日本紀研究　238』
村岡　薫一九七五「律令国家と軍事組織」『歴史学研究別冊　歴史における民族の形成』
森　公章一九九八『「白村江」以後』講談社
同　　二〇〇二「倭国から日本へ」『倭国から日本へ』吉川弘文館
同　　二〇〇六『東アジアの動乱と倭国』吉川弘文館
森　浩一一九八六「弥生から古墳時代前期の戦いと武器」『日本の古代　第６巻』中央公論社
山尾幸久一九七二『魏志倭人伝』講談社現代新書
同　　一九七七「記紀の性質について」『立命館文学　386～390合併号』
同　　一九八三『日本古代王権形成史論』岩波書店
同　　一九八九『古代の日朝関係』塙書房
同　　一九九八「倭国の乱・磐井の乱・壬申の乱」『古代史の論点　４　権力と国家と戦争』小学館
同　　二〇〇三『古代王権の原像』学生社
同　　二〇〇五「ヤマト王権の胎動」『古墳のはじまりを考える』学生社
同　　二〇〇六『「大化改新」の史料批判』塙書房
横田健一一九八五「上代における武器の分与について」『末永先生米寿記念献呈論文集』末永先生米寿記念会
吉田　晶一九七三『日本古代国家成立史論』東京大学出版会
同　　一九七五「古代国家の形成」『岩波講座　日本歴史　第二巻』岩波書店
同　　一九九八『倭王権の時代』新日本出版社
同　　二〇〇五『古代日本の国家形成』新日本出版社
吉村武彦一九九三「倭国と大和王権」『岩波講座　日本通史　第二巻』岩波書店

同　一九九六『日本古代の社会と国家』
ロジエ・カイヨワ一九七四『戦争論』秋枝茂夫訳・法政大学出版局
和田　萃二〇〇二「神器論」『天皇と王権を考える　第2巻』岩波書店

第2章　外征論

1．外征論の基本認識

（1）朝鮮半島での「軍事的支配」

韓国の発掘事例が増え、高句麗、新羅、百済の実態が徐々に明らかとなりつつある。日韓双方の考古学的な学術交流も緊密になり、古代日韓関係史も急速に進展した。近年では韓国での木簡の出土も増え、倭語（日本語）形成につながる文字や言葉の研究も進んできている。

一方、「任那日本府」が否定された現在でも、倭王権が朝鮮半島に対して、統一的で優越的な国家的軍事的関与を行ったこと自体を疑う見解は日本では少ない。朝鮮半島における領域的支配を認める学者は今ではほとんどいないと思われるが、倭王権の対外的野心とそれを支える国内勢力の軍事的実力に関しては、従来の通説的見解に大きな変化が見られない。領土的な任那支配はなくとも軍事的支配はあった、とする見解は通説だといってもよい(1)。古代の「全国統一」や「身分編成」や「国造制度」なども、「ヤマト政権」の「任那日本府」と不可分の関係にあったはずだが、それも大きく見直されたことはない(2)。

倭政権の権力の実態は、軍事的な側面に限らず未だにあいまいなことが多い。あいまいであるにもかかわらず、府官制のような、より整備され、より完成された制度の実在が唐突に論じられたりもする。「倭の五王」時代には、武が「使持節都督倭百済新羅任那加羅秦韓慕韓七国諸軍事・安東大将軍・倭国王」を自称したことに象徴されているように、百済、新羅、伽耶などの諸政治勢力に対して倭は優位な地位に立とうとした。推古朝段階には、倭は朝鮮半島諸国からは「大国」とみなされ、新羅からは朝貢も得る「東夷の小帝国」であった[3]。しかしこれは実態なのだろうか。外的国家であった倭国が、戦乱状態を好機と見て要求した自意識過剰の産物ではないのか。

確かに皇国史観的な神国意識は払しょくされたが、軍事的な支配体制を有する倭本国と、朝鮮半島の政治情勢を直接的に結びつける考え方は脈々と受け継がれてきたのだろう。裏を返せば、それほどまでに、倭国の軍事力と、それを統率する大王の軍事的指導力、およびそれらを記述する『日本書紀』(とその原資料となったいわゆる百済三書など)が信頼されているのである。朴天秀が「日本の古代史と考古学界には、いまだに根深く以前の任那日本府論の影響が残っている」と言う通りであろう[4]。

伽耶諸国、百済、新羅に対して、倭軍が実際に軍事的に優位に立とうとすれば、一体何万人の軍兵が必要で、どの程度の陣営や後方支援体制を確保しなければならないか、私には想像もできない。前章からも言えるように、倭王・大王・天皇の軍事王とはかけ離れた実態から考えても、基本的には『日本書紀』のストーリーに準じているこうした歴史認識には、今さらではあるが、再考の余地が大いにあると思う。

(2) 倭の性格と朝鮮半島各勢力との関係

古墳時代の倭を国家としてとらえるかどうかという議論があるが、私はこれを外的国家と考える。倭は単に種族的、言語的、文化的、宗教的集団であっただけではない。列島に存在する統一性を持った政治集団として初めて隣国に認識され、緊張感をはらんだ対外交流を大きな原動力として権力を強化し、支配を固めた。そして国内的にも、様々な矛盾や対立を抱えながら、一定の組織と、階級的な支配関係を備え、政治的な活動を行う能力を有した中央権力を核として、国内的・国外的な諸課題に対して、集団全体を維持・発展させる共同意思で緩やかではあるがまとまっていたと思われる。たとえその社会が領域的支配や官僚機構や租税制度などの内部機構・制度・体制が未成熟なままでも、これは内部機構・制度・体制を備えた内的国家に先行して形成される国家、すなわち外的国家であったと考える(5)。

そして倭と朝鮮諸国との関係は基本的には隣対国としての対等なものであり(6)、朝鮮半島での倭の軍事活動も、まずは朝鮮諸勢力の主導性の中で考える必要がある。しかし倭は、五世紀代の「倭の五王」の宋への官号・爵位の自称や要求に見られる通り、東アジアの冊封関係の中で、朝鮮半島諸国に対する軍事的優位性を国際的に主張し続けた。倭は朝鮮半島での存在感の向上と、特に南下政策をとる高句麗に対抗するために中国大陸の王朝の力を利用しようとし、宋も、主として北魏に対抗するための戦略的な価値があると考えてその要求を認めることもあった。ただしそれはあくまでも倭と宋の外交上の戦略によるもので、朝鮮半島で倭が高句麗や百済や新羅に対して、実態的に優位に立っていたことを示すものではない。冊封関係に依存しながら対外的な地位を上昇させようとする倭の外交活動は倭王武以降途絶えるが、優位性の認識そのものはその後も継続した。

一方で、考古学的な遺物をはじめとして、伽耶系、百済系とともに、新羅系文物も倭国内には幅広く流入していることから、執拗に新羅を敵対視する『日本書紀』の記述の扱いには慎重を期す必要がある。また倭国の外交活動、朝鮮半島で行われた軍事行動、文化や物資の交流が、すべて倭国政権による管理の下で一元的に行われたものかどうかも検討が必要である。史料に描かれた対外関係と、各種交流の実態には大きな落差があり、中央権力の影響が及ぶ場合もあれば及ばない場合もあったと私は考えている。

（3）朝鮮半島の情勢と倭の介入

朝鮮半島では、後漢の滅亡や、三国時代に遼東の燕が魏に滅ぼされるなどの動乱期を経て、南下政策をとる高句麗の影響を受けながら、馬韓、辰韓、弁韓の三地域での小国家分立から統合に向かう政治動向が活発になった。およそ四世紀前後から激化するこうした統合への活動は、新羅によって朝鮮半島が統一される六七六年まで約三百年間にわたって続き、慢性的な戦争状態が長期間続くなど、国家存亡をかけた激烈な抗争がしばしば発生した。

倭が朝鮮半島と軍事的なかかわりを持った理由を考えるうえで、前漢・後漢時代から始まる北部九州、山陰、北陸などの諸地域と朝鮮半島南部、特に金海地域との関係が重要な意味を持つと思われる[7]。しかし四世紀後半、北方の前燕からの攻勢を受けた高句麗が南下し、百済・新羅などの勢力も拡大することによって政治的環境は大きく変貌した。以降、伝統的に形成されていた鉄や威信財の流通ルート、および中国大陸に向かう海上交通ルートを保持すること、および中国や朝鮮半島の優れた技術や文化や物資を安定的に得ることが、倭の諸勢力にとって重要な課題となった。

倭は朝鮮半島の激しい勢力争いの中で、伽耶諸国はじめ、朝鮮三国の政治的思惑や軍事的同盟関係に、半ばは主体的に、また半ばは余儀なく関与した。泰和四年（三六九）の銘文を持つ石上神宮七支刀は、百済と倭とが隣対国として協調関係を形成しようとしていたことを物語っており、事実、広開土王碑に記録された四世紀末には、倭は百済とともに高句麗と戦った。また鉄の国内供給が本格化する六世紀以降は、もっぱら同盟関係の維持や外的国家としての優位性の保持、先進文化や技術・財物の導入が主目的となった。

（４）倭の派遣軍や戦闘の実態

広開土王碑文の解釈では、いわゆる「前置文」としての倭に対する実態以上の強調が見られるほか、『日本書紀』に描かれた外征軍や倭王武の上表文にも随所に誇張された形跡があり、『日本書紀』編纂期や律令制制定期における帝国主義的国際認識が全体を覆っていることなどから考えて、これらの史料を倭の軍事的な実力を証明するものとして単純に信用することはできない[8]。当たり前のことだが『日本書紀』に残された記事は当時の歴史的事実を網羅したものなどではなく、ごく限られた、しかも編纂に必要なものだけを意図的に選定したか、潤色を加えたものである。

また、当時の徴兵や情報収集の在り方、兵士や武器の輸送および水軍のレベル、食料調達、指揮命令、行軍、通訳、兵士・武器の補充など、具体的な軍事遂行機能の状況から考えると、いかに対馬海峡を越えれば二、三日で到着する距離とはいえ、例えば千人の軍隊を派遣することにも相当の困難が伴ったことは想像に難くなく、史料の取り扱いは慎重でなければならない[9]。しかし兵士の数が限られたものであったとしても、また武器や武具の装備が不充分なものであったとしても、そしてついに騎馬軍のような機動部隊が育たなかったにせよ、一定のまとまった人数で上陸した戦闘集団であれば、朝鮮半島の軍事バランスにとっては大きな意味を持っていただろう。

四世紀末から白村江で戦闘が行われた六六三年にかけてのおよそ三百年の間、倭が伽耶諸国、百済、新羅、高句麗と政治的・経済的・文化的に接触するとともに、規模の大小はあれ、朝鮮半島各地を舞台に直接的な軍事派遣を行ったことは事実として認められる。特に、高句麗の南下政策が続いていた四世紀末頃や、百済が一時的に滅亡する四七五年前後は、高句麗と対抗するうえで、百済や伽耶諸国にとって倭軍は貴重な支援軍であり、金官や安羅、大伽耶などが新羅・百済の領土拡大政策によって争奪の的になる六世紀代や、隋・唐の介入が本格化し、国家の生き残りを賭けた熾烈な戦いが展開される七世紀代においても、倭軍の派遣は断続的に続いた。百済や新羅は、政略・戦略上での必要に応じて倭軍の導入を積極的に図ることもあり、「質」や「調」がその見返りとして提供されることもあった。

考古学的には、四世紀後半から末にかけての、統一的な形態を持った武器・武具の量産体制の確立が注目される。これによって、同形式の甲冑と大刀を備えた武装集団としての倭軍が初めて形成された。その内実はともあれ、少なくとも視覚的には倭軍の形態がこれによって整うことになった。そして、その供給の核は近畿中央部にあったように、王権とのかかわりも強まるが、実際の生産は畿内豪族が共同で行っていたと考えられる(10)。

さて、以上のような基本認識に立ったうえで、本章では次の三点について検討を加えてみたい。第一は、外征する倭軍の性格についてである。第二は、外征する倭軍の方針についてである。そして第三には、王・大王・天皇にとって朝鮮半島に対する軍事活動（外征）とは何であったのかということである。

2．倭軍の性格について

（1）統一倭軍の実態

倭軍の性格を考えるためには、それが中央豪族・地方豪族を統一的に編成した軍隊であったのかどうか、そしてそれが軍事指揮者の下でどのように統制された軍隊であったかを考えなければならない。

長山泰孝は、いわゆる「大化前代」において、『日本書紀』では関東から九州に至る地方豪族が、倭王権の軍事活動や外交活動に参加したと記載されていることから、その性格を「統一軍」ととらえて次のように述べる(11)。

しかし、たとい現地での行動が本国政府の完全な統制下におかれていなかったとしても、外交使節や軍事指揮官の派遣そのものは、大王権力の発現として行われたとみるべきであろう。なぜなら高句麗・百済・新羅の三国が厳しい対立を続ける朝鮮半島に進出した日本の勢力は、百済・新羅および朝鮮半島南部に対する軍事支配権の承認を求める、宋朝へのたび重なる遣使からも窺えるように、あくまでも国家活動の一環としてその行動を展開したのであり、諸豪族の無統制な進出を許すほど安易な状況におかれていたとは考えられないからである。

確かに、朝鮮半島に進出した倭国の勢力は、朝鮮半島の勢力にとって、倭軍とみなされる一定の統一性を持った軍事的集団だったかもしれない。邪馬台国の段階から伊都国には「大率」が置かれていたように、近畿から瀬戸内海・日本海を経由して北部九州に至るルートと、『三国史記』新羅本紀で倭人が「営」を置いたとされる対馬が王権によって管理されていたとすれば、そこに倭国のいわば公的な統制が及んでいたことになる。同形式の甲冑と大刀を持った武装集団が、近畿―北部九州―対馬―朝鮮半島という、この公的な航路を経て渡海したのであれば、朝鮮半島の勢力がそれを「統一倭軍」とみなしても当然だろう。

また『日本書紀』の記載の通り、「千熊長彦」が「一云、武蔵国人」であり(神功紀摂政四十七年四月条)、「荒田別、巫別」と「竹葉瀬」が「上毛野君祖」であり(応神紀十五年八月条、仁徳紀五十三年五月条)、「淤宇宿禰」が「出雲臣之祖」であり(仁徳即位前紀)、彼らが四、五世紀代に本当に朝鮮半島に派遣された人物であったとすれば、倭軍も関東から山陰に及ぶ豪族によって構成されていたことになる。そして、古代の朝鮮半島は諸勢力が複雑に絡み合った緊迫した状態が続いており、決して「安易な状況」でなかったことも長山の言う通りであろう。

しかし、第1章で述べたように、王・大王・天皇が軍事に対して専制的な権限を持っていたわけではない。宋朝に対して朝鮮半島における「都督…諸軍事」などの軍事的な官位を求めたのも、対高句麗政策をはじめとする外交戦略の一環としての側面が強く、具体的な軍事行動と直結していたとは思えない。また「千熊長彦」などの派遣説話をどこまで信頼するかは慎重さが必要であるし、弥生時代以来、九州や山陰はもとより関東地方でも、日本海ルートで（畿内を経由することなく）半島と交易する伝統があった可能性も高いので、『日本書紀』のようにそれをすべて王権の派遣命令に基づくものと考えることも疑問である。列島各地には渡来人がもたらした様々な生産や生活の痕跡が残されるが、これらのすべてを「大王権力の発現」の結果とすることにも無理があるだろう。こうしたことから考えると、倭王権の朝鮮半島に対する軍事的な進出が実際にあったとしても、それを直ちに倭の統一軍によるものだと断定することは危険ではないか。

倭王権が朝鮮半島に進出する諸豪族に対して何をどのように統制していたのか。外交使節と軍事派遣が連動していたのかどうか。諸豪族は倭王権から一定の承認や支持を得なければ渡海できなかったか。その行動はどこまで倭王権の方針に沿ったものであったのか。実際の航海ルートの管理や対馬「営」の管理などは誰がどのように行っていたのか。そして近畿―瀬戸内―北部九州―対馬―朝鮮半島というルートが当時唯一のルートであったのか。これらはいずれも古代倭政権の根幹にかかわる重要課題だが、長山の論考には触れられていないし、他の諸氏の論考でも同様である。またそれ以前に、倭王権の軍事体制全般に関して、募兵や起兵方法、指揮命令系統、輜重の確保など、基本的なことすらほとんどわかっていない[12]。

『日本書紀』などに残された記録は、『日本書紀』編纂時の律令政府にとって、「正史」に記載すべきものとして選択された記録であり、政府と関係のない、あるいは関係の薄い倭人の活動のほとんどが結果的には無視されたか、強引に政府軍の活動の中に吸収されることになったと思われる。『日本書紀』の史料としての限界から考えて、ここに書かれている記述だけを見て、他の多様な実態、様々な活動を簡単に排除するわけにはいかない。

例えば『三国史記』「新羅本紀」には、紀元後十四年から紀元後五〇〇年にかけて、四十七件の「倭（人・兵）来襲」および外交関連記事がある。その中には「倭人」と書くもの「倭国」と書くものなど様々だが、軍事的記事では、かつて旗田巍や鈴木英夫が論じたように、持続的な占領や支配を目的としたのではなく、いわば海賊のように物や人間の略奪を目的としたものと、倭国中枢の政治勢力が伽耶諸国との連携の下で、一定期間滞在しながら新羅と戦ったことを示すものの両者があると思われる。[13] このように軍事活動には中央政権の関与の有無やその程度の違いなど、様々なタイプがあったのであり、そのすべてが倭政権の一元的な命令を受けて、その統制の下、国家活動の一環として派遣された軍隊であるとは思えない。

伝承的な要素が濃く、どこまで史実性を認めるのか難しいが、倭軍による朝鮮半島での活動の一端をうかがわせるのが、『日本書紀』に繰り返し出現する、倭王権の方針と異なり独自の対外活動をする豪族の姿である。例えば（ア）新羅攻撃のために派遣されたはずの沙至比跪が、新羅の美女に籠絡されて逆に加羅を攻撃する『百済記』引用の説話（神功皇后紀摂政六十二年）。（イ）雄略に妻を奪われた「任那国司」の吉備上道臣田狭が新羅と結ぶ説話（雄略紀七年是歳条）。（ウ）新羅の援軍要請により、「任那の王、膳臣斑鳩、吉備臣小梨・難波吉士赤目子を勧めて、往きて新羅を救はしむ」と、任那王が「日本府」の「行軍元帥」を新羅救援に派遣する説話（雄略紀八年二月条）。（エ）父小弓の死後、独自に半島に渡り、すでに派遣されていた小鹿火宿禰の兵を奪い、また同じく派遣されていた蘇我韓子を殺害するなど単独行動を行う紀大磐宿禰の説話（雄略紀九年三月条）。（オ）紀生磐宿禰が「三韓の王」になろうとして、自ら「神聖（かみ）」と名のって百済と対立する説話（顕宗紀三年是歳条）。（カ）政治を放棄して悪事を働く近江毛野臣（継体紀二十四年九月条）をはじめ、百済などからは批判的に扱われ、大王も「朕が心に非ず」（欽明紀五年三月条）と述べるような「任那日本府」の豪族の説話。（キ）新羅と結ぶ筑紫国造磐井の説話（継体紀二十一年六月条）。（ク）百済と倭との両属的な行動を行う火葦北国造阿利斯登の子日羅などの説話（敏達紀十二年七月条ほか）。創作性の強いものも弱いものもあると思うが、こうした説話に、倭王権とは一定の距離を置いた豪族の独自な軍事・外交活動が反映している可能性があるのではないか。

また、朝鮮半島に派遣される豪族が、倭国政権との関係以上に、畿内有力豪族と強く結ばれていると思われる例も多い。例えば上記の紀小弓の派遣には大伴室屋のかかわりが強く（雄略紀九年三月条、同五月条）、大伴金村を「わが君」と呼ぶ日羅も同様であり（敏達紀十二年是歳条）、また高句麗の宝物を略奪した大伴連狭手彦は、その宝物を大王と蘇我稲目に贈る（欽明紀二十三年八月条）。「大将軍」として筑紫に送られた紀男麻呂宿禰他四名（崇峻紀四年十一月条）のうち三名が、物部守屋との戦闘で蘇我とともに戦った豪族であること、また新羅から幣物を得ようとして、大臣蘇我馬子に出兵を勧める境部臣や安曇連（推古紀三十一年十一月条）から考えても、蘇我氏と外征軍とのかかわりも強い。白石太一郎のように、江田船山古墳の造営や副葬品から、五世紀前半を境に有明海沿岸勢力が北部九州―朝鮮半島の交易ルートを掌握したと考え、その背景に大伴氏のような豪族の勢力を推定する意見もある[14]。大山誠一らの先行研究もあるように、畿内内外の有力豪族などが主体的に軍事集団を派遣した可能性は認めるべきであろう[15]。

そして、鈴木英夫が「任那の調」や諸文物・諸博士などは王権が独占するものではなく、畿内有力豪族も同様にその権利を有していたことを指摘し[16]、仁藤敦史も「令制以前においては大王による一元的な外交権の掌握はなされていなかった」と指摘しているように、[17] 軍事だけでなく、外交や交易においてもそうであった。また、令制前の部民制において、王権が中央・地方豪族による重層的な「カキ」の所有を否定することなく、それを「べ」として王権の下に組織したという鎌田元一の指摘もあるように、経済的にも同様だった。[18] こうした外交、交易、経済の動向から考えても、軍事活動だけが強固に統一されていたとは考えがたい。

考古学的な遺物の日韓両国での出土状況から見ても、鉄製大刀、銅鏃、弩などの大陸系武器で、中国大陸もしくは朝鮮半島経由で、日本海交易によって各地域へ運ばれるものも多く、[19] あるいは栄山江地域の前方後円墳と九州との関係、江田船山古墳副葬品と百済との関係など、古代の地域間交渉を示唆する資料には事欠かない。弥生時代から五世紀以降に増大する渡来民の移住や横穴式石室の導入などに至るまで、人や物や技術や思想が近畿の倭政権を経由することなく、直接かあるいは北部九州を経由して地域に流入していたことは十分に考えられる。[20] 流入がそうであったのなら、流出もそうであったと考えるのはごく自然だろう。そして流入の見返りの一部が軍事派遣であったとすれば、倭王権の介在がないか、あるいはあったとしても弱い状態の中で豪族軍が渡海した可能性は高い。

（2）広義の倭軍

朝鮮半島南部に派遣された豪族の軍事活動が多様であり、必ずしも中央政権に統制されていたわけではなかったのは、当時の情報通信手段、外洋航海技術、船舶建造技術の限界から考えても当然のように思われる。九州、瀬戸内、山陰、北陸等の渡海した勢力を、中央政権が完全に制御することは技術的に不可能である。また、たとえ畿内の中央豪族が派遣した軍事集団であっても、激しく対立する国際軍事関係の中で、刻一刻と変わる現場の状況に適合した活動をしようとすれば、海を隔てた本国の大王の指示を逐一仰ぐのではなく、現地判断に任せざるを得ない。特に大加羅、安羅の在地勢力をはじめ、百済、新羅、倭という五つの勢力が、モザイクのように朝鮮半島南部で活動していた六世紀前葉から後葉にかけての状況で（後述する第Ⅲ期にあたる）、どこの勢力と軍事協力してどのような利益を得るか、という方針を倭軍全体に徹底することは至難であっただろう。倭には伽耶系などの官僚が権力の中枢にいて、百済や安羅には倭人系の官僚もいるような状態では、彼らの意見によっても政略は様々に錯綜したであろうし[21]、朝鮮半島諸国の対外方針も決して一貫したものではなかったと思われるので、倭軍内部や豪族相互で方針の対立が起こったとしても何ら不思議ではない。

そして、軍事的活動の主導性が現地勢力の側にある場合も多かったのではないか。例えば欽明紀五年十一月条に記載された百済聖明王の乞師では、百済側で「衣粮」を準備したうえで、洛東河畔に六つの城を築くことを前提に三千名の軍兵を要請する。欽明紀十四年八月条の余昌の乞師も同じく「衣粮」を準備するとしている。このように一部の倭軍が「傭兵」のように活動していた可能性もある[22]。そしてこうした場合に、外征上の王・大王の軍事指揮権がどこまで有効だったか疑問である[23]。

私は「大王権力の発現」によって、諸豪族の軍事活動が統制されていたとは考えていない。そしてたとえそれが倭軍としてのものであったとしても、私はそれを〈広義の倭軍〉としてとらえている。

倭軍を「広義」と「狭義」に分類する方法は、当時の倭王権の権力構成をどう考えるかという問題と切り離せないが、外敵に向かうことを最大の目的として結成された政治的・外交的軍事集団で、王権の指示・命令が直接的には到達できない組織構造であれば〈広義の倭軍〉であり、外征軍としてだけでなく、国内統治と直結し、国内の治安維持部隊としても直ちに転換できるような軍事組織を伴ったものであれば〈狭義の倭軍〉と考える[24]。

〈広義の倭軍〉は朝鮮半島の諸勢力には同じように「倭軍」とみなされたとしても、あるいは外的国家を形成する倭国軍として名目的な統一性は保たれていたとしても、実体的には倭王権の厳しい統制も受けず、豪族層の意向をより強く受けて活動する軍隊である。そして〈狭義の倭軍〉は、王権に直属する常備軍、もしくは大王に直属する親衛軍として外征を行うだけでなく、対内的な対立勢力に対しても軍事力を発揮するものであるから、それを構成する豪族にとっても脅威の存在でなければならない。[25]このように考えたときに、倭軍は倭王権の統制下にあったというよりも、豪族層がより自律的な軍事活動を行っていた可能性が強く、〈広義の倭軍〉とすべきだと思われる。

外的国家としての国家統合を先行的に成し遂げた倭国では、〈広義の倭軍〉が結成されることはあっても、〈狭義の倭軍〉の結成は遅れる。そのことはまさに軍事指揮権や軍隊統帥権が未整備であったことと通じているのである。

3. 倭軍の外征方針について

(1) 金官伽耶との関係が深い時期（I期）

倭軍の外征方針を四期に分けて検討する。[26]

第I期は、金官伽耶との関係が深い四世紀から五世紀前葉にかけての時期である。

この時期の外征方針について確定的に言えることは極めて限られているが、弥生時代以前から北部九州とは交流があったと考えられている朝鮮半島南部（弁韓）と、中国本国や楽浪郡・帯方郡への航海に重要であった朝鮮半島西南部（馬韓）が、倭王権の外交の対象として最も重要視された。そして四世紀、五世紀の日朝関係の最大のテーマは、弥生時代に引き続き鉄素材をはじめとする文物の確保であったと思われる[27]。

確かに七支刀からわかるように四世紀中ごろ以降の百済との関係も大きいが、百済との関係も、新羅や広開土王碑文に見られるような高句麗との敵対関係も、朝鮮半島南部地域に対する影響を媒介としたものである。中でも金海は「中国の商人、楽浪郡・帯方郡の官吏、韓、濊の人々が常時往来する、東アジアに有数の政治的・経済的・文化的なセンター」であったと考えられ[28]、倭にとっても鉄（素材、製品）の交易など人的・物的交流の拠点であった。四世紀から五世紀前半にかけて、日本列島内では金海・釜山地域の金官伽耶系の文物が、逆に金海・釜山を中心とする地域では倭系の文物が見られるという相互性も指摘されており、両地域の関係は密接である[29]。また、馬韓の一つの国であった伯済が四世紀初めごろに百済として成長し、四世紀中ごろには、伽耶諸国の卓淳を介して倭は百済との外交関係も開始する（神功紀摂政四十六年三月条）。

この段階の倭軍の外征を直接証明する史料としては広開土王碑があるだけだが、これまでにも指摘されている通り、金官伽耶や安羅が高句麗・新羅の南進政策に対抗するために倭軍の導入を図ったと考えてよく、三七二年に七支刀を送った百済も、同様の理由から倭軍との協力関係を築こうとしたのであろう。倭軍もこうした関係の上に立って、百済、金官伽耶、安羅などから調達していた威信財などの物資を確保するために、また、朝鮮半島南部から西部への海上交通路を確保するために朝鮮半島での軍事活動を展開したと思われる[30]。またこのほか、神功紀摂政四十九年三月条の一部を干支二巡繰り下げて四二九年にあてる説や[31]、『三国史記』などに記載された記事から、倭軍が新羅に侵攻したことが推定されているが、こうした活動も百済や伽耶諸国との協調関係の中で行われたものであろう。ただし前述したように、この段階の倭軍の活動は基本的には〈広義の倭軍〉としてのものか、豪族がより主体的に行った活動かのいずれかであり、倭王権が一元的に倭軍を統率していたとは思えない。

また五世紀前半から新羅系文物の流入と、倭系文物の新羅への流出という相互関係が開始されることから考えると、新羅との関係も多様であったと考えられる。

（2）大伽耶との関係を深める時期（Ⅱ期）

第Ⅱ期は大伽耶との関係を深めた五世紀中葉から六世紀前葉にかけての時期である。

五世紀中葉になると朝鮮半島南部の勢力圏が変化し、金官伽耶から大伽耶へとその中心が移る[32]。日本列島各地で発見される韓式土器も、金官伽耶様式から大伽耶様式へと変化し、五世紀中葉から六世紀前葉までの間、列島全体で流通するようになる[33]。これは倭が外交する朝鮮半島南部の政権が変化することとおそらく関係があり、前代に引き続き安羅との関係を継続するとともに、大伽耶との関係が軍事活動に大きく影響することになったと思われる。

一方『三国史記』によれば、新羅が高句麗からの独立を目指し、百済との間には四三四年に講和が成立したとされ、両国の関係はこれ以降五世紀を通じて相対的に安定する。「倭の五王」が四二一年を皮切りに四七八年まで宋朝に対して遣使を行い、倭王権は四五一年に初めて宋から新羅や任那など朝鮮半島の国名の入った「都督諸軍事」号を認められるが、こうした倭の外交活動も、高句麗だけでなく新羅・百済の同盟関係に危機感を抱いた倭が、政治的に対抗する目的で行ったものであったと思われる[34]。

五世紀後葉には、高句麗に攻撃されて滅亡の危機に立たされた百済に対する支援軍派遣（四七五年）や、大伽耶王が初めて南斉に朝貢し「加羅国王」に冊封される際の支援（四七九年）など、倭王権は朝鮮半島の政治に具体的に関与した。倭王武の上表文には、朝鮮半島の「九十五国」を征服したと書かれており、もとよりこれは事実ではないが、朝鮮半島において勢力を拡大したいという積極的な野心のあらわれだと思われる。

あるいはこの方が通説と言えるかもしれないが、先述した第Ⅰ期と合わせ、四・五世紀代の朝鮮半島に対する外交・軍事は王権のコントロール下にあり、文物や技術の導入もその成果であったとする見解がある。確かに倭王権の朝鮮半島に対する通交は本格化しつつあり、第Ⅱ期でも、倭王権は中国や朝鮮半島の諸勢力に対して積極的な外交活動を行う。

しかし、百済支援軍の派遣が雄略紀二十三年四月条の記事で示されているとすると、派遣されたのは「筑紫国の軍士五百人」であり、この軍事力を過大評価することはできないし、筑紫軍を中央政権が倭王権統一軍として一元的に統率していたかどうか確証はない。朝鮮半島に対する何度かの軍事派遣はあったかもしれないが、軍事活動は「軍事的支配」などと言えるようなものではなく、基本的には百済に主導された兵力派遣だったのではないのか。

確かにこの時期、倭王権は積極的な外交を行ったように見えるが、私は軍事活動の質や方針は、第Ⅰ期と同じように〈広義の倭軍〉としてのものだったと考えている。新羅方に寝返った沙至比跪が大伽耶を攻撃して百済と対立する説話（神功紀摂政六十二年条）[35]や、紀生磐宿禰が「三韓の王」になろうとした説話（顕宗紀三年是歳条）などから考えると、倭王権の外征方針がはたして一貫したものであったのかどうかも疑問が残る。そして高句麗対百済の問題だけでなく、百済や新羅の南下と大伽耶の権力強化によって圧迫された伽耶諸国の問題など、様々な要因の中で倭軍が戦線の拡大にどこまで応じられたのか過大視することはできないのではないか。

朝鮮半島における倭国の軍事的主導権や、渡来文化の倭国内への広がりについて、倭政権が介在してコントロールしていたとは私には思えない。私は外交・軍事、そして交易に対する王権のコントロールは弱く、文物や技術の導入に対しても同様で、したがって外交や交易も一元化されていないと考える。したがって軍事は、基本的に〈広義の倭軍〉か、あるいは豪族がより単独に組織した豪族軍としてのものだっただろう。倭軍は、錯綜する東アジアの政治的軍事的な対立に翻弄され、現地対応を余儀なくされていたのが実態ではなかったか。

(3) 四国の争乱期(Ⅲ期)

第Ⅲ期は、高句麗・百済・新羅・伽耶諸国の抗争が激しさを増した六世紀前葉から末にかけての時期である。百済では武寧王(五〇二〜五二三)・聖明王(五二三〜五五四)、新羅では法興王(五一四〜五四〇)・真興王(五四〇〜五七六)のそれぞれ二代の王により国家制度の整備と領土拡大が進められ、高句麗の安臧王(五一九〜五三一)・安原王(五三一〜五三四)・陽原王(五四五〜五五九)を交えた戦争が激化するとともに、伽耶地域に対する侵攻を本格化させた。六世紀初頭以降、百済は西方から、新羅は東方から伽耶地域に対する軍事的圧力を強める。百済は帯沙や己汶を占領し、安羅にも軍隊を進駐させるが、結局は五三二年の金官伽耶滅亡、五六二年の大伽耶滅亡など、いずれも対外戦争に勝利した新羅によって朝鮮半島南部は支配されることになる。そして、南部朝鮮をめぐる百済と新羅との勢力争いが激化したことと高句麗の南下圧力によって、軍事的な緊張感の高い状態が続いたことは、倭の存在価値を上昇させたと思われる。百済・新羅・伽耶諸国など朝鮮半島の各勢力にとっては、いわば背後の勢力であった倭国の軍事介入を未然に防ぐため、そして倭の軍事力を利用して三国間と伽耶諸国の力関係をより優位に保つために、倭とは積極的なかかわりを持とうとした。

国内では磐井の乱を克服し、屯倉制の導入などによって勢力拡大を図る継体(五〇七〜五三一)・欽明(五三一〜五七二)が、安羅を仲介的拠点としながら大伽耶との隣対関係を継続させ、南部朝鮮に一定の勢力を確保しようとしていた。南部朝鮮とは鉄の搬入以来の伝統的交易関係があり、貴重財や文化的・政治的・宗教的な先進文化の導入を進めるうえでも、倭にとっては最も重要な地域であっただけでなく、宋代に承認された朝鮮半島での名目的地位を復活させることを期待していたからであった。また六世紀前半の一時期には、外交関係を有利に進めるために、倭系安羅人、倭人などで構成された外交的使節団が倭から派遣され、安羅を拠点に活動した(36)。また、政治的・経済的・文化的な各方面において百済との交流が本格化し、仏教をはじめとして様々な最先端の文化や技術が到来した(37)。そして、南部朝鮮からのものも含め、こうした文化や技術を伝えた渡来民によって、倭国の国家制度も徐々に整えられることになった。

一方軍事的な面でも、磐井の乱のような大規模な戦争に動員することが可能な体制が徐々に整いつつあった。屯倉の設置や、群集墳の爆発的増加に示された、大刀を持つ武装住民の出現からみても(38)、倭国全体としての軍事力は強化されつつあったと考えられる。五世紀後半から六世紀前半にかけて、栄山江地域に前方後円墳が築かれるが、倭軍の一部がこの時期に朝鮮半島に派遣されていた可能性がある(39)。

しかしこの時期の朝鮮半島南部の政治状況は複雑を極めており、倭軍がたやすく活動できる状況にはなかったと思われる。例えば大伽耶は己汶・帯沙をめぐって倭・百済と対立し、北方、東方では新羅の圧迫を受けていた。安羅は新羅と百済に東西から圧迫されて両者と対立するが、一方で百済軍の駐屯を受け入れながら親新羅派も存在し、さらに倭の勢力の拠点でもあったという複雑な政治体制であった。百済は倭とも、大伽耶とも、安羅とも対立をはらむ一方で、「任那復興会議」を開催するなど、反新羅勢力を結集して新羅に対抗しようとしていた。新羅は東から大伽耶や安羅を吸収しようとしながら、親新羅派官人を仲介して倭とも一定の友好関係を保とうと画策していた。高句麗は安羅の反百済派安羅人・倭人と結ぼうとした。関係は極度に錯綜していたのである。

安羅に派遣された外交使節団には、軍隊が伴っていたわけではなく、欽明五年から度重なる百済の支援軍派遣要請があったにもかかわらず、倭はやっと十年後に初めて派兵することなどから考えても（欽明紀十五年正月条）、混迷する勢力分布の中で、倭王権は統一倭軍を即座に派遣するほどの機動力と明確な軍事方針を未だに備えてはおらず、ましてや朝鮮半島の諸勢力をリードするような確固とした外交指揮権、軍事指揮権は存在しなかったと思われる。したがって、例えばこの時代の倭王権の外交方針が、山尾幸久の言うように、新羅・百済の勢力を伽耶諸国から撤退させ、大伽耶王を盟主とする「統一加羅国家建設」を実現することであったとしても[40]、その可能性は低かったと思われる。王権内部における親百済と親新羅の両派の対立が根深いことなども考え合わせると、このような状況下で、倭軍と大伽耶連合軍で新羅・百済両者の軍事的圧力を排除することは容易ではなかっただろう。そしてこうした実情では、〈狭義の倭軍〉による、朝鮮半島での継続的で統一的な軍事活動を想定することは不可能なのである。

（４）隋唐成立期（Ⅳ期）

第Ⅳ期は、隋唐の成立によって、中国帝国の現実的な脅威が無視できなくなる六世紀末から統一新羅が形成される六七六年までの時期である。

隋が五八九年に統一を果たし、後漢以来四百年ぶりの巨大帝国が成立することによって東アジア情勢は急変した。朝鮮半島をめぐる軍事闘争も、隋・唐の存在を抜きにしては進まなくなるのである。軍事的圧力が高まった高句麗も含め、中国に出現した巨大帝国の軍事力に影響されながら、朝鮮半島は高句麗、新羅、百済三国による生き残りをかけた軍事的・外交的活動が活発に展開される。金官伽耶や安羅、大伽耶の滅亡によって、軍事活動を行う足がかりや協力者の多くを失った倭も、隋・唐とどのような外交関係を結ぶかに苦慮しつつ、百二十年ぶりに中国帝国への遣使を再開させた（六〇〇年、開皇二十年、推古八年）。また朝鮮三国に対しては、軍隊派遣勢力として一定の存在意義を確保しながら、「任那の調」という名目的な財物を獲得しようとした。

この時期の前半部にあたる推古期の外交政策に関しては、三品彰英、石母田正、井上光貞などをはじめとして、数多くの論考が発表されてきた[41]。それによれば遣隋使の派遣、仏教の本格的受容、厩戸皇子のいわゆる「皇親政治」、冠位制、『国記』の編纂など、内政・外政に関して注目されることが多く、しばしば大王の権力が拡大し、中央集権制が強化される画期の一つであると評価されている。しかしその軍事政策を見ると、親百済派と親新羅派の対立によって軍事方針は統一されず、倭軍の朝鮮半島で行う軍事活動が倭にとって利益をもたらすかどうかも見定まっていない。その主だった対象が百済・新羅・高句麗など朝鮮半島内に限定されていた第Ⅲ期までと比べ、隋・唐も交えた勢力図の中で、その政策決定の難度も格段と高まり、まとまりがつかないまま推移するのである。そして、高句麗の政変、新羅の政変、倭の政変（乙巳の変）と、いずれも外交政策をめぐる意見対立を背景に政変が発生し、結果的に倭は「全方位外交」とも「分裂外交」とも呼ばれる外交政策に転換する[42]。そこでは特定の勢力に対して実際に軍事集団を派遣するのではなく、その姿勢を示し続けることで優位性を保とうとする消極的で名目的な態度に終始した。

しかし高句麗に対する唐の攻撃が本格化し、また六六〇年に百済が唐・新羅連合軍に敗北して滅亡すると、倭は百済復興軍を支援して、数万単位の規模の外征軍を朝鮮半島に派遣した。これはそれまでの外征軍の中で、おそらく最大規模で、最も本格的な体制を備えた外征軍であったはずであり、国内体制の整備・充実によってこうした大規模軍の編成と派遣が可能になったことは重要であろう。しかしその結果は周知の通り白村江での敗北であった。敗因は様々あると思われるが、軍事戦略的なものに限定すると、森公章や松木武彦らが指摘するように、「あいまいな外交方針」「稚拙な戦術」「攻撃主体の体制」「寄せ集めの軍隊」といった点を挙げざるを得ない[43]。特にその編成は、将軍に起用された中央豪族の地位が並列的であり、全体を統一する指揮命令系統が整備されていない未熟な状態であった(44)。

この派遣軍を古代史上最も整備された海外渡海軍として考えると、それまで派遣された倭軍の実態がおおよそは推測できる。そこではたとえ倭軍としてまとまった状態で軍隊が編成されることがあっても、決して各自の判断で兵を動かすことが禁じられていたわけではなく、それぞれの豪族が軍隊を率い、実際の軍事行為も彼らに任されていた面が強かったのではないかと思えるのである。結局、白村江の段階に至っても、倭軍は〈狭義の倭軍〉になれなかったのではないか。やはり倭の外征軍は外敵を対象として臨時的に編成された〈広義の倭軍〉であり、参加した豪族の自立性も多分に残されていたために、倭国の豪族層にとってそれ自体に脅威を抱くようなものではなかったのである。

4. 外征と王・大王・天皇について

(1) 排除される外征

最後に、外征と王・大王・天皇とのかかわりについて検討する。ただし、史料は限られており、記紀の編纂過程まで考えると、それを各時代の実態として示すことは不可能に近い。特に第I期、第II期についてはそうである。後代の史料から、断片的な記載を手がかりに、イメージを理論化するような方法しか存在しない。

例えば、倭や古代日本の歴史の特徴として、弥生文化から飛鳥・白鳳・天平文化に至るまでの海外文化の大規模な受容、朝鮮半島など海外に対する積極的な進出、遣隋使・遣唐使の派遣、律令制の全面的な移植など、海外に広く開放された側面を強調することがある。こうした見解は決して誤りではないが、記紀に描かれた王・大王・天皇には必ずしも適合しない。王・大王・天皇には海外に対する抵抗感と軍事に対する違和感が内在していると思われるからである。[45]帝国の最高軍事指揮者にはあり得ないことだが、王・大王・天皇の姿に、海外に向かって領土を広げる攻撃性よりも、海外の波を避けて内に籠る閉鎖性をより強く感じる場合がある。そしてそれが一元化することなく共存している。その間には融合を阻む壁があった。[46]

それを象徴しているのが『古事記』であろう。『古事記』には中国や朝鮮半島に関連する記事が極めて少ない。『日本書紀』では、垂仁紀から記事の記載が始まって、神功、応神、仁徳、雄略と続き、継体から推古紀にかけては、全体の半分以上が朝鮮半島関連記事で占められるのに対して、『古事記』では断片的なものを除くと、まとまった記事は神功皇后の「新羅征討」を伝える仲哀記と、「朝貢」の起源とアメノヒボコ伝承を掲載する応神記に限られる。軍事活動に関する記事も、表1で見た『日本書紀』に掲載されている国内での暗殺・戦争一覧のうち、即位前紀ではa～j、lの十一例、即位後紀ではA、B、D、E、Lの五例、合計十六例が『古事記』でも共通していたのに対し、表2の朝鮮半島に関する軍事活動では、わずかに1の神功紀の記事が『古事記』と共通するだけなのである。『古事記』が徹底して外征記事を排除したことは明らかであろう。

王・大王・天皇が軍事王であるなら、なぜ『古事記』で外征記事を書かないのだろうか。神野志隆光が言うように、『古事記』の「天下（アメノシタ）」は、倭国が服属させていることを前提として、新羅に象徴される朝鮮半島の国家を含めて作り上げた幻想領域であった。したがってその「天下」は、新羅を服属させる神功の説話で完成しているから、他のよけいな戦争記事はかえって邪魔になったのかもしれない。また、倭国の外部に建国された巨大帝国隋・唐は、この「天下」意識では包括することができないものだったから、『古事記』の中では描けなかったのかもしれない[47]。また坂下圭八も「中国を鋭く意識しつつあえてそれを疎外する形でしか『古事記』は成書化されえなかった」という[48]。記紀の違いには屈折したものを感じざるを得ないが、『古事記』を成立させるためには対外関係を排除しなければならなかったし、排除することによって初めて『古事記』は完成したのだろう。

『古事記』の編纂を命じた天武天皇は、隋・唐を交えて朝鮮半島で繰り広げられた激烈な戦闘や、倭軍が唐と本格的に戦陣を交えて惨敗した白村江、古代史上最大級の戦闘であったと思われる壬申の乱などを実際に経験している。百済や高句麗の滅亡と新羅の台頭にも衝撃を受けたはずである。先の見えない国際関係の大きなうねりと、それに翻弄される小国の運命も他人事ではなかっただろう。その天武が現人神天皇の統治の由来記、つまり『古事記』をまとめるために[49]、ただ神功皇后（気長足姫）にその歴史を背負わせ、実際の戦闘や軍事活動で得た軍事観は背後に隠匿したまま、国際認識としては相当にゆがんだ世界を描いた。

こうして排除・隠匿によって形成するほかなかった『古事記』の天皇観は、外征に積極的に関与する王・大王・天皇を描こうとした『日本書紀』の天皇観とは全く違う。現人神の由来譚と、律令国家形成の中で位置付けられた王・大王・天皇の位相が違うこと、両者が乖離していることは重要である。そしてこの対外性を排除・隠匿することによって構築された神聖君主の思想、つまり『古事記』の思想は、決して『日本書紀』や六国史の編纂とともに消滅してしまうものではなく、私は天皇の本質を構成する基層として命脈を保ったと考えている。

（2）挫折する外征

律令国家形成の歴史的必然性を記述するために編纂された『日本書紀』においては[50]、先述した『古事記』とは逆に、中国的な思想や対外関係記事を積極的に採用している。律令国家形成はそれなくしてはあり得なかったから当然であるが、そこに『日本書紀』の、『古事記』とは異なった対外関係記事の在り方が生まれている。

例えば先述したように表1のL、M、N、O、Pなどの、およそ六世紀後半から七世紀半ばに想定される国内戦では、軍事活動に王・大王・天皇がかかわった形跡が一切なかった。大王位の継承問題が背後にあるにもかかわらず、そこでは王・大王・天皇の意志が働いていない。ところが一方、朝鮮半島の軍事活動では、表2のように上記と同時期の16から24の記事のうち、軍兵の派遣を命じる(16、19、22、24)、外征について群臣の意見を聞く(20、23)、大王みずからが筑紫に向かう(24)など、王・大王・天皇の積極的な対外的軍事活動を示す記事がいくつかあり、国内戦とは様相を全く異にしているのである。

つまり史料をそのまま対比すれば、国内で激しく繰り返された、王族や豪族を巻き込んだ「王位継承」に起因する権力闘争に、王・大王・天皇は軍事的にかかわることがなかったのにもかかわらず、朝鮮半島の軍事活動に対してはより積極的に関与し、その上、王族や豪族をかなり強力に統率していることになる。さらに『日本書紀』では、外征の記事は本紀にのみ掲載され、神功摂政前紀と天智即位前紀を除き即位前紀には記載されない。こうした扱いも国内戦の記事とは大きく異なる。このように『日本書紀』の外征の記事には、国内戦以上に、それを王・大王・天皇の軍事的功績として強調する記紀編纂者の意図が明らかなのである。

しかしその一方で、それに反する史料も少なからず存在する。一つは、王・大王・天皇が外征を命じる最終決定権を持っていたかどうかを疑わせる種類の史料であり、もう一種類は王・大王・天皇や王族が外征しようとして挫折する史料である。

前者は倭王権の軍事・外交政策にしばしば分裂的状況がみられることに関連している。

例えば欽明は皇太子（後の敏達大王）に対して、「新羅を打ちて、任那を封し建つべし」と遺詔したと伝えられ（欽明紀三十二年四月条）、敏達も皇子と大臣に詔して、「任那」の復興を命じたと言う（敏達紀四年二月条）。しかし、結果的に敏達紀には朝鮮半島に対して軍事派遣をした記事はなく、何回かの外交使節が送られているだけである。大王自身がこうした外征に対してどこまで直接的に関与したかも問題だが、欽明期で、百済聖明王などからの度重なる軍事派遣の要請があったにもかかわらず、およそ十年間にわたってそれを躊躇したという状況をあわせて考えてみると、大王の権限や命令によって、軍事政策がコントロールされているとは言いがたいのである。

こうした状況をよく示しているのが推古紀三十一年七月条である。ここでは推古が新羅を攻撃しようとして大臣の蘇我馬子や群臣に審議させると、親百済派と親新羅派で群臣の議論は紛糾し、結局は軍隊を派遣しないことになる。しかし倭王権では積極攻撃派が「大将軍」「副将軍」を決め、突如として遠征軍を派遣し新羅を威圧する。新羅が降伏するという意思は、遠征軍の「将軍等」を通じてここで初めて推古に伝えられる。また「両国の調」を倭に朝貢するはずであった新羅の使者は、軍隊の侵略に驚いて帰国し、ただ「調」だけが倭王権の使者によって持ち帰られることになる。蘇我馬子はこのちぐはぐな倭王権の外交施策を悔いたと書かれ、「時の人」は、「大将軍」であった境部臣や安曇連が、新羅からの「幣物（まいない）」を得るために計画し、大臣であった蘇我馬子に勧めて出兵を実現させたとうわさしたという。

この六二二年に比定される推古紀の記事から歴史的な事実を読み取ることは難しい[51]。かつて三品彰英が指摘したように、かなり疑わしい史料であることは間違いない。しかし、王権の内部に新羅に近い豪族や百済に近い豪族がいて、外交方針が統一されていなかったことは確かであろう。そして推古が新羅攻撃を前提に諮問したのに反して、群臣の議論はそれを否定したことになるから、大王の権限にもおのずと限界があったこともわかる。む

出兵の原因	大王の関与等
神託により財宝の国を求めるため	自ら武装して出陣する ＊行軍の記述あり
新羅が百済からの献上物を強奪したため	大王の関与を示す具体的な記載なし
新羅を攻撃するために派遣された沙至比跪が新羅側に寝返って加羅を攻撃したため	大いに怒って、木羅斤資に軍を率いらせて加羅を復興する ＊異伝あり
弓月の人夫が新羅の妨害で倭を訪問できないため	詔勅して新羅攻撃を命じる
新羅が朝貢しないため	詔勅して新羅攻撃を命じる ＊戦闘の記述あり
田狭が裏切り新羅方についたため（攻撃は中止）	詔勅して新羅攻撃を命じる ＊百済到着後の記述あり
新羅が高句麗に攻撃されて任那王が救援を求めたため	（大王の直接的な関与はなく、任那王に依頼されて出兵する） ＊戦闘の記述あり
高句麗の貢納を妨害し、百済を攻撃し、新羅自身も朝貢を怠っているため	①自ら新羅を攻撃しようとしたが神託により中止する ②詔勅して将軍を任命し新羅攻撃を命じる ＊戦闘の記述あり
末多王を百済に送り届けるための護衛として	詔勅して末多王を宮中に呼んで百済王とする
具体的な記載なし 一説には上記９と重複とも	大王の関与を示す具体的な記載なし
具体的な記載なし	大王の関与を示す具体的な記載なし
自らが神聖（かみ）と名のり三韓の王となろうとして	（大王の関与なく独自の行動） ＊戦闘の記述あり
百済の使者文貴将軍等の帰国に副えて派遣する	詔勅して物部連を派遣する
新羅に奪われた南加羅等を復興するため（磐井の乱により渡海は中止）	大王の関与を示す具体的な記載なし
近江毛野臣が調吉士の行動を抑制するため	近江毛野臣を召喚しようとする
百済の支援要請による（五月に渡海する）	①欽明九年正月条で百済に対する救援軍の派遣が詔されるがいったん中断する ②同十三年五月条で救援軍の派遣が再度要請され、十四年正月条、同八月条でも救援軍の派遣を要請される ③派遣を決定する詔勅がいつ出されたのかは不明だが、欽明十五年正月条で内臣が詔勅を受けて派遣を決定する ＊戦闘の記述あり
百済の王子恵が帰国するために護衛として派遣する	大王の関与を示す具体的な記載なし
新羅の任那攻撃を責めるため	大王の関与を示す具体的な記載なし ＊戦闘の記述あり

表２　『日本書紀』の朝鮮半島に関する軍事活動記事

番号	条　　文	推定年	対象	将軍等	軍兵等の記載
1	神功摂政前紀		新羅	神功皇后	師、兵甲、軍卒、軍衆、三軍、士卒軍、兵、神兵、官軍、船師
2	神功摂政四十九年三月条	429	新羅	荒田別、鹿我別	兵、兵衆、軍士、精兵、軍
3	神功摂政六十二年条	442	新羅	木羅斤資	兵衆
4	応神十六年八月条	405	新羅	平群木菟宿禰、的戸田宿禰	精兵
5	仁徳五十三年五月条		新羅	上毛野君の祖竹葉瀬の弟田道	兵、精兵、軍卒、精騎、軍
6	雄略七年是歳条		新羅	吉備上道臣田狭の子弟君、吉備海部直赤尾	衆
7	雄略八年二月条		高句麗	膳臣斑鳩、吉備臣小梨、難波吉士赤目子	行軍元帥、軍、奇兵、官軍
8	雄略九年三月条 ～同年五月条		新羅	紀小弓宿禰、蘇我韓子宿禰、大伴談連、小鹿火宿禰	王師、官軍、兵、遺衆、軍
9	雄略二十三年四月条	479	百済支援		筑紫国の軍士五百人
10	雄略二十三年是歳条	479	高句麗	筑紫安致臣、馬飼臣等	船師
11	雄略二十三年八月条	479	新羅	征新羅将軍吉備臣尾代	五百の蝦夷等
12	顕宗三年是歳条		百済	紀生磐宿禰	軍、衆、兵
13	継体九年二月条 ～同十年五月	515 ～516	伴跛	物部至至連	舟師五百、師
14	継体二十一年六月	527	新羅	近江毛野臣	衆六万、軍
15	継体二十四年九月		百済 新羅	調吉士	衆
16	欽明十五年正月 ～同十二月条	554	新羅	内臣	軍の数千人、兵、舟師、軍士
17	欽明十七年正月条	556	新羅	阿倍臣、佐伯連、播磨直、筑紫火君	筑紫の国の舟師、勇士一千
18	欽明二十三年七月是月条	562	新羅	紀男麻呂宿禰	兵、軍、師、士卒

具体的な記載はない	大伴を派遣し高句麗を攻撃させる ＊略奪した財物の記述あり
任那の復興のため（崇峻暗殺により渡海は中止）	①前年八月条で、群臣に詔して、任那復興について意見を聞く ②当条については大王の関与を示す具体的な記載なし
任那の救援のため	大王の関与を示す具体的な記載なし ＊新羅の降伏に関する記述あり
新羅を攻撃するため（来目皇子の死などにより中止）	①前年三月条で詔勅して、百済と高句麗に任那救援を命じる ②同十一月条で新羅攻撃について群臣の意見を聞く ③当条については大王の関与を示す具体的な記載なし
新羅を攻撃するため（群臣の議論で結論出ずいったん中止されるが、その後派兵）	①群臣に新羅攻撃について議論させていたが派遣しないことになる ②吉士を新羅と任那に派遣して意見を聴取する ③将軍等が新羅攻撃を行い、天皇に新羅が降伏したことを報告し、天皇はこれを承諾する
百済の遺臣等の要請による（斉明の死により中止）	救援軍を派遣するために、自らが筑紫朝倉宮まで移動する
①百済遺臣軍の支援 ②高句麗救援のため	皇太子の中大兄王が、「水表の軍政」を統括する

＊「推定年」は山尾幸久1989などによる。もちろんその条文のすべてを史実として認めているという意味ではない。

しろ突如として行われた遠征が、大臣蘇我馬子の決定によるものであったと「時の人」が解釈したことから考えると、もともと推古が結論を出すような事項ではなく、群臣の議論と、それを経て有力な豪族が軍事活動を決断するような意思決定の方法が本来の在り方ではなかったかとも思える。要するに諮問は行うが、意思決定や実行にはほとんど関与しないのが王・大王・天皇の立場であった可能性が強い[52]。

また後者に関連して言えば次のような史料を挙げることができる。

雄略は自ら新羅を討とうとしたが、神託により神が戒めて中止した（雄略紀九年三月条）。また、斉明は新羅攻撃のために九州まで移動するが朝倉宮で没してしまう（斉明紀七年七月条）。さらに、新羅攻撃の将軍として派遣された来目皇子は筑紫で死去し（推古紀十一年二月条）、来目皇子の後任の当摩皇子も、筑紫に向かう途上、妻の舎人姫王が死去したために筑紫に行かずに引き返したので、結局王族の出兵は行われない。

19	欽明二十三年八月条		高句麗	大伴連狭手彦	兵数万
20	崇峻四年十一月条	591	新羅	紀男麻呂宿禰、巨勢猿臣、大伴囓連、葛城烏奈良臣	(氏氏の臣連…)二万余軍
21	推古八年是歳条	600	新羅	境部臣、穂積臣	万余の衆
22	推古十年二月 ～十一年七月条	602	新羅	来目皇子、当摩皇子	(諸神部、国造、伴造) 軍衆二万五千人
23	推古三十一年是歳条	622 (注51)	新羅	境部臣雄摩呂、中臣連国…	数万の衆、船師、軍
24	斉明六年七月 ～七年七月条	660 ～661	唐・新羅	斉明大王	救軍
25	天智即位前紀 ～天智二年九月条	662	唐・新羅	阿曇比邏夫連、河辺百枝臣…	軍政、軍五千余、船師百七十艘等

＊『日本書紀』の記事のうち、「軍」や「兵」など、軍兵を具体的に派遣したと明記されている記事だけを挙げた。
＊応神三年是歳条の紀氏他の派遣、宣化二年十月条の大伴狭手彦の派遣など、軍兵等の派遣については記載されていないために、この表では除外している。

このように、神功皇后（気長足姫）伝承を除けば外征で戦場に臨もうとした二人の大王と、将軍として派遣されようとした二人の皇子の野望はいずれも実現しない。この二人の皇子の外征記事は、かつては厩戸皇子の政権内における地位の問題とも絡んで、「皇族」が権力を確立する中央集権的な皇親政治の第一歩として重視されてきた[53]。しかし史料批判も進む中で、政治史上における厩戸皇子の位置付けは変化し、この記事が史実に基づくものかどうかも現在では確定していない[54]。ただ雄略や斉明の挫折とあわせて考えた場合、朝鮮半島に対する軍事活動に直接参加しようとした皇子まで落命していることには興味を引かれる。

私は、外征記事を重視した『日本書紀』で、国内戦以上に、そしておそらく実態以上に王・大王・天皇の軍事的な業績を強調しようとした記事が多いことをすでに指摘したが、それにもかかわらず、『日本書紀』ではこうした王・大王・天皇の外征上の挫折も記録されている。

この〝積極性〟と〝挫折〟という、一見すると相反する傾向を私たちはどのように考えるべきなのか。天皇制が形成される歴史的な推移も考えるべきだろうが、後述するように、むしろ私は〝挫折〟の方に天皇の実態を読み取っている。政治権力が特定の権力圏、民族圏を超えることが帝国主義であるのなら、これはある意味では帝国の〝挫折〟に他ならない。雄略の神託と、斉明の死去にあたっての怪異現象、そして結局は王・大王・天皇が軍事活動として渡海しなかったことから考えると、王・大王・天皇の海外軍事活動は単純に肯定されるものではなく、〝挫折〟を招くような危険性を抱える矛盾した行為であった、と当時から考えられていたと読むべきではないのか。そして私の推定が正しければ、この「宿命的」な問題は、東アジアと倭・日本の歴史関係を貫く深淵ということになろう。

（3）閉ざされた王・大王・天皇

すでに知られていることではあるが、外国の使節を迎えて儀式を行うときに、王・大王・天皇が、外交使節に対して実際の身体や顔を見せなかったこと、いわゆる「見えない王」であったことも無視できない[55]。例えば隋から裴世清を迎えたときに、推古は出御しなかった可能性が高い（推古紀十六年八月条）。『大唐開元礼』に準じた外交儀礼を十分に認識しながら、最も肝心だと思われる大王に対する使旨の奏上は行われない[56]。このことは朝鮮諸国との外交儀礼にも言えることである。時代は下るが『寛平御遺誡』にも「外蕃之人必可召見者、在簾中見之、不可直対耳」とあるという[57]。九世紀末でも、天皇が外国からの使者に会うときには御簾を下したのである。これを卑弥呼にまで遡るのはあまりにも乱暴かもしれないが、少なくとも七世紀から九世紀にかけては確認できる。倭王権は熱心に渡来文化を受け入れ、中国の「賓礼」も遣隋使の応接時に一部導入していることは確実だが、その一方、中国の皇帝とは異なり、外国からの使節に対して、王・大王・天皇が直接的に接触することを忌避していたのである。

小墾田宮で王城部分と臣城部分が分離する。王・大王の超越化は、身体的・視覚的・儀式的に他者と分離する方向で進む[58]。これを象徴するのが外国の使節に対して身を隠すことではないか。なぜ身を隠しておかなければならなかったのか。外国の使者に身をさらすことが、王・大王・天皇の超越性を弱める、あるいは危険にさらすことになると考えられていたからではないか。自分自身が共同性に対する唯一で最高の外部（聖性）であり続けるためには、他の位相にある外部と向き合って共存することが許されなかったのではないか。おそらく王・大王・天皇の超越性は、伝統的に自身を隠しておくことによって保たれるものであった。そしてこれは、外征と王・大王・天皇のかかわりについて述べた、対外関係を一定程度排除しないと成り立たない『古事記』的な「天下」意識、およびそれと一体のものとしてある天皇意識とも、また外征に挫折する王・大王・天皇とも、対外関係に直接向き合うことを抑制する力が働いているという意味では同質なのである。

記紀の編纂者は、中華思想（華夷思想）を随所で用い、またそれは王・大王・天皇自身の超越性を創出するうえで不可欠のイデオロギーでありながら、王・大王・天皇を中国的な皇帝のように、国際社会に号令を発する汎世界的権力者（東夷の小帝国主義者）としては描けなかった。記述を制限する大きな力が編纂の過程で働いたからである。この限界は『日本書紀』『古事記』を享受する支配層にとって、王・大王・天皇の本質として共有されていたのである。そしてこのことは、倭国政権が、外的国家として対外状況に直面することで国家形成を遂げたにもかかわらず、そこに君臨する王・大王・天皇が軍事王にはならなかったこととつながっている。それは、様々な情報を分析して、中長期的に戦略を授ける後方の軍事指揮者でも、勇猛果敢に戦場に立つ前線の軍事指揮者でもなかった。律令体制においては、軍団制によって、一時的にせよ初めて軍国主義的国家が形成されるが、その中にあっても天皇の性格はあくまでも名目的最高指揮者にすぎず、決して軍人ではなかった。これは、外部と直面することを弱点として抱えた王・大王・天皇の、必然的な結果であったようにも思えるのである。

（1）井上光貞は「倭による任那の軍事的支配権の内容が具体的にはどのようなものであったのかについては吟味を要することであるが、軍事的支配そのものを否定することは事実に反する」と述べた（同二〇〇〇、一〇八ページ、初出は一九八〇参照）。鬼頭清明のように、倭政権の性格を「帝国主義」の概念でとらえる研究者にもこの傾向は共通している（鬼頭清明一九九三参照）。近年では考古学研究者から、日朝関係を軍事的側面に偏って解釈する手法が批判されており、本章の立場と重なる（高田貫太二〇一四参照）。

（2）山尾幸久一九九九、同二〇〇三第1章、一八ページ参照。

（3）石母田正一九六二、同一九七一第一章参照。なお石母田の「東夷の小帝国」論批判に関しては山尾幸久一九八九前篇一章、廣瀬憲雄二〇一一序章参照。「帝国」の考え方については本章でも後述するほか、第4章でも触れているので参照されたい。

（4）朴天秀二〇〇七、一〇ページ参照。日本の古代史研究者に対する韓国の研究者の反発と強引な『日本書紀』の読み替えもこの点に淵源している（例えば財団法人日韓文化交流基金HPに掲載されている、第I期日韓歴史共同研究委員会第1分科会の「座談会記録」などを読むとこのことがよくわかる）。韓国の研究者にとっては、末松保和や三品彰英以降の、日本古代史の「変化」が目に見えたものとなっていないのであろうし、その「変化」自体も便宜的な言い逃れに感じられるのであろう。ただし私は朝鮮半島で軍事活動する「倭」を「百済」に読み替えるような韓国研究者の手法には従えないし、例えば広開土王碑文の「倭」の解釈についても、武田幸男や浜田耕策の見解が妥当であると考えている。

（5）ここで述べていることは、石母田正がかつて唱えたような、「国家成立史における国際的契機の重要性」（石母田正一九七一第一章）といった問題とは本質的に異なる。と言うのも、石母田が重視する国際的契機とは、対外関係が内政に転化して影響力を発揮することや、あるいは内政が対外関係を規定するといった相互関係の域を出るものではないからである。石母田は内政と外政の関連性が深く、両者は未分化であることを言っているにすぎない。もちろんそのこと自体は重要だが、私の外的国家論では、対外的な意思形成と規範形成を、国家の存立そのものにかかわる本質的な要因としてとらえる。外政と内政のバランスや内政のレベルなどは、ここでは第一義的な問題にはならない。貢納などの支配従属関係が共同体間で構造的に定着しているのであれば、内政が未熟であっても国家は生まれると考える。滝村隆一一九七四第Ⅱ部、同一九八一、同二〇〇三本論第二篇など参照。なお寺沢薫二〇〇〇第四章が類似した観点から国家形成論を展開している。

（6）朝鮮諸国との外交関係が基本的には隣対国としてのものであったことは平野邦雄一九八五第一編第二章ほか参照。

（7）田中俊明一九九二、同一九九八、朴天秀二〇〇四、同二〇〇七第二章、山尾幸久一九九九、久住猛雄二〇〇七、池淵俊一二〇一〇など参照。

（8）浜田耕策一九七三、川﨑晃二〇一二第一部第二章、山尾幸久一九八九前篇三章など参照。

（9）吉田晶は、百済からの度重なる乞師の結果出兵した欽明紀十五年正月条の記事を「『書紀』の兵数記事の中でもっとも信憑性の高いもの」とする（同一九七五、六〇ページ参照）。私も白村江戦を除くと、この派遣軍の規模、千人程度をほぼ最大数と考えている。

（10）松木武彦二〇〇一第四章参照。

（11）長山泰孝一九九二Ⅱ―１（初出は一九八四）、七四ページ参照。

（12）こうした軍兵動員体制については本書第3章で取り上げているので参照されたい。

（13）旗田巍一九七五、鈴木英夫一九九六ａ第Ⅰ編第1章、吉田晶一九九八第一章参照。このうち鈴木英夫は『三国史記』慈悲麻立干五年（四六二）と同六年（四六三）の記事を「倭王権の出兵」としている。

（14）白石太一郎二〇〇四参照。また、伽耶地域や栄山江流域の前方後円墳の副葬品などから、朴天秀は九州地域などの地方豪族と朝鮮半島諸勢力との結びつきを推定している（朴天秀二〇〇七第三章参照）。

（15）大山誠一一九八〇、鈴木靖民二〇一二第Ⅲ部第九章（初出は一九九四）、李永植二〇〇四参照。

(16) 鈴木英夫一九八五参照。
(17) 仁藤敦史二〇〇四b、一二二ページ、同一九九九参照。
(18) 鎌田元一一九八四、仁藤敦史一九九九参照。
(19) 村上恭通二〇〇〇参照。
(20) 田中史生二〇〇二、朴天秀二〇〇七第二章参照。
(21) 山尾幸久一九九九、田中史生二〇〇二参照。
(22) 鬼頭清明一九七五、鈴木英夫一九九六a第Ⅱ編第三章、吉田晶一九九八第一章参照。
(23) 倭王権の朝鮮半島に対する軍事派遣、文化的物質的な通交について、倭王権の主体性や統一性を重視して解釈する論者は熊谷公男など多い。ただ熊谷の論考は、一方で倭王権の朝鮮半島に対する関与を「限定的」としているので、特に技術や文物の導入がどこまで独占的なものだったのかわかりにくい(熊谷公男二〇〇七、同二〇一七など参照)。私は交流の形態や主体の多様さと、王権の関与に限界があったことをより重視する。
(24) 私は、当時の倭王権に、小規模な常備軍や物部のような治安維持的トモが存在していたことは認める。だがこうした部隊が外征軍に発展する可能性はほぼなかったと考えている(第3章参照)。また福永伸哉のように、新興勢力であった大和北部勢力・河内勢力の「圧倒的な軍事力が保証する権威」によって、四世紀中葉に「外部権威依存型」から「内部権威創出型」に政権のタイプが変わったとする説には従えない(福永伸哉一九九八、二三ページ参照)。先述したように、考古学的に発見される武器・武具の生産や流通をめぐる変化を、直ちに中央政権の軍事力に置き換えることには反対だからである。なお第2章ではほとんど触れていないが、〈狭義の倭軍〉については第5章の「従軍奮戦型武人説話(従軍型説話)」の中で触れているので参照されたい。こうした〈広義の倭軍〉〈狭義の倭軍〉に関しては滝村隆一の「暴力(Gewalt)論」の影響を受けて発想したものである(滝村隆一一九七四第Ⅰ部、同二〇〇三第三編など参照)。
(25) 例えば四国、九州、関東の「平定」を終え、朝鮮半島への軍事派遣を試みた豊臣秀吉の例を想起されたい。秀吉にとって各地の武将を名護屋城に参陣させることは、「全国統一」の最終的な仕上げであったと思われる。もし反乱が起こればすぐに国内戦に投入できる。それは秀吉の軍隊が〈狭義の倭軍〉だったからである。古代倭国の朝鮮半島に対する軍事派遣を、秀吉軍と同様の意味でとらえることはできない。

(26) 倭国の対外政策および古代の日朝関係については、近年熊谷公男や高田貫太が各自の時期区分を示している。それぞれ参考になることも多かったが、百済と倭の関係をどう見るか、金官伽耶や大伽耶との関係をどう見るかなど、基本的な点で私は熊谷と意見が異なり高田と近い。熊谷公男二〇一七、高田貫太二〇一七参照。なお熊谷との相違点については次注参照。

(27) 私は朝鮮半島との外交関係を時期区分する際に、この時期は朝鮮半島南部諸地域との関係を重視すべきだと考えている。熊谷公男二〇一七の時期区分との相違点のひとつはここにある。熊谷は百済との関係を中心に考えているので、四三三、四三四年の百済と新羅との講和を時期区分の大きな契機ととらえるが、私はそれよりも金官伽耶との関係の変化を重視するのでおのずと区分は異なる。熊谷も一方で「五世紀の倭国・百済間に緊密な同盟関係のなかったことを示していよう」と言っており（熊谷公男二〇一七、七ページ）、それならばなぜ百済との関係が変化した時期で倭国の対外政策を区分するのかがわからない。

(28) 山尾幸久一九九九、一一〇ページ参照。

(29) 朴天秀一九九八、同二〇〇四、同二〇〇七第二章参照。

(30) 鈴木靖民一九九五、浜田耕策二〇〇五参照。この時期の宗像沖ノ島祭祀遺跡が、倭王権の朝鮮半島進出の成功を祈願した国家的軍事祭祀遺跡であると解釈されることがある。倭王権と朝鮮半島との交渉がこの時期に本格化したことは確かだと思われるが、王・大王の関与や、中央・地方の豪族の関与の仕方を含めてなお検討が必要だと思われる。平野邦雄一九八五第一編第二章参照。

(31) 山尾幸久一九八九前篇二章参照。

(32) 申敬澈一九九一、田中俊明一九九二参照。

(33) 朴天秀一九九八、同二〇〇四、同二〇〇七第二章参照。

(34) 吉田晶一九九八第一章参照。
(35) この説話の一部は四四二年の史実に該当するといわれる。山尾幸久一九八九前篇二章参照。
(36) いわゆる「任那日本府」に関する研究は多い。例えば井上秀雄一九六六、奥田尚一九七六、大山誠一一九八〇、鬼頭清明一九七六第三部第二章、同一九九一a、平野邦雄一九八五第二編第三章、山尾幸久一九八九前篇二章、鈴木英夫一九九六a第七章、同一九九六bなど参照。また田中俊明一九九二のように倭官人の常駐を認めない見解もある。
(37) 近藤浩一二〇一四参照。
(38) 吉田晶一九九三参照。
(39) 朴天秀二〇〇七第三章、高田貫太二〇一七第四章参照。
(40) 山尾幸久一九八九後篇二章、同一九九九参照。
(41) 三品彰英一九七一、井上光貞一九七一a、石母田正一九七一、関晃一九七三、鬼頭清明一九七六第二部第一章、平野邦雄一九八五第四編参照。
(42) 「全方位外交」については鈴木靖民二〇一二第Ⅲ部第九章、二六二ページ参照（初出は一九九四）。「分裂外交」については山尾幸久一九八九後篇二章、三九七ページ参照。なお孝徳期の外交政策が「全方位」であったのか「分裂」であったのかに関しては、私は倭政権の外交政策に関する一貫性に疑問を持っていることから「分裂」とすべきであると考えている。
(43) 鬼頭清明一九七六第二部第三章、森公章一九九八第二章、松木武彦二〇〇一第五章参照。
(44) 森公章一九九八第二章、北啓太一九九三参照。
(45) このことに関して東野治之は「日本が本質的に持つ鎖国体質」と述べる（東野治之二〇〇七、一九〇ページ参照）。住民全体にまで広げるつもりはないが、私も王・大王・天皇や政治権力全般に関して同じような印象を持っている。
(46) かつて石母田正が卑弥呼の「二つの顔」として紹介した問題とも関連するが（石母田正一九七一第一章、五ページ参照）、私は石母田以上にその溝を構造的にとらえたいと考えている。

(47) 神野志隆光一九八六第一章、同第九章参照。
(48) 坂下圭八一九九四、一三八ページ、同一九八六参照。
(49) 山尾幸久一九七七参照。
(50) 山尾幸久一九七七参照。
(51) この記事が書かれた推古三十一年は暦年では六二三年にあたる。ただし岩波文庫本『日本書紀　四』頭注にもあるように底本によって混乱が生じており、ここでは六二二年に比定する（山尾幸久一九八九後篇一章参照）。
(52) 鈴木靖民は、こうした大臣・大夫層からなる群臣の合議に対して大王に「最終の決裁権」があったとしているが従えない（鈴木靖民二〇一二第Ⅲ部第九章、二五八ページ参照、初出は一九九四）。またこの問題は、いわゆる群臣会議の役割と権限の在り方、および王・大王・天皇の権力とも密接にかかわるが第3章で取り上げる。私は王・大王・天皇が軍事権や外交権を独裁的で一元的に保有していたとは考えていない。この点で鈴木や佐藤長門などの見解とは異なる（佐藤長門一九九四参照）。
(53) 坂元義種一九七九a参照。こうした推古朝の大王権力については、その当時の通説に反して、この時代に必ずしも「天皇権力」が強まったわけではないことを、早くから関晃が指摘していた（関晃一九七三参照）。
(54) 小倉豊文一九七二参照。
(55) 田島公一九八六、仁藤敦史一九九九、義江明子二〇〇五第二章、廣瀬憲雄二〇一一第二部第三章参照。
(56) 黒田裕一のように推古自身が出御していたと考える論者もいる（黒田裕一一九九八参照）。ただ、少なくとも推古と隋使との間で隋皇帝の安否を問答するなどの行為はなかったわけであり、推古が中国皇帝の立場に自分を置き換えて対応しているとは思えない。推古と隋使との間はやはり遮断されていたと考えるべきであろう。
(57) 鈴木拓也二〇〇九、七二ページ注(46)参照。鈴木は当時のケガレ意識の中でこのことを取り上げているが、王・大王・天皇の「伝統」から考えることも可能ではないだろうか。
(58) 井上亘一九九五参照。

＊参考文献

池淵俊一二〇一〇「山陰における朝鮮半島系土器の様相」『第59回埋蔵文化財研究集会　発表要旨集』
同　二〇一八「魏志倭人伝と出雲」『しまねの古代文化　25』
石母田正一九六二「古代史概説」『岩波講座　日本歴史　第1巻』岩波書店
同　一九七一『日本の古代国家』岩波書店
井上秀雄一九六六「任那日本府の行政組織」『日本書紀研究　第二冊』塙書房
井上光貞一九六六『日本古代国家の研究』岩波書店
同　一九七一ａ「推古朝外交政策の展開」『聖徳太子論集』平楽寺書店
同　一九七一ｂ「大和国家の軍事的基礎」『日本古代史の諸問題』思索社
同　一九七五「大化改新と東アジア」『岩波講座　日本歴史　第二巻』岩波書店
同　二〇〇〇「雄略朝における王権と東アジア」『天皇と古代王権』岩波書店（初出は一九八〇）
井上秀雄一九六六「任那日本府の行政組織」『日本書紀研究　第二冊』塙書房
井上　亘一九九五「推古朝の朝政」『学習院史学　33』
上田正昭一九六八『日本古代国家論究』塙書房
内田　清一九九六「百済・倭の上表文の原典について」『東アジアの古代文化　86』大和書房
大山誠一一九八〇「所謂『任那日本府』の成立について」『古代文化　260、262、263』
奥田　尚一九七六「「任那日本府」と新羅倭典」『古代国家の形成と展開』大阪歴史学会編　吉川弘文館
小倉豊文一九七二『聖徳太子と聖徳太子信仰』綜芸舎
川﨑　晃二〇一二『古代学論究』慶応義塾大学出版会
門脇禎二・甘粕健一九六七『体系・日本歴史』日本評論社
鎌田元一一九八四「王権と部民制」『講座日本歴史　1』東京大学出版会

同　　　　二〇〇一「屯倉制の展開」『律令公民制の研究』塙書房（初出は一九九三）
北　啓太一九九三「律令国家における将軍」『笹山晴生先生還暦記念会編　日本律令制論集　上巻』吉川弘文館
岸　俊男一九六六『日本古代政治史研究』塙書房
同　　　　一九八四「画期としての雄略朝」『日本政治社会史研究　上』塙書房
鬼頭清明一九七五「日本民族の形成と国際的環境」『大系日本国家史　１』東京大学出版会
同　　　　一九七六『日本古代国家の形成と東アジア』校倉書房
同　　　　一九九一ａ「所謂「任那日本府」の再検討」『東洋大学大学院紀要　45』
同　　　　一九九一ｂ「ヤマトタケルとワカタケル大王」『東洋大学文学部紀要　文学』
同　　　　一九九三「六世紀までの日本列島」『岩波講座日本通史　第二巻』岩波書店
木村　誠一九九二「朝鮮における古代国家の形成」『古代の日本　第二巻』角川書店
金　泰植二〇〇四「加耶史軽視論への批判」『国立歴史民俗博物館研究報告　第110集』
久住猛雄二〇〇七「「博多湾貿易」の成立と解体」『考古学研究　53―4』
熊谷公男二〇〇七「五世紀の倭・百済関係と羅済同盟」『アジア文化史研究　７』
同　　　　二〇〇八『大王から天皇へ』講談社
同　　　　二〇一七「国家形成期の倭国の対外関係と軍事」『日本史研究　654』
黒田裕一一九九八「推古朝における「大国」意識」『国史学　165』
神野志隆光一九八三『古事記の達成』東京大学出版会
同　　　　一九八六『古事記の世界観』吉川弘文館
近藤浩一二〇一四「６世紀百済の思想基盤と天下観の形成」『京都産業大学日本文化研究所紀要　19』
坂下圭八一九八六「天之日矛の物語」『日本文学研究資料新集　１　古事記王権と語り』有精堂出版
同　　　　一九九四「『古事記』下巻の諸問題」『古事記研究体系　３　古事記の構想』高科書店

坂元義種一九七八『古代東アジアの日本と朝鮮』吉川弘文館
同　一九七九a「聖徳太子とその外交」『歴史公論　5―11』
同　一九七九b「推古朝の外交」『歴史と人物　12月号』
同　一九九三「東アジアの国際関係」『岩波講座　日本通史　第二巻』岩波書店
佐藤和彦一九八五「斉明・天智朝の兵力動員について」『林睦朗先生還暦記念会編　日本古代の政治と制度』続群書類従完成会
佐藤長門一九九四「倭王権における合議制の機能と構造」『歴史学研究　661』
同　一九九六「倭王権における合議制の史的展開」『日本古代の国家と祭儀』雄山閣出版
同　二〇〇二「倭王権の転成」『倭国と東アジア』吉川弘文館
白石太一郎一九九九『古墳とヤマト政権』文春新書
同　二〇〇四「もう一つの倭・韓交易ルート」『国立歴史民俗博物館研究報告　第110集』
新川登亀男一九七八「推古朝末年の仏教統摂制」『日本歴史　358』
申　敬澈一九九一「金海大成洞古墳群」『東アジアの古代文化　68』大和書房
同　二〇〇一「加耶と古代出雲」『北東アジアの中の古代出雲』環日本海松江国際交流会議
鈴木拓也二〇〇九「古代における将軍の展開と変質」『ヒストリア　218』
鈴木英夫一九八五「百済救援の役について」『林睦朗先生還暦記念会編　日本古代の政治と制度』続群書類従完成会
同　一九九六a『古代の倭国と朝鮮諸国』青木書店
同　一九九六b「任那日本府の解体と高句麗」『日本古代の国家と祭儀』雄山閣出版
鈴木靖民一九九五「加耶の鉄と倭王権についての歴史的パースペクティブ」『日本古代国家の展開　上巻』思文閣出版
同　二〇〇二「倭国と東アジア」『倭国と東アジア』吉川弘文館
同　二〇一一『日本古代の国家形成と東アジア』吉川弘文館

同　　二〇一二『倭国史の展開と東アジア』岩波書店
関　晃一九七三「推古政治の性格」『論集日本歴史　1』有精堂出版（初出は一九六七）
同　　一九九七「天武・持統朝の畿内武装政策について」『関晃著作集　第四巻』吉川弘文館（初出は一九七三）
高井健二二〇〇四「韓国の倭系遺物」『国立歴史民俗博物館研究報告　第110集』
高田貫太二〇一四『古墳時代の日朝関係』吉川弘文館
同　　二〇一七『海の向こうから見た倭国』講談社現代新書
滝村隆一一九七四『増補マルクス主義国家論』三一書房
同　　一九八一『国家の本質と起源』勁草書房
同　　二〇〇三『国家論大綱　第一巻』勁草書房
武田幸男一九八〇「六世紀における朝鮮三国の国家体制」『東アジアにおける日本古代史講座　4』学生社
同　　一九八九『高句麗史と東アジア』岩波書店
田島　公一九八六「外交と儀礼」『日本の古代　第7巻』中央公論社
田中俊明一九八二「『三国史記』にみえる「倭」関係記事について」『歴史公論　77』
同　　一九九一「大成洞古墳群と「任那」論」『東アジアの古代文化　68』
同　　一九九二「加耶をめぐる国際環境」『古代の日本　第二巻』角川書店
同　　一九九八「加耶と倭」『古代史の論点　4　権力と国家と戦争』小学館
同　　一九九九「六世紀前半における東アジアの動向と倭国」『古代を考える　継体・欽明朝と仏教伝来』吉川弘文館
田中史生二〇〇二「渡来人と王権・地域」『倭国と東アジア』吉川弘文館
同　　二〇〇五「武の上表文」『文字と古代日本　2』吉川弘文館
田村晃一・藤井和夫一九九二「異文明への憧れ」『古代の日本　第二巻』角川書店
寺沢　薫一九八四「纒向遺跡と初期ヤマト政権」『橿原考古学研究所論集　6』

同　　二〇〇〇『王権誕生』講談社
東野治之二〇〇七『遣唐使』岩波新書
長山泰孝一九九二『古代国家と王権』吉川弘文館
同　　一九九四「国家と豪族」『岩波講座　日本通史　第三巻』岩波書店
鍋田　一一九八四「六・七世紀の賓礼に関する覚書」『律令制の諸問題』汲古書院
仁藤敦史一九九九「小墾田宮と浄御原宮」『古代文化　51―3』
同　　二〇〇〇「律令国家論の現状と課題」『古代王権と官僚制』臨川書店（初出は一九九一）
同　　二〇〇四ａ「文献よりみた古代の日朝関係」『国立歴史民俗博物館研究報告　第110集』
同　　二〇〇四ｂ「ヤマト王権の成立」『日本史講座　1』東京大学出版会
同　　二〇一二『古代王権と支配構造』吉川弘文館
白　承忠二〇〇四「「広開土王陵碑文」からみた加耶と倭」『国立歴史民俗博物館研究報告　第110集』
同　　二〇〇四「大加耶と倭」『国立歴史民俗博物館研究報告　第110集』
朴　天秀一九九八「考古学から見た古代の韓・日交渉」『青丘学術論集　第12集』（財）韓国文化研究振興財団
同　　二〇〇七『加耶と倭』講談社
旗田　巍一九七五「『三国史記』新羅本紀にあらわれた「倭」」『日本文化と朝鮮　2』新人物往来社
浜田耕策一九七三「高句麗好太王陵碑文の虚像と実像」『日本歴史　304』
同　　二〇〇五「四世紀の日韓関係」『日韓歴史共同研究委員会報告書（第1期）』
原島礼二一九六一「大夫小論覚書」『歴史評論　113』
同　　一九七〇「四～五世紀の大王・倭王」『倭の五王とその前後』塙書房
同　　一九七七「六世紀日本の朝鮮侵略と軍事動員体制」『日本古代王権の形成』校倉書房
原秀三郎一九八四「日本列島の未開と文明」『講座　日本歴史　1』東京大学出版会

平野邦雄一九八五『大化前代政治過程の研究』吉川弘文館
廣瀬憲雄二〇〇五「倭国・日本の隋使・唐使に対する外交儀礼」『ヒストリア　197』
同　　二〇〇七「古代倭国・日本の外交儀礼と服属思想」『歴史学研究　824』
同　　二〇一一『東アジアの国際秩序と古代日本』吉川弘文館
福永伸哉一九九八「対半島交渉から見た古墳時代倭政権の性格」『青丘学術論集　第12集』（財）韓国文化研究振興財団
同　　一九九九「古墳の出現と中央政権の儀礼管理」『考古学研究　46―2』
町田　章二〇〇〇「総論―戦争」『考古学による日本歴史　6』雄山閣出版
松木武彦一九九四「古墳時代の武器・武具および軍事組織研究の動向」『考古学研究41―1』
同　　一九九八「「戦い」から「戦争」へ」『古代国家はこうして生まれた』角川書店
同　　一九九八「戦争の始まりと王権の形成」『古代史の論点　4　権力と国家と戦争』小学館
同　　一九九九「古墳時代の武装と戦闘」『人類にとって戦とは　2』東洋書林
同　　二〇〇一『人はなぜ戦うのか』講談社
同　　二〇〇五「集団の軋轢と戦争」『列島の古代史　第3巻』岩波書店
三品彰英一九六六「「継体紀」の諸問題」『日本書紀研究　第二冊』塙書房
同　　一九七一「聖徳太子の任那対策」『聖徳太子論集』平楽寺書店
村上恭通二〇〇〇「鉄器生産・流通と社会変革」『古墳時代像を見なおす』青木書店
森　公章一九九八『「白村江」以後』講談社
同　　二〇〇二「倭国から日本へ」『倭国から日本へ』吉川弘文館
同　　二〇〇六『東アジアの動乱と倭国』吉川弘文館
山尾幸久一九七二『魏志倭人伝』講談社現代新書
同　　一九七七「記紀の性質について」『立命館文学　386～390合併号』

同　一九八三『日本古代王権形成史論』岩波書店
同　一九八九『古代の日朝関係』塙書房
同　一九九八「倭国の乱・磐井の乱・壬申の乱」『古代史の論点　4　権力と国家と戦争』小学館
同　一九九九「倭王権と加羅諸国との歴史的関係」『青丘学術論集　第15集』（財）韓国文化研究振興財団
同　二〇〇三『古代王権の原像』学生社
同　二〇〇六『「大化改新」の史料批判』塙書房
義江明子二〇〇五『つくられた卑弥呼』ちくま新書
吉井秀夫二〇〇二「朝鮮の墳墓と日本の古墳文化」『倭国と東アジア』吉川弘文館
吉田　晶一九七三『日本古代国家成立史論』東京大学出版会
同　一九七五「古代国家の形成」『岩波講座　日本歴史　第2巻』岩波書店
同　一九九三「古代における住民の武装と国家的軍制」『歴史評論　514』
同　一九九八『倭王権の時代』新日本新書
同　二〇〇五『古代日本の国家形成』新日本出版社
李　永植一九九三『加耶諸国と任那日本府』吉川弘文館
同　二〇〇四「加耶諸国の対外関係史の論点と視点」『国立歴史民俗博物館研究報告　第110集』
李　成市二〇〇二「新羅の国家形成と加耶」『倭国と東アジア』吉川弘文館

第3章　軍兵論

1．軍事活動の意思決定

（1）四世紀～五世紀前半の合議と軍事

規模の大小にもよるが、軍事活動は結果によっては自身の権力の弱体化を招く危険性もあるから、その開始時期には慎重に意思決定が行われたはずである。だが、このような軍事活動の意思決定に問題を絞って考察を加えた研究は、管見の限りではほとんど存在しない。通常は王権を構成する政治組織の問題、特に王族および中央豪族の特権階層が結集した合議組織の機能を論じる中で、軍事活動に関する意思決定についても触れられてきた。論者によって微妙に表現が変わるが、「大夫制」「氏族合議制」「大夫合議制」「群臣」などに関する議論の中においてである[1]。

そしてこの中では、合議組織は「国政合議機関」とされ[2]、軍事活動もこの合議組織で意思決定されたことが暗に示されてきた。そして論者によっては、後に取り上げる崇峻紀四年条や推古紀三十一年条の朝鮮半島に対する外征軍の記事を根拠に、「大夫」が「国造軍」を中核とする倭軍の「軍隊統帥権」を掌握していたとする[3]。

ところで、出兵可能な軍兵数が兵部省の平時軍政業務においてあらかじめ把握されていた令制下では、軍事的な緊張感が高まると「広汎な官人層までを対象に意見を徴し、公卿会議の討議を経て、支配層全体の共通課題として論議され、支配層の全体意思をかためたうえで、天皇の名において決断を下すという形式」で軍事活動の実施が決定されたと言われている[4]。では倭国段階ではどうだったのか。

王権の構造や政治組織に関する確実な史料が皆無に等しい現状では、四・五世紀の軍事活動における意思決定の仕組みを具体的に証明する手立てはほとんど存在しない。軍事力の帰属や所在、合議の実態等について全面的に解明することは極めて難しい。ただ一般論としては、次のことは言えると思う。

第一に、原始共同体における「長老会議」「部族会議」のように、合議や会議は決して特別なものではない。むしろ集団的な権力を維持・発現するために行われる共同体成員や単位集団間の調整と、それによる集団的な合意の形成は広く行われてきたと考えられる。そして、こうした集団が王・大王を戴くようになったとしても、その必要性は変わらない。軍事活動を行う場合でも、敵軍に関する情報を入手し、起兵可能な自軍の状態を把握し、戦術を決定して具体的な発軍の手順や役割分担を決めることなどを、特定の者が一人で行うことは、争乱の規模が大きくなれば不可能であろう。したがって一定規模以上の軍事活動であれば各方面に協力を要請するほかなく、合議は必須的に伴っただろう。まして王権の存続に直接関係するような軍事活動であれば、親族、有力豪族、側近などを抜きに、王・大王が意思決定を単独で行うことは通常あり得ない。

第二に、四・五世紀の倭王権では、王・大王を頂点とする内的機関は未だに十分に整備されていなかったと思われる。外交をはじめとする特定の分野では、外的国家の枠組みの中で、倭国としての一元的な施策展開が時には行われることがあったとしても、内政分野では、官僚によってではなく、原初的な伴造制によるか有力豪族が分担して行ったと考えられる。おそらく軍事においてもそうであり、中央政権の指令によって一斉に軍兵が発動する恒常的な軍事体制は存在しない。また、戸籍のような個別人身的な把握が行われていないことから考えても、この段階では、軍兵の確保はどうしても豪族単位とならざるを得ないし、軍兵の動員も各豪族に依存せざるを得ないと思う。

したがって倭政権としての統一的な軍事活動を行うためには、何らかの場で諸豪族同士が情報交換し、意思を調整し、集団的な合意形成などを図ったうえで、具体的な発軍準備に取り掛かることになる。

つまり上記の二点から考えて、四・五世紀代の倭国権力内においても、王権内で合議が行われていたことが推定できる。邪馬台国においてもすでに「大人」などの上位階級者や「大倭」「一大卒」などの官職、「男弟」や「男子」といった女王の近習が存在する。そして何よりも「共立」した諸主体が政権運営に関与しなかったとは考えにくいことからも、私はすでに邪馬台国の時代から、王、王の縁者、集団の長老、呪術・宗教者、配下の有力者、友好関係にある集団の代表などを含む、いわゆる縁者や側近、重臣あるいは同盟者による合議が開催されており、これが四・五世紀にも基本的には継承されていたと考えている。四・五世紀代の倭王権の時代は、畿内諸豪族や畿外の有力諸豪族との連合関係を基盤に倭王権が成り立っていたと考えられるからなおさらであろう。

ただし合議の在り方は様々であったと思われる。

例えば朝鮮半島や中国大陸に対する軍事活動や外交活動では、外的国家倭国としての一定の統一活動がとられたと思われ、威信財の意義もそこにあった。その場合、原始的な官職（「大倭」「一大卒」などの）が動員されるとともに、場合によっては多くの有力豪族が参加する状況が想定できる。朝鮮半島に対する軍事活動も、同形式の甲冑と大刀を持った〈広義の倭軍〉としてのものであった。こうした外的国家としての倭国の体面がかかった戦いでは、倭政権の政治意思を集約するために、王・大王と有力豪族等が臨時的に集結して合議が開催され、戦時体制が結成された可能性がある⑸。

一方、この段階では、外的国家としての活動に匹敵するか、あるいはそれ以上の重要性を持った、国家内共同利害は、限られていただろう。これは「全国」を一律に支配・抑圧する内的組織体制が未完成であることから必然的に導かれる。倭国政権を構成する王族や豪族、また緩やかに連合した諸豪族の内政に向かう凝集度は弱い。それぞれの勢力圏や勢力分野で行う直接的・間接的支配が彼らの政治の根幹だったと思われる。

『日本書紀』の記事から、この段階の軍事活動に関する意思決定の在り方を示唆する、二種類の形式を取り出すことができる。

一つは、小泊瀬稚鷦鷯皇子が大伴金村と相談して平群真鳥を攻撃する場合（武烈即位前紀）や、穴穂部皇子が物部守屋の軍勢を派遣して三輪君逆を攻撃する場合（用明紀元年五月条）のような、権力者同士が個別連携する形式である。もう一つは、神日本磐余彦が諸将を集めて相談する場合（神武即位前紀）や、景行が群臣を集めて熊襲を撃つことを相談する場合（景行紀十二年十二月条）のように、いわゆる合議する形式である。

いずれも四・五世紀代からそうであったと立証できるようなものではないが、この段階で行われた可能性が高いやり方として、この第一の個別連携的なパターンか、もしくは第二のようなパターンでも、合議参加メンバーが流動的で、問題とかかわりが深いか、結合関係が強い有力豪族だけが参加するパターンが考えられる。

つまり、軍事活動の意思決定を図るための合議は行われていたはずだが、恒常的な内部組織が出来上がっていたわけではないので、政権に参画する有力者が一堂に会して組織的・横断的に行うようなものではなかったと思う。敵対する勢力の規模が小さければ王・大王と有力豪族、あるいは有力豪族間で協力することによって事態の解決が目指されたであろうし、ほとんどの場合は、倭政権の一部の勢力の意思を集約する目的で、臨時的な合議が行われたのではないだろうか。また、その際に、軍兵を実際に動員する特定有力豪族や、利害関係の深い豪族などの意思が、意思決定の場面により強く反映したことは想像に難くない。この段階の合議組織は、常設機関化されているわけでも、固定的なメンバーで構成されているわけでもなく、流動性が強いものであったと思われるのである。

（２）五世紀後半〜六世紀の合議と軍事

五世紀後半の雄略期から六世紀第三四半期の欽明期にかけて、倭国の政治体制に大きな変化があったことは従来から指摘されている[6]。そのうち、軍事活動に関する意思決定の在り方に関係したと思われる事項は次の通りである。

まず第一に外的国家の整備に関することである。

中華帝国・宋の勢力後退に伴う混乱と、朝鮮三国の政治状況の緊迫化に伴って、倭国は独自の外交路線を歩み出すことになる。中でも伽耶諸国をめぐる動向は、威信財などの獲得で歴史的に関係が深かった倭国の対外政策にも大きな影響を与えたと考えられる。百済から再三にわたって援軍が要請されるように、倭国は東アジア政治社会の中で、外的国家として侮れない勢力になりつつあった。

第二に、内的国家の整備に関することである。

冊封体制下における五世紀代の遣使が、「官爵」という新たな統制道具と身分秩序を倭国に持ち込み、またより直接的には、百済の一時的滅亡時をはじめとする朝鮮半島の動乱により、大量の渡来民が倭国に至った。このような国外からの圧迫は、国内政治、特に国内機関の整備に大きな影響を与えた。また、磐井の乱等により、地方に屯倉が設置され、倭政権による直接的な地方支配が初めて実質的に開始した。そしてこうした国内、国外の政治課題に対応するため、また国内で成長した新興勢力が政権運営に参加するために、六世紀前半には、大臣（おおまえつきみ）であった蘇我稲目と、臣・大夫（まえつきみ―以下、マエツキミという）という職名を持つ特定有力豪族によって構成された合議組織が成立した。

そして第三に、次章で述べる華夷思想の形成に関することである。

楽浪郡・帯方郡の設置以来、中国や朝鮮半島との交流は継続していた。そして五世紀後半の倭王武の上表文に見られるように、倭王権は対外的な軍事活動にかかわるイデオロギーとして華夷思想を導入するほか、国内統治においても徐々に実用化しつつあったと思われる。六世紀においても朝鮮半島では激しい戦乱が続いた。各国はそれぞれ華夷思想を用いながら自己の正当性を主張したが、倭国においても、文物が伝来し人物が往来する中で、華夷思想の情報は着実に増え続けたと思う。そしてこのことは王権の権力イデオロギーに大きな影響を与えるとともに、対外的な、あるいは国内的な政治方針や組織形成にも影響しただろう。特に欽明期以降、血縁性の超越化と隔絶化が図られ、中心の聖化と周縁の差別化、中華思想や礼的秩序の導入が一段と進み、華夷思想はより広がったと思われる。

このように五世紀後半からの百年間で、外的国家・内的国家ともに大きく変化したことは確かだと思われるが、本章との関係でいえば、「大臣」の蘇我氏を中心に結集した、マエツキミのような新たな合議組織が設立されたことの意味は大きい(7)。軍事活動に関する意思決定を行ううえでも、有力豪族層である彼らが固定的・横断的に結集し、倭王権全体の政治意思を左右する役割を果たしたと思われるからである。

しかし、その合議組織がマエツキミに固定化しつつあり、萌芽的な官僚制の一段階には至っていたとしても、常設機関である官司制が形成されるまでには大きな隔たりがある。この合議組織を「国政合議機関」とする見解もあるが、私は厳密な意味での内的国家機関とは考えない[8]。

なぜなら、この段階では「官爵」も運用されておらず、必ずしも王・大王が「大臣」やマエツキミの任免権を掌握し、王族、有力豪族層やその側近および家臣を倭政権の官人として一元的に支配していたとは考えられないからである。また、マエツキミには伝統的な有力豪族と、トモの拡大に伴って勢力を伸張させた豪族の二系統が含まれていたとされるように[9]、そこに明確な組織的規範が存在したようにも見えないし、「未明の聴政」とされる推古以前の政治形態に、呪術的な伝統が色濃く反映していたことも推測するに難くない[10]。蘇我勢力の力や、宮と豪族の居館で分掌された執政構造、あるいはトモ制の運営も有力豪族によって個別に分掌されていたことから考えても、六世紀の合議組織を常設国家機関と考えることには無理がある。

マエツキミの合議組織においても、有力豪族や同盟関係の豪族、あるいは側近や王族等の影響力は強く、四・五世紀代と同様に、個別集団の権利・利害を調整する役割は、この段階でも濃厚に残されていたのではないだろうか。国家的・組織的規範が形成されるには、七世紀代に至り、冠位十二階をはじめとする官爵制度や礼的身分秩序などが整備される段階を経る必要があったように思われる。

また、軍事活動に関する権限も限定的だっただろう。確かに磐井の乱のように、群臣の合議によって物部麁鹿火を「大将軍」に任命する記事があるが（継体紀二十一年六月条）、一方で朝鮮半島に派遣された紀大磐宿禰や近江毛野臣の活動、的臣・吉備臣・河内直のような在任那倭人の活動のように、倭王権とは一定の距離を置いて独自に軍事活動を行う豪族の存在から考えて、倭軍の軍事活動に合議組織がどこまで関与していたのか疑問に思えるからである[11]。穴穂部皇子と物部が連携して三輪君逆を攻撃する説話（用明紀元年五月条）のような個別連携型の軍事活動が、六世紀末においても行われていたとするならば、合議組織の統制を過大視すべきではない。

六世紀代の倭王権の意思決定、特に軍事活動のそれは、四・五世紀のように、時に四分五裂する傾向をはらんでいた。王・大王と有力豪族層は共通利害においては結集するが、なお国家機関としては不十分なものであったと言わざるを得ない。

（3）七世紀の合議と軍事

すでに通説でもあるように、律令制の導入において、推古期は大きな画期であった。遣隋使の派遣をはじめ、冠位十二階の制定や憲法十七条の制定など、礼制を導入し、それを倭国内支配へ転化することを本格的に開始したのがこの推古期であった。飛鳥の地に宮が固定化し、その近傍に有力者が居宅を構えはじめることなどから考えても、この段階に王・大王を権力核とする中央政権が整いつつあったことは間違いない[12]。

ではこの段階の意思決定の在り方と軍事活動との関連はどう考えればいいのだろうか。まず、七世紀代の合議制を論じた川尻秋生の見解を通じて述べてみたい[13]。

川尻は合議を「A型」と「B型」に分類する。「A型」の合議とは、「臣下が自分の見解を独自に述べ、大王（天皇）に奏上する。相異なった見解を並立して述べることも可能」というものである。それに対して「B型」は、「臣下が合議を行い、見解を一本化して君主に奏上する」というものである。「A型」は「個人の見解」を大王が採択することになるので、「B型」よりも強い裁量権を前提としており、大王の権限はより大きいとされる。

川尻は用明紀二年四月条のいわゆる崇仏論争にかかわる合議と、推古紀三十一年是歳条の新羅攻撃をめぐる合議を例に挙げ、「大化前代」の合議は「大王の諮問」を受けて臣下が奏上する「A型」であったとする。しかし、

『日本書紀』の合議に関する記事全般を見渡してみると、「大化前代」が「A型の合議＝中国の「議」＝隋唐代の「議」」であったとする川尻の見解には疑問を感じる。[14]

『日本書紀』では約六十ヶ所で「議」が記載されるが、このうち川尻の「A型」に最も近いものは、いわゆる「殉死の禁令」「埴輪の誕生」の段（垂仁紀二十八年十一月条および同三十二年七月条）と、熊襲の「厚鹿文・迮鹿文討滅」説話（景行紀十二年十二月条）の「議」である。ここでは垂仁と景行が群臣に諮問し、前者では野見宿禰、後者では「一の臣」が答える。そして垂仁は野見宿禰の意見を「汝の便議（たよりなるはかりこと）、まことに朕が心にかなえり」と評価し、景行は「一の臣」に対して「可なり」として採用する。いずれも王・大王の諮問に対して特定の臣下がこれに応答し、王・大王がそれを採択する構造であり、川尻の「A型」に近いように見える。

しかし、この二例が「A型」に近いように見えるのは、『日本書紀』が臣下の議論を記載することなく、結果的に野見宿禰と「一の臣」との意見だけを取り上げたからではないか。つまり川尻の言う「A型」「B型」の違いとは、合議のタイプの違いではなく、『日本書紀』の記載方法の違いにすぎないのではないかとも考えられる。この二例以外の「議」では、そのほとんどは臣下集団で行われた協議と集団的合意の形成に焦点を置いて、その協議の結果、政策がどのように推移したのかを語る記事である。その合議がまとまらなかったものを川尻は「A型」とし、まとまったものを「B型」と誤解した可能性がある。

例えば、神功摂政前紀で神功が述べた詔では、群臣に新羅攻撃計画を「共に議（はか）らへ」と命じるが、群臣は「皆、曰（もうさ）く」と詔に従う。群臣の中の個人ではなく、集団が承認したことがここでは重要なのである。また「議」とされているわけではないが、神武が「諸将」を集めて兄磯城攻撃の作戦を諮問する記事でも「諸将の曰（もう）さく」とされ、集団の意見として現れている（神武即位前紀）。欽明が「諸臣」に新羅攻撃に必要な軍兵を諮問したときには、物部大連尾輿らが答えたとされるように、ここでも多数派の意見が紹介されている（欽明紀元年九月条）。崇峻が「群臣」に任那復興を図る意見を求めたところ、「群臣」は「皆陛下の詔したまふ所に同じ」と答えるが（崇峻紀四年八月条）、これも同様である。書紀編纂者は『日本書紀』の「議」の大半を豪族間の意見調整や集団的な意思形成を前提に記載しているのであって、そこに大夫個人と大王の関係を見出すことは困難である。

また麛坂王・忍熊王は、群臣が「共に議（はか）り」、「幼き主」つまり後の応神を擁立することを恐れたが、この「共議」は必ずしも「諮問」を前提としているものではない（神功紀摂政元年二月条）。履中に「反逆」する住吉仲皇子は「独りいて誰とともに議（はか）ることなし」とされるが（履中即位前紀）、ここで取り上げられている「議」も、住吉仲皇子が王族として周辺の臣下や有力者と行う「議」であり、こうした意思疎通が欠けていたことが皇子の欠陥だとされている。物部氏との騒乱で、抵抗する捕鳥部万を討滅する意思表明が「朝廷議（はか）りて曰はく」とされるが、崇峻の影は薄く、ここでも無理に「A型」の合議で「諮問」があったことを想定する必要はない（崇峻即位前紀）。壬申の乱の折に天武が近江側のことを「近江朝は、左右大臣、及び智謀（かしこ）き群臣、共に議をなさむ…」と評価しているが、ここでの「議」も一般的な意味での合議としてとらえるべきである（天武紀元年六月条）。

川尻が「A型」の合議として取り上げている史料も、必ずしも川尻が言うような、大夫個人の意見を大王が採択したものととらえる必要はない。

崇仏論争に関して言えば、①罹病のために宮に帰った用明は崇仏のことを群臣に「卿等（いましたち）議（はか）れ」と命じる。②群臣は「入朝」して「議（はか）る」。③物部や蘇我による論争の発生。④用明の病気が悪化して、鞍部多須奈が「進みて奏（もう）して」出家する。という順序で進行するが、②③の過程で用明が主体的に関与した形跡はない（用明紀二年四月条）。

推古紀三十一年条でも、①推古は新羅攻撃を実施しようとして「大臣に謀（はか）り、群卿（まえつきみたち）に詢（とぶら）ひたまう」。②田中臣が反対意見を述べる。③中臣連国が反論する。④再度、田中臣が反論する。⑤新羅攻撃を中止する。という順序で進行するが、ここでも推古がどのようにこの議論を受け止めて⑤の結論を出すに至ったのか明確にされているわけではない。

これらはいずれも「諮問」として書かれ、それに対して群臣の議論が行われたことまではわかる。そして議論が様々な対立をはらんでいたために、最終的な群臣全体の合意を得るまでには至らなかった状態が読み取れる。だがここでは群臣の中で議論をリードして決着させる大夫個人が存在していたわけではないし、それに対して用明や推古が、「勅旨（結論）」を出すなど明確な意思表示を主体的に行った様子もない。非常にあやふやな状態でとりあえず決着する。書紀編纂者は、群臣の中の特定個人の能力や、用明や推古が最高専制権力者として結論を下したことに注目したのではなく、〃物部・中臣対蘇我・皇弟皇子〃や〃田中臣対中臣連国〃のように、群臣同士の議論の中で論争や対立が顕在化し、支配者集団の合意形成に失敗したことに注目しているのである。

そして、推古紀三十一年条の結果に反して新羅に出兵した境部臣雄摩侶や中臣連国は、帰国した後に「共に議（はか）りて」推古に上表している。「諮問」に対する合議の結果に反して出兵したにもかかわらず、彼らは処罰されることもなく、改めて（自主的に?）合議が行われる。この経過には不自然さが残るが、推古が下した（?）最初の合議の結論の拘束力が一体どれだけあったのかという問題とともに、「諮問」ではなく、意思決定に関してマエツキミも発議権を持っていたのではないかという可能性についても検討することが必要であろう。

また、川尻は「A型」の合議と中国の「議」を同じように考えているが、それにも疑問がある。中国の「議」は秦漢代以降八百年以上の伝統を持ち、渡辺信一郎によれば、両漢期以来、会議は「大議（大会）」や「公卿義」とともに「有司議」や「三府議」の四種類の会議の組み合わせによって成り立っていたという[15]。つまり群臣の会議だけではなく、「礼官」や「法官」などの専門的な官僚の会議、あるいは丞相府や御史府などの宰相府の会議も存在した。これが中国古代王朝の「議」である。

つまり「議」には内的国家の整備と官僚の存在が不可欠であり、このことを抜きにして倭の「議」と中国の「議」の比較はできない。川尻が主張するように、「大化前代の合議制」と隋唐代の「議」に類似性があったとしても、決して全面的なものではなかったことには留意しておく必要がある。

このように川尻の見解には従いがたい。私は「大夫個人」と「大王（個人）」とを政治的主体として対置するという認識とともに、王・大王がマエツキミに諮問をして、それによって合議が開催され、合議の結果が王・大王に上奏されるという方法を、「大化前代」の意思決定の定型（「天皇諮問型」）として考えることには疑いを持つ[16]。マエツキミは個別の政策立案者・実務執行者である官僚として未だに十分には成長しておらず、王・大王も従属する個々の官僚の意見をそれぞれ聴取して政策判断し、王権全体の政策を専制的にコントロールするほどの政治的権限は持っていなかったのではないか[17]。

正史『日本書紀』は、歴代「天皇」の主体的政治意思によって、聖なる「日本」国家が形成されたというストーリーの下で編纂されている。『日本書紀』の「詔勅」は常にこのバイアスを考えたうえで分析されるべきであり、「天皇」による「諮問」についても同様である。合議における発議権が王・大王に独占されていたとも、王・大王がその決断を一身に担っていたとも思えないのである。

では、七世紀段階の倭政権の意思決定の仕組みはどのように考えればよいのか。このことは緊迫化した東アジア情勢の中で、遣隋使や遣唐使を派遣して中国から様々な文物を取り入れたことを無視しては語れない。そして、礼制の導入や冠位制の導入、律令の導入などを進める政治的外交的動向が、国内的な問題の解決を第一義的な目的としたものではなく、むしろ対朝鮮半島外交をいかに有利に進めるかという、外的国家としての必要性をより切実に表していることも軽視すべきではない(18)。

「未明の聴政」がこうした歴史的過程の中で見直されたことは間違いないが、意思決定の形が、王・大王とマエツキミを分離する方向に変化したことは象徴的である。つまり両者の意思疎通に「前事奏官」「内臣」が介在するようになり、この時期に、小墾田宮に見られるように王域と臣域が分離する(19)。つまり王・大王の超越化が進むとともに、王・大王とマエツキミとの関係に一定の線引きが行われたのである(20)。

こうした王・大王とマエツキミとの分離政策が、孝徳期以降の冠位制度の展開や律令制度の導入を進めるうえでも基礎となったことは確かだろう。だが同時に、分離された王・大王は、律令制度上での「皇帝」となる道を自ずから閉ざしたとも言えるだろう。律令法や中華思想の導入を積極的に図る一方で、律令制度下における官人制度および君臣関係が、倭国の伝統も残した独特のものであったこと、つまり中国律令制とは大きく異なったものになったことはすでに論じられている通りである(21)。

倭国は、三世紀代に諸勢力によって政権が「共立」され、対外的にも東アジアの舞台に登場し、四世紀代には朝鮮半島とも軍事的なかかわりを持つなどの側面を持つ一方で、七世紀のしかも後半にならなければ国家機関が十分に整備されないという、歴史的なズレを内包して「発展」を遂げた国家だと思われる。王・大王・天皇はその中で生まれ、また「成長」した。合議機関の本質は、そうした屈折した歴史と切り離して理解することはできないだろう。

（4）軍事指揮権について

軍事指揮権と軍隊統帥権は王・大王に帰属すると考えるのが通説だろうか。古代軍事研究が王・大王の親衛軍とされる「舎人」の研究から始まったように、倭政権の軍事組織も、王・大王を頂点に据えたヒエラルヒーを前提にして考えられてきた[22]。また崇峻紀四年十一月条の「任那復興軍」の将軍が、紀男麻呂宿禰、巨勢猿臣、大伴囓連、葛城烏奈良臣であり、そのうちの紀男麻呂宿禰、大伴囓連、葛城烏奈良臣が、物部攻撃の際に「群臣（マエツキミ）」とされていることから（崇峻即位前紀）、マエツキミに軍隊統帥権があると言われることもあった[23]。さらに、マエツキミの権限は王・大王に「貢納・奉仕」することによって初めて認められるものだから、結局（軍隊統帥権も含めた）マエツキミの権限は、王・大王に帰属することになるという見解もある[24]。

しかし本当にそうだろうか。例えば「軍隊統帥権」が、その意味や性格を吟味することなく、現代的な法権限概念を前提に議論され、政治的権限はすべて最高権力者に（最終的に）帰属するとされてしまえば、征夷大将軍と天皇との関係のように、天皇の絶対性は不滅である、という結論にしかならないのではないか。

王・大王・天皇抜きには政権が成り立たないという脆弱性がある一方で、重臣や側近が王・大王・天皇の権力を利用したり操ったりすることも常にある。古代専制国家においても、支配権力が王族や豪族層の相互依存的な関係、あるいは多元的な関係の中で構築されることは頻繁にあることだと考えられる。権力を一元的に、何か単一の力に集約させて考える思考法そのものが、私には「天皇制」的な支配の顕れに他ならないと思える。政治の歴史的実態は、形式的にではなく実態に即した分析をしなければ本質には届かない。

通説とは異なり、少なくとも律令制度整備前の倭国において、軍事的実権が常に王・大王に掌握されていたとは私は考えていないし、軍隊の活動に関する徴兵から実戦に至るすべての権限を、特定の個人や集団が一元的に握っている、という意味で「軍隊統帥権」という言葉を用いるのであれば、兵制官が設置された天武四年までは、王・大王・天皇が軍隊統帥権を握っていたことも、合議組織がそれを握っていたこともなかったと考えている。もとより朝鮮半島の勢力の求めに応じて〈広義の倭軍〉が出兵することも、倭王として中国王朝に外交使節団を派遣することもあった。この意義は大きい。外的国家の代表として王・大王が存在したのは確かである。

しかし倭王武の上表文が倭国の外的国家の〃顔〃であるとすれば、反目しあう紀大磐、蘇我韓子、小鹿火宿禰を統率するものが存在しないことや（雄略紀九年三月条）、「物部兵士三十人」（雄略紀七年八月条）、「敢死士一百」（雄略紀十三年八月条）という、意外に少人数で行われたと伝わる軍事活動が、内的国家の〃顔〃だったのではないだろうか。私は倭王が東アジアの外交舞台で演じた役割と、内的国家での役割とは大きなギャップがあったこと、そしてその相克の中で王・大王・天皇が生まれたことを重視したい。

六世紀半ばの欽明五年ころから始まった百済からの度重なる援軍要請と、それに対する倭国外交の混乱した状況、そして七世紀半ばの孝徳期の「分裂外交」[25]は、倭国で統一的な軍事方針や外交方針が定まっていなかったことと、王・大王がその中で強力な指導力を発揮できなかったことを如実に示している。同時に、有力豪族が一定の外交権を持って外交活動を行うことも、軍事活動を行うことも不可能ではなかった。外的国家の代表であることとは、軍事的な統帥者であることではなく、それが内政上での権力に直ちに置き換わるものでもなかった。冊封体制の下で執拗に求めた宋の王号や将軍号を国内支配に転化した形跡もなく、豪族の中には朝鮮半島で独自の軍事活動をする者や、百済や伽耶の豪族との姻戚関係を結ぶ者も存在していた。[26]倭国権力が専制権力で、倭国王が外的国家の代表であったことは間違いない。ただそのことと王・大王が軍事力を独占していたかどうかとは別問題なのである。

王・大王の地位も不安定で、隔絶したものではなかった。安康から雄略、清寧、顕宗、仁賢、武烈、継体、安閑、宣化へと続く一連の抗争説話から考えて、六世紀代に至ってもなお、王・大王の地位は特定の血族（王統）に固定的に継承されてはいなかった。王位は婚姻関係等によって形成される、諸豪族との勢力関係の中ではじめて獲得されるものであった。したがって、王権の維持のためには王族、臣下、有力豪族等の力が不可欠であった。このことから考えても、軍事活動の主導権が王・大王に限定されていたとは到底考えられない。

しかしそれだけではなく、そもそも内的国家が未整備なこの段階では、軍兵や輜重を一元的に管轄する国家機関としての軍事組織、つまり〈狭義の倭軍〉は未だに形成されていない。国内の軍事活動では、王・大王が軍兵を派遣することも、有力豪族との連合軍を派遣することも、王・大王が関与することなく豪族が起兵することもできた。また、物部勢力に対する攻撃のような、有力な中央豪族や王族が参加する軍事活動に王・大王が介入した痕跡もない。さらに、先述したように、推古紀三十一年是歳条の新羅派兵に関する合議においても、派遣が取りやめになったにもかかわらず、境部臣や中臣連を「大将軍」とする「数万」の軍兵が渡海したとされるが、それに対する懲罰もない。

したがって、外的国家の代表としての権限にも限界があったこと、王・大王の地位が安定していないこと、軍事体制が未熟であることから考えても、特定の権力者に軍事発動権が独占されるような状態は想定できないのである。

こうした王・大王の軍事的指導力の弱さや統一性のなさから考えると、六世紀以降にマエツキミによる合議組織の整備が図られ、さらにそれが七世紀代に冠位十二階や乙巳の変による再整備が行われたという変化があったとしても、専制的な軍隊統帥権が一カ所に固定していたとは言いがたい。倭政権の軍事活動に関する意思決定の実質的主体は流動的であり、必ずしも王・大王が軍隊統帥権を有しているわけでも、マエツキミが軍隊統帥権を有しているわけでもない。

そして権限として独占的に確立した軍事指揮権や軍隊統帥権が存在しないのであれば、「貢納・奉仕」によってその権限が自動的に王・大王に帰属することも、逆に王・大王が意思決定の頂点に存在し、軍事指揮権や軍隊統帥権をマエツキミに「付与」することもあり得ない[27]。

その意味で四・五世紀の倭国の軍事体制は、王・大王を頂点とするピラミッド状に階層化された軍事組織ではなく、軍閥連合のイメージで考える方がより近いのではないかと思える。そして六世紀にその連合形態が王・大王とマエツキミに絞られ、推古期以降に、倭国政権が制度的な整備を進めはじめ、そして白村江戦以降に初めて全国規模での軍事体制の整備が本格化し、天武期にその制度が確立したと考えるのである。

このように白村江戦以前の倭政権には暴力組織として統一された軍事的実権も、特定の軍事指揮者も存在せず、天武期に至るまで軍隊統帥者も存在していないとすれば、おそらく天武段階までは、唯一の軍事意思決定者は存在していない。王権の軍事活動に関する意思決定は、それぞれが専制君主であった王・大王や王族を含む有力者・側近・重臣ならびに最上級の宗教者が、情報交換や意見交換を通じて行い、実権も彼らが分散的に握っていたと思う。

2. 実戦の準備

(1)「将軍」の決定

令制下では発軍が決定すると、兵部省からの報告に基づいて動員兵力量を決定し諸国に動員令を出す。そして巡察使等が七道諸国を巡回し準備の進捗状況を確認する。ただ軍兵を徴発するだけでなく、軍事活動には不可欠である武器・軍糧なども調達・補給・運搬されなければならないし、徴発した軍兵の訓練も行わなければならないから、準備が完了するまでには相当な時間と労力を要する。[28] そして臨時の官として将軍が補任される。

倭国ではどうだったのか。

この段階でも、兵器を調達し兵糧を確保することとともに、軍兵を徴発することと、軍兵を率いる軍事指揮官を決めることが必要だった。ただ軍事指揮官の任命と派遣に関しては、磐井に対する征討軍の指揮官を全会一致で物部麁鹿火にした合議(継体紀二十一年六月条)などの例を除き、どのような手順で、なぜその軍将が選ばれたのかにまで触れる記事はほとんどない。『日本書紀』では「Aを遣わしてBを撃つ」(「遣(命)A、撃(平、伐、誅、殺)B」)というような定型化した記述や漢籍で潤色した記述が多く、書紀の編纂段階で手が加わっていることは間違いない。

また『日本書紀』に登場する軍事指揮官の代表は「将軍」であるが、天武紀の壬申の乱の記述を除くと、その多くは朝鮮半島での軍事活動記事に記述された倭人の「将軍」や百済等の「将軍」であり、史料の偏りは顕著である。というのも「将軍」は『日本書紀』全体でおよそ九十例記載されるが、朝鮮半島関連記事で使われるのが約半数で、そのほか崇神紀の「四道将軍」に関するもの（五例）、崇神紀の八綱田に関するもの（二例）、神功摂政前紀で忍熊王の戦闘にかかわるもの（一例）など創作性が顕著な記事で用いられている場合が多い。それ以外では磐井の乱での物部麁鹿火が一例（継体紀）と、巨勢徳太臣が二例（皇極紀）、蘇我山田麻呂を攻撃する大伴連など二例（孝徳紀）、天智紀の中臣鎌足に対する「大樹将軍」の称号一例と極めて限定されている。

よく知られているように、五世紀代の倭五王は中国南朝政権に対して「将軍」号を自称し、正式に授与されることを繰り返し要請した。しかし王・大王はもとより有力王族・豪族が、五・六世紀代に倭国内で「将軍」を名乗ったことを証明できる史料は現段階では皆無であることや、上述のような史料の偏りから考えると、倭国の「将軍」号は、対外的にのみ用いられる外的国家用の称号であった可能性が高いと思う[29]。逆にいえば七世紀後半に至るまで、倭国内で軍事活動の指揮官を「将軍」と呼ぶ習慣は定着していなかったと断定してもよいのではないか。

では軍事指揮官はどう呼ばれていたのか。私は「いくさのきみ」という呼称も含めて、軍事指揮官を呼ぶ倭国で統一された「職名」は存在していなかったと考えている。軍事活動を行う際には指揮官がいるのが当然であり、その補佐役も含めて何らかの組織体制がとられていただろう。しかし、倭国軍としての、国内外を問わない統一的な軍事組織の必要性が認識され始めるのは、七世紀後半、唐による高句麗攻撃（六四五）から、倭・新羅の関係途絶（六五七）、百済滅亡（六六〇）、白村江戦（六六三）に至る、一連の対外戦が準備され実施された時期であり、実質的に整備されるのはそれ以降だと思われる。これまでにも議論されてきたように、「（正副）前将軍」「（正副）中将軍」「（正副）後将軍」という白村江に派遣された倭軍の体制は、整備されてきてはいるが連携も取れず、その途上にあるという印象が強い[30]。白村江の倭軍は、その軍事活動の限界とともに、倭国の軍事組織の在り方を象徴しているように思える。

すでに述べてきたように、六世紀代から七世紀代にかけては、合議組織がマエツキミに固定化しつつあったとはいっても、未だに官司制には至っていない。軍事活動の意思決定は個別的な連携に基づいて行う場合や、合議の結果に基づいて行う場合があり、合議を行う場合にも、参加メンバーが流動的な場合も、固定化する場合もあった。超越者である王・大王が全権を掌握し、配下の軍事官僚を倭国軍の軍事指揮官として任命し、地方軍を指揮統率する、といった体制は整っていない。倭国の呼びかけに賛同し、〈広義の倭軍〉として軍兵を準備して集結した畿内・畿外の豪族がすなわち軍事指揮官であり、彼らには相当の独立性があったと思われる。

機関が成長するにつれて、軍事指揮官を決定する方法や軍兵を確保する方法も整ってきたと思われる。しかし相互連携の場合にはその有力豪族自身かその関係者が、有志による合議の場合にはその有志の内からかあるいはその関係者が、マエツキミに固定化した場合にはその中の誰かが軍事指揮官となったのではないか。少なくとも白村江敗戦までの軍事活動に関しては、基本認識としてそう考えておくべきだと思う[31]。

（2）徴兵の在り方

準備段階での最大の課題は軍兵を徴発することであるが、徴兵に関する『日本書紀』の記述には、次のような三つの大きな特徴がある。

①徴兵の方法は様々であり、定まったものがあるようには思えない。

②軍兵の徴発は、軍事的な緊張感の高まりとともに随時行われ、しばしば急に行われる。

③徴兵を行う主体も多様であり、王・大王の権力とは無関係に行われる場合もある。

まず徴兵の方法についていえば、「近き県の卒を発して」（垂仁紀五年十月条）、「当県の兵を発して」（履中即位前紀）のように「県」を単位として行うものがある。(32)また古墳造営の人役に武器を持たせる例（神功紀摂政元年二月条、天武紀元年五月是月条）、宮を造る丁を率いる例（斉明紀四年十一月条）のように「力役」を「兵役」に転化するものがある。また道臣命が「大来目部」を率いる例（神武即位前紀戊午年十月条）や、阿曇連浜子が「淡路の野島の海人」を率いる例（履中即位前紀）、物部守屋が「大連親ら子弟と奴軍とを率て」（崇峻即位前紀）とする例、あるいは山背大兄が蘇我入鹿に攻撃されたとき、東国の乳部を中心に軍勢を率いて逆襲する案が出されたこと（皇極紀二年十一月条）、大海人が「湯沐」に頼る例（天武紀元年六月辛酉条）のように、直接的な関係で結びついた集団を対象とするものなど様々である。

これは徴兵の方法が、後代に至るまで、地域単位なのか、他の役務からの転用なのか、トモ制のような家産的な支配関係に立脚したものなのかなど、多様であったことを物語っている。それは蘇我倉山田麻呂の長子興志が「士卒」を集めたり（大化五年三月条）、有間皇子が五百人の「船師」を率いて謀反を起こそうとするように（斉明紀四年十一月条）、乙巳の変後においても変わらない。

そしてこれは同時に軍兵が日常的に確保されていたわけではないことも示している。開発等で使役される農民等を軍兵として徴用する場合はもとより、(33)三輪文屋君が山背大兄皇子に、「東国」の「乳部」を中心に軍を整えてはどうかと進言するように（皇極紀二年十一月条）、軍事活動が目前に迫ってきた場合に軍兵が新たに準備されたのである。神功（気長足姫）が軍兵を集めようとして「時に軍卒集い難し」であり（神功摂政前紀）、『古事記』では兄宇迦斯が「軍を得聚めざりしかば」（神武記）とされるのも、徴兵がその都度行われるものであったことを物語っている。物部守屋も「即ち阿都に退きて、人を集聚む」（用明紀二年四月条）であった。

また、これらの徴兵が王・大王の権力とは無関係に行うことができたことも、「反乱」伝承から明らかであろう。阿曇連浜子が率いた淡路の海人や倭直吾子籠の「精兵数百」（履中即位前紀）、物部守屋大連や中臣勝海連が自分の屋敷に集めた軍兵（用明紀二年四月条）も王・大王の権力に頼ったものではない。物部攻撃に参加した王族や豪族もそれぞれが軍兵を率いたとされる（崇峻即位前紀）。蘇我氏も「儻者を招き聚めて」（崇峻紀五年十月条）というように軍隊を徴発している。また、「氏氏の臣連を率て、裨将部隊として」（崇峻紀四年十一月条）、「諸の神部及び国造伴造等」（推古紀十年二月条）とあるように、朝鮮半島に派遣された軍でも、それぞれの将が自らの部隊単位で参加している印象が強い。さらに、蘇我蝦夷・入鹿が自身の館を兵に守らせ、常に五十人の兵士を率いていたこと（皇極紀三年十一月条）、乙巳の変で、漢直は一族をすべて集めて武装させたこと（皇極紀四年六月条）、蘇我倉山田麻呂が攻撃されたとき、子の興誌は「士卒」を集めようとして山田麻呂に止められたこと（大化五年三月条）、蘇我赤兄が「造宮丁」を派遣したことも同様である。あるいは壬申の乱でも大海人皇子側が東国の兵を起こしたことなどから考えると、王権の側が府官制的な体制の下で徴発を強く統制していた痕跡はないと言ってもよい[34]。

『備中国風土記』には、邇摩郷の地名起源伝承として、「皇太子」の中大兄が百済滅亡時の救援軍の徴兵を行った記事が残されている。全国規模による徴兵がいつから開始されたかは論者によって違いがあるが、乙巳の変以降、七世紀後半の庚午年籍によって、後の律令軍団制に近い徴兵制度が開始されたとする見解に従いたい[35]。たとえ屯倉や県が整備されつつあったとしても、これより以前には、王・大王・天皇や王権が軍隊を直接把握し、動員をかける体制はなかったと思われる。

このような徴兵や部隊を統率する在り方からわかるように、そこに王権が権力を発動した形跡や遠隔地から徴発した形跡はなく、自分の勢力圏や近隣、または「党（ともがら）」「徒（ともがら）」「眷属（やから）」などを自分たちで集めたと考えられる。したがってある程度の勢力を有した王族や豪族であれば、地方、中央を問わず、軍兵を発動することは可能だったと思われる。

『日本書紀』では、朝鮮半島へしばしば「万」を超える軍兵が派遣されたことになっているが、これを信じることができるだろうか。そして、当時の軍兵の多くは「国造」「評造」のような地方統治者の支配下にあり、彼らによって率いられた「国造軍」「評造軍」が渡海軍の本体であった、とする意見が主流であるがこれはどうか[36]。まず軍兵の数についてであるが、『日本書紀』の記述をそのまま信用することはできない。乙巳の変後においても軍兵の徴発権は一元化していないことや、年籍の形成以前には、中央政権が徴発可能な軍兵の数を正確に認識することも困難だったと思われるから、正確な軍兵の数が記録に残ること自体が考えがたい[37]。

ちなみに崇峻紀では「二万余軍」（崇峻紀四年十一月条）、推古紀では「万余衆」（推古紀八年是歳条）、「軍衆二万五千人」（推古紀十年二月条）、「数万衆」（推古紀三十一年七月条）とされるがこれは実態を示しているのだろうか。表3は『日本書紀』で具体的な兵数が記された記事の一覧だが、天智紀までに軍兵の数を「万」以上とするものが十例あり、そのうちの九例は朝鮮半島に関する記事である。私はこれらの記事は「任那」に関する倭国支配の縁起譚であり、前章4（2）「挫折する外征」で述べたように、王・大王・天皇が朝鮮半島状勢に主導な役割を果たしたことと同様、朝鮮半島での統治権を正当化し、中でも軍事的な支配の歴史を捏造するために潤色されたものがほとんどだと考えている。書紀の「万」を超える軍兵数は、白村江戦の「二万七千人」という数字を参考にした可能性が高いのではないだろうか[38]。崇峻紀や推古紀の記事も同様であり、輜重や兵糧のことなどから考え

表3　軍兵と船師の数に関する記述一覧

日本書紀の記載個所		軍兵と船師の数	概　　要
神功	摂政元年三月条	数万の衆	神功の命により武内宿禰・武振熊は数万の兵士を率いて忍熊王を撃った
仁徳	即位前紀	数百の兵士	大山守皇子が太子菟道稚郎子を撃つために数百の兵士を率いて発軍した
	(参考)五十三年五月条	数百人	田道が新羅軍と戦い数百人を殺害した
履中	即位前紀	数十人	阿曇連浜子が太子去来穂別皇子を撃つために数十人に武器を持たせて追跡させた
		数百の精兵	倭直吾子籠が太子去来穂別皇子の軍を遮るために数百の精兵を集めた
雄略	七年八月条	兵士三十人	雄略は物部の兵士三十人を派遣して吉備下道臣前津屋含む族七十人を誅殺した
	(参考)八年二月条	精兵一百人	高麗王は精兵百人を派遣して新羅を守護させた
	(参考)九年三月条	数百騎	紀小弓宿禰等が攻撃したので新羅軍は数百騎の軍人と騎兵が散り散りになって逃げた
	十三年八月条	敢死士一百	雄略の命により春日小野臣大樹は敢死士百人を率いて文石小麻呂を攻撃した
	二十三年四月条	軍士五百人	雄略の命により末多王を百済に送るため筑紫国軍士五百人を派遣して護衛させた
武烈	即位前紀	数千兵	大伴連は兵数千を率いて平群鮪臣を殺害した
継体	(参考)九年二月是月条	船師五百	継体は百済の使者が帰還する際に物部連を添え船師五百で送った
	二十一年六月条	衆六万	近江毛野臣は六万の兵士を率いて任那へ行った
	(参考)二十三年四月条	衆三千	新羅の上臣が衆三千を率いて継体からの勅を聞こうとした
欽明	(参考)五年十一月条	三千兵士	百済聖明王が欽明に三千の兵士の派遣を乞うた
	(参考)九年十月条	三百七十人	三百七十人を百済に派遣して城を築く支援をした
	十五年正月条	軍数一千	内臣が勅を受け援軍一千、馬百匹、船四十隻を派遣することを百済に伝えた
	(参考)十五年十二月条	軍士万人	聖明王が兵を乞うとともに、自身は軍士万人を派遣して任那を援助することを約束した
	十七年正月条	勇士一千	百済王子恵を百済に送るために筑紫火君を派遣して勇士千人で護衛させた
	二十三年八月条	兵数万	欽明の命により大伴連狭手彦は兵数万を率いて高麗を攻撃した
崇峻	即位前紀	一百人	捕鳥部万は百人を率いて難波の宅を守った
		数百衛士	有司は数百の衛士を派遣して万を囲んだ
		三十余人	捕鳥部万は包囲軍の三十余人を殺した
	(参考)即位前紀	数百	(物部軍か) 餌香川原に数百の死体があった
	四年十一月条	二万余軍	大将軍とされた紀男麻呂宿禰などは二万余人の軍兵を率いて筑紫に出陣した
推古	八年是歳条	万余衆	大将軍とされた穂積臣などは万余の兵を率いて任那のために新羅を攻撃した
	十年二月条	軍衆二万五千人	新羅を攻撃するために来目皇子を将軍として二万五千人の兵を与えた

推古	三十一年七月条	数万衆	大将軍、副将軍を定め数万の兵を率いて新羅を攻撃した
皇極	二年十一月条	数十舎人	山背大兄王が攻撃された時、奴三成は数十人の舎人とともに戦った
	三年十一月条	五十兵士	蘇我大臣は五十人の兵士を身の周りに配備して警戒した
孝徳	大化元年九月条	兵四十人	中大兄皇子の命により阿倍渠曾倍臣等は四十人の兵士を率いて古人大兄を攻撃した
斉明	(参考)四年四月条	船師百八十艘	阿倍臣が百八十艘の船を率いて蝦夷を攻撃した
	四年十一月条	五百人	有間皇子が五百人の勢力で牟婁港と淡路島を支配下に置こうとした
	(参考)五年三月是月条	船師百八十艘	阿倍臣が百八十艘の船を率いて蝦夷を攻撃した
	(参考)六年三月是月条	船師二百艘	阿倍臣が二百艘の船を率いて粛慎を攻撃した
天智	即位前紀	軍五千余	百済王子豊璋を百済に送るために狭井連檳榔等を派遣して五千人余りの兵士で護衛させた
	(参考)元年五月条	船師百七十艘	阿曇比羅夫等は百七十艘の船を率いて豊璋を百済に送り届けた
	二年三月条	二万七千人	前将軍上毛野君稚子等を遣わして二万七千人を率いて新羅を撃った
	二年八月条	健児万余	廬原君が健児万余を率いて渡海した
	(参考)二年八月条	戦船百七十艘	唐軍は軍船百七十艘を率いて白村江に配置した
天武	元年六月条	数百衆	伊賀国の郡司達は数百の兵を率いて天武側に帰順した
		五百軍	天武軍は五百の兵で鈴鹿山道を遮った
		師三千人	天武軍は美濃の兵三千人で不破道を遮った
	(参考)元年六月条	数十人	大伴吹負は一二の同族や諸豪傑を招いて数十人を得た
	元年六月条	二万衆	美濃国司小子部連が二万の兵士を率いて帰順した
		数十騎	大伴吹負が数十騎を率いて飛鳥の留守司を急襲した
	元年七月条	数万衆	天武軍は紀臣阿閉麻呂等を派遣して数万の兵で伊勢大山から大和に向かった
		数万衆	同じく村国連男依等を派遣して数万の兵で不破から近江に向かった
		三千衆	同じく多臣品治に命じて三千の兵で莿萩野に駐屯させた
		数万衆	近江軍は山部王などに命じて数万の兵で不破を攻撃しようとした
		千余騎	紀臣阿閉麻呂は大伴吹負を助けるために置始連を派遣して千余騎で大和に向かわせた
		三百軍士	近江軍からの攻撃に備え大伴吹負は坂本臣財などを派遣して三百の兵で竜田での守りを固めた
		数百人	大伴吹負は佐味君を派遣して数百の兵で大阪に駐屯させた
		数百人	大伴吹負は鴨君を派遣して数百の兵で石手道を守らせた
		二百精兵	近江軍の犬養連は廬井造を派遣して二百の兵で大伴吹負の陣を攻撃させた

ても、[39]私は白村江以前に、中央政権が数万単位の軍兵を実際に渡海させたことはなかったと思う。

（3）「国造軍」について

「国造」「評造」に関しては多くの議論が重ねられてきており、ここで到底まとめきれるものではない。「国造」の制度的な成立年代と全国的な設置状況、それらの官僚・官人としての在り方、権限、あるいは彼らが行う地方支配の実態、編戸制のような個別人民支配との関係、「国司」「郡領」との制度的差異などといった基本的な問題が解決されたわけではない。[40]私は地方が統治領域として全国的に区画化されるのは少なくとも七世紀後半以降であり、全国的に実施された編戸制も庚寅年籍に始まると考えているので、見解は大きく異なる。

本章が目的とする軍事活動に関しても、「国造」が率いる軍兵と地方豪族が率いる軍兵とが、本質的にどこが異なるのかを明らかにしないまま、地方豪族が率いる軍兵はすべて「（中央権力によって組織された）国造軍」として解釈される傾向にある。「国造」だけが独り歩きして、倭国全体の軍事権力・軍事組織の在り方（軍制・兵制）は論じられていないのである。[41]したがって「国造軍」という地方派遣軍を、六世紀後半代から全国的に組織したとする根拠も今一度見直さなくてはならない。

では倭王権の軍兵の主体は「国造軍」だったのだろうか。

すでに定説化しているかのような「国造軍」は、倭国によって全国的に配置された地方官「国造」の存在を前提としている。そして『万葉集』に記載された「国造丁―助丁―主帳丁―上丁」という階層を持った防人の集団が、「大化前代」以来の「国造軍」の「遺制」ではないかという推測から生まれたものである。[42]また上記したような、推古紀の外征軍や白村江戦の外征軍のような数万単位の軍兵規模であれば、こうした大規模な軍兵動員は従来の「伴造制」によるものだけでは不可能であり、地域を単位として徴兵することが必要だとされた。こうしたことに、継体紀の「筑紫国造磐井」の軍事力や、朝鮮半島の戦闘で活躍する欽明紀の「筑紫国造」「倭国造」、推古紀の来目皇子の遠征軍中に現れる「諸神部及国造伴造等」の「国造」が結びつき、さらに「健児万余」を率いた「廬原君臣」などの断片的な記録もあったことから、六世紀後半から七世紀後半にかけて派遣された倭軍の主力部隊が「国造軍」とされたのである。

また、「評」が高句麗に起源を持ち、もともと地方の軍事管区を意味したことから、「評」の設置とともに「国造軍」が「評造軍」に変化したととらえる見解もある。[43] ここでは「大化改新」によって「国造」の「国」が「評」に分割され、「評」が倭国の支配統治の基礎単位となったという考え方をベースに、「国造軍」が「評造軍」に進化したとされる。「評造軍」は五十戸制による編戸によって、動員可能兵力数が平時でも中央権力によって把握されるなど、令制下の軍団の先取りとしての側面も持つ。いずれにしても、「国造」「評造」は、王・大王の命を受けて支配領域下の人民を軍兵として徴発・編成し、輜重も負担して倭軍（中央軍）に参加したとされた。

私は「評」に軍事的な意味が込められていること、あるいは乙巳の変後に中央軍の整備が行われようとしたこと、そして白村江派遣軍が未曾有の規模を持つものであったこと、そしてそこに「評造」が参加していたことは認めたいと思う。

白村江派遣軍は、斉明六年（六六〇）十月に百済から救援軍の派遣要請を受け、同年十二月から準備を開始し、天智即位前年（六六一）八月から派兵を開始し、天智二年（六六三）三月に「二万七千人」の軍兵が派遣されるまで約二年半の歳月をかけた本格的なものであった。この時には「評造」を含む中央・地方の豪族や、彼らに率いられた軍兵が参加するような体制が整えられていたのであろう。準備にかけた年数の長さや、兵器や兵糧も輸送される周到さなどから考えて、七世紀後半段階の軍事活動が、崇峻・推古段階、あるいはそれ以前の渡海軍とは全く異なる、倭国始まって以来の高度な軍事活動であったことは間違いないだろう。外的国家に特有の〈広義の倭軍〉が、倭国の軍事組織体制の整備を大きくけん引していたことになる(44)。

しかしこうした「国造」「評造」を、中央政権が全国統治の基礎として据えた地方行政機関の地方官人長官職ととらえ、彼らによって編成される「国造軍」「評造軍」のような地方軍が、白村江以前から倭国正規軍の中核であったと考えることは可能だろうか。

例えば白村江戦の派遣軍で「将軍」「大将軍」とされる川辺、阿部、巨勢のような畿内有力豪族、狭井連、秦造のような中小豪族と「評造軍」とはどのような指揮命令体制にあったのだろうか。阿部比羅夫が筑紫大宰であった可能性があるほかはほとんど手がかりすらない。また、「評造軍」(または「国造軍」)の代表格ともいえる「廬原君臣」は「健児万余」を率いたとされるが、このような「評造」的な人物が、全国からどの程度動員され、派遣軍にどのような地位で参加していたのかも全くわからない。もし実際に「廬原君臣」が「健児万余」を指揮していたとするならば、それは一般的に考えられる「評造軍」の規模をはるかに超え、質的にも異質と考えるべきであろう(45)。また「評造」にも伝統的な地方豪族としての側面と地方官人としての側面の両面があり、特に前者の性格はこの段階では未だに濃厚であったと思われる。そうであれば、外征軍の実態や性格をより正確に伝えるために、あえて「評造軍」と名付けるよりも、「地方官人になりきっていない地方豪族が、配下の軍兵を率いて結集した」というべきではないのか。また「評造丁―助丁―…」ではなく「国造丁―助丁―…」である理由も不明である(46)。

「評造」が存在したことと、彼らが「評造軍」を編成して倭軍の主体となったこととは全く次元の違う事柄である。後述するような壬申の乱の経過を踏まえて考えても、大海人皇子側も近江側も、「国司」「国造」「評造」のような地方官を、第一次的な軍事権保持者として全国一律に掌握し、組織化して戦闘に動員したとは思えない。「国造軍」「評造軍」によって、あたかも全国統一の地方軍が編成されて、中央軍の中核を形成したかのようなイメージを創り上げることは、倭国軍事体制の実態を見誤るだけでなく、外的国家としての倭国が対外戦用に創設した〈広義の倭軍〉を、対内戦用にも転換し得る一元的な国家権力の下で統率された〈狭義の倭軍〉と混同することに等しい。〈広義の倭軍〉か〈狭義の倭軍〉かの区別をあいまいにすれば、倭国権力の本質を見誤ってしまうだろう。

壬申の乱において、「評（郡）」「国」といった新しい領域が軍兵徴発の単位となっていることは確かである。中でも大海人皇子が「国司等」に「諸軍」を差発することを命じたこと、近江側が「筑紫大宰」や「吉備国守」に命じて軍兵を徴発しようとしたことなどは、律令国ないしはそれ以上の規模で徴兵することを前提とした記事であるだけに、大海人皇子側も近江側も、いずれも新たな領域制度に沿って、地方の軍兵をより広域的に徴発するようになっていたことを意味している。

ただ、天武方の「将軍」であった大伴吹負は、「一二の族（やから）」や「諸豪傑（いさをし）」を集めようとし、飛鳥古京の「軍士」も自軍に吸収したほか、三輪君高市麻呂などの「群（もろもろ）の豪傑（いさを）しき者」が大伴吹負に従った。そして近江軍でも、まず天智の「山陵」を造営する「人夫」に武器を持たせて吉野の大海人皇子を襲撃しようとしたことや、将軍羽田公矢国や「其子大人等」が「己族（やから）」を率いて大海人皇子側に帰順したと言われるように、軍兵は親族関係を基盤としたものなど広範囲に徴兵されていたようである。『日本書紀』では、大海人皇子軍の主体は「美濃の軍将等と大倭の傑豪」、つまり美濃および大和の軍兵だったと記載しているが（持統称制前紀）、壬申の乱時の軍兵も、国司層や郡司（評造）層が徴発したものをはじめ、「力役」が転じた「人夫」、各豪族の血族集団、「豪傑」「徒党」とされるものまで多様だったのではないか。

壬申の乱が実際にはどの程度計画的なものであったのか詳細は不明だが、徴兵が「国」「郡（評）」などを単位として広範囲かつ組織的に行われていることは確かだとしても、軍事活動に踏み切った段階で、新旧様々な性格を持った多様な軍兵（混成軍）が相変わらず緊急に徴発された印象はぬぐえない。天智、天武、持統によって、特に白村江戦の敗戦以降、倭国軍制は急速に整備されたと考えられるが、少なくとも壬申の乱時には、平時における組織的な軍政業務は未だに不十分であった。国内外の戦時に即座に対応できる〈狭義の倭軍〉としての常備軍も形成されていなければ、全国に配置された地方の行政区画を統治する長官と、彼らが地方官人として統率する地方軍、すなわち内的国家機関・装置としての地方軍を倭国軍の一員に体系的に組み込むことも実現していない。

したがって白村江や壬申の乱の軍兵を、実在した確証のない「国造軍」はもとより、「評造軍」や「国司軍」に限定する必要は全くない。外的国家としての国家形成が先行し、内的国家形成が遅れた倭国においては、軍兵を一元的に管理差配し、国内外の敵に対して即座に動員して征討を行う軍事権力は形成されにくかったのである。

（4）親衛軍・常備軍について

倭国の軍事組織を語る際にまず取り上げられてきたのが舎人である。[47] それは倭国軍の伝統的な親衛軍を形成したと言われてきた。

『日本書紀』には舎人に関する記事が全部で約四十件記載されている。その内訳は大まかに分類して次の通りである。

・天皇や皇子の婚姻や妻問い説話に関係するもの　四件
・その死につき従うなど皇子の行動に深くかかわるもの　五件
・天皇や皇子の密命を帯びて使者になるか偵察を行うもの　四件
・儀式での従者や射手として、あるいは儀式に関する使者や儀式の実施を監視するもの　六件
・軍事行為に関係するもの　二件
・部民の設置や、賜姓や授位などの記事に舎人の名称を含むもの　十件

これ以外に、壬申の乱では大海人皇子が進退を決める際の相談相手となるほか、兵糧の確保にかかわる二件の記事などがある。

ここにあげたもののうち、断片的な記載にとどまる、部民の設置などに関する十件を除く残りの例から舎人の性格を考えると、舎人は天皇や皇子の身近にいて、生活上のことだけではなく、政治的にも重要な役割を果たす近習であったと言える。

また、これまでにも言われてきていることではあるが、その説話を読む限り、天皇や皇子と舎人の関係は極めて密接である。婚姻伝承で天皇や皇子の相談役を務め（仁徳紀十六年七月条）、天皇の意思を伝えるために女の元に通い（仁徳紀三十年九月条、允恭紀七年十二月条）、皇子に代わって歌を詠む（仁徳紀四十年二月条）、あるいは皇子の死に際しては骨を拾い（雄略即位前紀）、忠実に皇子に従う（皇極紀二年十一月条、斉明紀四年十一月条、天武紀元年七月条）など、両者の関係の深さを物語っている。天皇の命を受けて密偵したり（雄略紀十四年四月条）、中臣と中大兄皇子の間をひそかにつなぐこと（皇極紀三年正月条）なども、天皇や皇子の片腕として信頼されていなければ

成り立たない。『古事記』には舎人を皇子の身代わりにする説話もあるが（応神記）、ここからも皇子と舎人との関係の濃密さを知ることができる。

こうした説話は、令制下の「内舎人」「左右大舎人」「春宮坊舎人」「中宮職舎人」など、宮廷の官人として最大の人数を有した舎人の起源説話として記紀に記載されたものだと思われる。彼らの忠誠心を再認識させるために、彼らは天皇に従属する起源を持つことと、歴史的に天皇と一体の存在であることを語ったのである。

王・大王・天皇や、皇子などと密接にかかわる近習が、権力に付随して生み出されるものであったことは確かだろう。そして、王・大王・天皇などの特別の地位が常設機関化するとともに、つまり権力者が臨時的に推戴されるのではなく、支配権力者としての恒常的な地位が形成されるとともに、諸雑務役から連絡役、場合によっては相談役など権力意思の決定にかかわる側近官人として定着する。卑弥呼にも「飲食を給し、辞を伝えて出入りする」「男子一人」がいたと言うが（魏志倭人伝）、これが近習の始まりで、いうなれば舎人の原形であろう。もちろん中央、地方を問わず、一定の権力者であれば、誰でもこのような近習を従えていた可能性はある（トネリと呼ばれていたかどうかは別問題であるが）。記紀ではそうした近習を一般的にではなく、天皇や皇子に固有の近習として描く、という構想の下に、様々な近習説話から選択し、これを舎人説話として採録したのである。

一方、舎人と軍事とのかかわりは必ずしも深くない。中臣勝見連を殺害し、物部戦争にも参軍して守屋を射落とす働きをする舎人迹見赤檮（用明紀二年四月条、崇峻即位前紀）や、山背大兄皇子が襲撃されたときに「奴三成」とともに戦う「数十舎人」（皇極紀二年十一月条）、あるいは壬申の乱で大海人皇子に従った舎人などを除くと、記事に現れたほとんどの舎人は軍事活動とは無関係である。王・大王・天皇の近習であったから彼らが親衛軍であるとするのも、親衛軍だから彼らが倭国軍の主体だったとするのも論理が飛躍している。

壬申の乱時には、舎人は大海人皇子の勢力の中で最も皇子に近い集団として重要な役割を果たしていた。具体的には兵糧の確保を行うなどの記録があるほか、乱後の卒伝で「兵衛（ツワモノノトネリ）」とされる大分君稚見のように、有力な軍兵の一人として戦ったと思われる。しかし、大海人皇子勢力も近江勢力も、蘇我氏や大伴氏などの中央豪族や地方豪族が従えた軍事集団や、国宰などによって徴発された軍事集団が主力であって、舎人がその主力を占めていたとは考えられない。また壬申の乱に限らず、実際の軍兵は「軍」「兵」「衆」「師」などであって、舎人を軍事活動の主力として記す記事は『日本書紀』には見当たらない。もちろん「舎人軍」をうかがわせる記事も皆無である。記紀編纂者に、舎人を軍事上重要なものとして記載しようとした意思があったとは思えないのである。

そしてこのことは建部にも、靫負にも、門部にも言える。

軍事行為に弓・矢（箭）が用いられる記事は多い。弓・矢（箭）は権力の象徴であるとともに武器の代表であり、おそらく刀・剣にも匹敵するか、あるいはそれ以上の頻度で記紀に記載されている。しかしこのことと、靫負が中央軍の主力であったかどうかとは別問題であろう。そもそも軍事組織の細分化は、令制前では騎兵と徒兵以外ほとんど進んでおらず、古代に弓矢を専属で用いる「弓隊」のような組織が存在したことは想定しがたい。史料上でも靫負が「弓隊」の軍兵として戦闘に参加したことを示すものはおろか、軍兵一般として戦闘に参加したことを示す史料も皆無である[48]。

では舎人や靫負が、これまで「中央武力」の主力として、あるいは「親衛軍」として論じられてきたのはなぜか。それは王・大王・天皇が、専制君主として他の豪族層とは隔絶した権力を所持していたことがアプリオリに信じられていたからである。王・大王・天皇の軍事力は、王権の軍事力の中核にあって、豪族層とは比較にならない質と規模を持つ。王・大王・天皇はそうであったはずだ、そうでないと倭国の権力を描くことはできない。そう考えられてきたのである。そこで、舎人や靫負が王権に所属する軍事集団として実体視された。

最も盛んに研究された六〇年代から七〇年代以降、部民制などその後の研究によって認識が大きく変わったものもある。

例えば「東国」との関係について、かつては居住地のわかる舎人が「東国」に多く分布することから、舎人の多くが東国出身者で、しかも「国造級」の豪族出身者であったと言われ、またこのことから「東国」は王権の軍事的基盤であったとされてきた。

しかし八世紀から十世紀の史料から舎人の分布や階層を推論する方法は、それが六世紀や七世紀の実態を物語るものかどうか証明できないという方法論上の問題点を抱えており、論拠にはなりにくい。私は旧稿でも触れたように、中央政権にとって、畿内と蝦夷を結ぶ中間領域としての「あづま」の重要性が高まるのは六世紀後半から七世紀にかけての時期だと考えている[49]。もちろん前方後円墳の分布や稲荷台一号墳の「王賜」銘鉄剣、稲荷山古墳の鉄剣などから考えて、畿内と東国との政治関係はさらに遡るが、このことと舎人が直接結びつくわけではない。いわゆる前期舎人についてはまず畿内周辺を対象として始まり、継体期以降、後期舎人の段階で東国の有力豪族からの上番が始まる。本格化するのは六世紀後半以降と考える[50]。

また彼らの出身母体に関しても、令制前舎人が「国造級」の地方豪族の子弟だけから選ばれていたことは証明されていない。令制兵衛も郡司の子弟だけで成立していたわけではなく、およそ半数は他の五位以上の子孫や内六位以下八位以上の嫡子などから選ばれていた。

令制下の「兵衛」が「トネリノツワモノ」と訓まれることから、令制兵衛の前身は令制前舎人であるとする考えもあるが、呼称だけでなく表記も含めて継承したのは内舎人や東宮舎人の方である。舎人と兵衛に共通性があるとは言っても、令制兵衛の性格を令制以前の舎人に遡及させることは疑問である。

ある意味では通説化しているが、五世紀代に王権の軍事力の中枢を担っていたのは大伴氏などの中央豪族で、彼らが六世紀代に弱体化すると同時に、天皇や皇子が直属の軍事力を整備するようになる。これが舎人の設置であったという見解もある。また大伴氏については、大伴氏とかかわりの深い令制「衛門府」が「ユゲイノツカサ」と訓まれるなど、大伴氏は靫負とも強く結びついており、靫負も軍事的な役割を果たしていたとされる。

しかし上述したように記紀では軍事活動に参加したことを記録する舎人はむしろ少数である。舎人が軍事力として具体的に記載されるのは六世紀末、用明紀二年四月条や崇峻即位前紀に記載される迹見赤檮の記事までは見当たらない。

また大伴氏との関係を軍事との結びつきに短絡させることも問題である。大伴氏は「軍事的伴造」と言われるが、大伴氏が軍事的権限を独占していたわけではない。もともと王権に内属するトモを統括していたのが大伴氏の出発とすれば、大伴氏が舎人などの近習や靫負とかかわるのはむしろ当然のことであろう。したがって大伴氏と舎人が関係したからと言って、舎人と軍事が直ちに結びつくわけではないし、書紀編纂者でさえも靫負を王権の軍事的主力としては記載しないわけだから、大伴氏と靫負に関係があったとしても、それを王権の軍事体制に引き寄せて解釈するのは議論の飛躍である。

それに崇峻即位前紀に記載された物部攻撃軍の陣容、あるいは強大化する蘇我氏の勢力のことを考えると、豪族の軍事力が六世紀以降に弱体化したとは思えない。多分に伝承性の強い記事ではあるが、用明紀元年五月条には、敏達の殯宮を警護していた「兵衛」を三輪君逆が使役する記事もあり、舎人も含めて官人の管理に豪族が関与していた可能性もある。したがって大伴が主体として担っていた王権の軍事部門が、豪族の衰退とともに王・大王の直属的な部隊（親衛軍）に移行したということも、その場合に舎人や靫負が軍事力の中心をなしていたとする見解にも疑問を抱かざるを得ない。いくつかの有力豪族の居宅に分散していた王権の外廷的な機能を、中央権力が宮都に集中化させる七世紀初頭までは、王権の軍事的機能も実質的には分散していたのであり、こうした王権の構造を踏まえてこそ、王・大王の権力の本質もまた問えるのである。

以上のように、私は舎人の本来の性格を軍事性に求め、彼らを親衛軍（常備軍）であったと考えることには同意できない。舎人には非軍事的な舎人と軍事的な舎人の二種類が存在し、前者が内舎人・東宮舎人などに引き継がれ、後者が兵衛に引き継がれたという説もあるが[51]、それは後付けの解釈であってもともと二種類の舎人が存在したということも考えがたい。舎人のような権力者の近習や側近の歴史は古く、三・四世紀代からすでに存在したと考えることも決して不可能ではないが、彼らは近習として様々な内廷的な職務に従事していたと思われる。当然、王・大王・天皇の護衛の任務を兼ねたこともあっただろう、としか言いようがない。

軍団が組織されるまで、全国を統治する親衛軍や常備軍は倭国には存在しなかったのではないか。稲城に立て籠った狭穂彦王を攻撃するのに、垂仁はなぜ「近県」から軍兵を徴発したのか（垂仁紀五年十月条）。住吉仲皇子の急襲を受けて宮から遁走した去来穂別皇子は、従属する軍兵がいたかどうかもはっきりしないうえに、「当県の兵」を発して軍兵を確保しようとするが、なぜ親衛軍や常備軍を発動して抵抗しなかったのか（履中即位前紀）。歌垣の場で影媛を奪われたことを知った小泊瀬稚鷦鷯皇子はなぜ大伴金村の宅に行き「兵を会（つど）へて」相談したのか（武烈即位前紀）。

王族間の争乱として伝承される場合においても、いずれかが王権の正規軍を掌握して軍事的優位に立つのではなく、それぞれが独自に軍兵を準備して戦うのである。戦争を決する親衛軍や常備軍が存在していたら、いわゆる物部戦争も乙巳の変も『日本書紀』に書かれているような展開にはならなかったのではないか。(52)

3．実戦

「親衛軍」「常備軍」「国造軍」「評造軍」のような制度的統一軍の存在を否定すると、豪族層の権限を強く残したまま結集した多様な軍事集団が倭軍の中核をなしていたことになるが、これではある程度の数の軍兵が確保できたとしても、その戦闘力には限界があったとしなければならない。軍兵の確保に成功するかどうかも不確実であり、たとえ人数を確保できたとしても烏合の衆で、個々の技量にも多くを期待できないからである。また、単に軍兵を集めるだけで本格的な軍事活動ができるわけではなく、食糧の確保や補給態勢の構築も必然的に求められる。ただ、軍兵数の把握や目的地までの距離、必要な日数等の計算ができなければ兵糧の確保もできない。それができなければ計画的な作戦の遂行や遠征、長期的な軍事活動などが円滑に進むはずはない。

では実戦はどのように行われたのか。

軍兵の徴発や兵器・兵糧の準備などが終了すると出兵することになる。行軍にも示威的なものから実戦的なものまで各種の行軍があり、その後の戦闘の規模や内容も様々だったと思うが、『日本書紀』からその具体像に迫るのは難しい。しかし限られた事例とは言え、朝鮮半島での例を除き、『日本書紀』に記載された実戦の中にはいくつかの特徴がある。急襲に関する記事が多いことと、野外を戦場とする戦いではなく、居館を攻撃する記事が多いことである。

例えば武埴安彦の計画を知った倭迹迹日百襲姫は、天皇に「早（すみやか）に図るにあらずは、必ず後れなむ」と忠告する。そして実際に武埴安彦は軍兵を興して「忽（たちまち）に至る」のである（崇神紀十年九月条）。また、大山守皇子は、菟道稚郎子が「兵備えたること知らずして」、夜中に兵を興し夜襲をかけようとするし（仁徳即位前紀）、住吉仲皇子は「密かに兵を興し」、去来穂別皇子の宮を急襲して皇子を遁走させる（履中即位前紀）。木梨軽太子も「密（しのび）に兵を設けたまう」（安康即位前紀）。大伴連金村が平群臣鮪を攻撃する場合にも、太子小泊瀬稚鷦鷯皇子は攻撃の相談をするために「速（すみやか）に」大伴金村宅に向かったとされ、この伝承の「一本」では、鮪は「即夜（そのよ）」に殺されたとする（いずれも武烈即位前紀）。物部守屋も穴穂部皇子を即位させようとして、「密（しのび）に」使いを出し、狩猟のためと称して集めた人員を軍兵に転換する「謀（はかりごと）」を行ったと記述されている（崇峻即位前紀）。こうした記事は史実とは認めがたいが、小規模な軍兵による急襲、不意打ちが古代の軍事活動の常套手段であったことは認めてもよいと思う。

用明紀二年四月条には崇仏論争の果てに、物部守屋と蘇我馬子の両者が急きょ防御を固めようとしたことが記述されている。物部守屋は群臣によって自分の退路が絶たれてしまうことを畏れ、自分の勢力の拠点の一つであった阿都に退却して軍兵を集めようとし、蘇我馬子も物部守屋方の急襲を畏れて大伴氏に槻曲の家を守らせる。これらはいずれも相手方の急襲、しかも居館に対する急襲を防御するための行動であり、当時はこのような戦法が最も一般的であったことを物語っている。

こうして比較的小規模で行われる急襲は、情報の伝達速度が遅く、相互の監視体制が甘い時代には有効な手段であった。そして、警察権力も含めて平時の軍事体制が不十分であったことと、それぞれの陣営で徴兵に時間がかかることから、小規模で、相手方が徴兵する前に戦果を挙げることができる急襲が、最も効率的な戦法として

表４　軍事活動に現れた居館等

年代	攻撃する側	対象・場所	備考
垂仁紀五年十月条	垂仁	狭穂彦王・狭穂姫が立て籠った「稲城」	八綱田を派遣
履中即位前紀	住吉仲皇子	去来穂別皇子の「宮」	
允恭紀五年七月条	允恭	玉田宿禰の「家」	
安康即位前紀	穴穂皇子	物部大前宿禰の「家」	木梨軽皇子が逃げ込む
安康紀元年二月条	安康	大草香皇子の「家」	
雄略即位前紀	雄略	葛城円大臣の「宅」	眉輪王が逃げ込む
雄略紀十三年八月条	雄略	文石小麻呂の「宅」	春日小野臣を派遣
雄略紀十四年四月条	雄略	根使主の「稲城」	
清寧即位前紀	大伴室屋	星川皇子が占拠する「大蔵」	
武烈即位前紀	大伴金村	平群真鳥の「宅」	
崇峻即位前紀	蘇我馬子	穴穂部皇子の「宮」	佐伯連丹生経手を派遣
崇峻即位前紀	蘇我馬子など	物部守屋の「稲城」	
舒明即位前紀	蘇我入鹿	境部摩理勢の「家」	
皇極二年十一月条	蘇我入鹿	山背大兄皇子の「(斑鳩) 宮」	巨勢徳太などを派遣

必然的に選択されたと思われる。実質的な軍事権を倭王権が直接握るのではなく、諸豪族がある程度の自立性を保ちながら軍事権を把握して分立しているような状態や、諸豪族の軍兵の徴発もその都度行われていたことと深くかかわり合っているのである。

また表４の通り、こうした急襲の対象が豪族の居館や皇子の宮であったことからもわかるように、戦闘はしばしば建物やその周辺で行われる。そして戦略として「宮」を焼くことも、蘇我山田麻呂が攻撃される例（大化五年三月条）や「或本」に云う有間皇子の謀反の計画の例（斉明紀四年十一月条）などからわかる。

これは「家」「宅」「宮」などが、それぞれの豪族や王族の政治的な拠点であると同時に軍事的な拠点でもあったことを物語っている。弓矢と大刀にほぼ限定される当時の武器のレベルから考えても、こうした建物で一定の防御は可能だっただろう。小根使主が「天皇の城は堅からず、わが父の城は堅し」と語った例や（雄略紀十四年四月条）、蘇我蝦夷・入鹿が甘檮丘に建てた家の外に「城柵」があり、門の傍らには「兵庫」があると記される例（皇極紀三年十一月条）、あるいは数例の「稲城」などもそのことを物語っている。

しかし同時に、こうした「家」「宅」「宮」あるいは「稲城」が「最後の砦」であったこともまた確かである。上記の例の中で、攻撃を受けて持ちこたえて、さらに逆襲に転じた例は、炎上する「宮」から脱出して後に謀略で住吉仲皇子を殺害する去来穂別皇子以外には一例もない。すべてそこで最後の抵抗を行うか、結局は打ち倒されてしまう。

また、殯宮の宮門を兵衛が守衛していた例（用明紀元年五月条）や、蘇我氏の家で「力人」が兵器を持って守っていた例（皇極紀三年十一月条）などの記述はあるが、宮や居館が軍兵によって常時守られていたことを記す史料は少ない。王・大王の宮や豪族の居館には当然軍兵が配置されていたと思われるが、守屋が危険を察知して急きょ軍兵を徴発しようとしたように、記紀の記述からは、宮や豪族居館が軍兵によって常時頑強に守られていたというイメージはわきにくい。通常の場合は軍兵の配置もわずかであったと考えるべきであろう。

中国の都城と比較して、その軍事的機能が著しく弱いことは、倭・日本の「宮都」の特徴として周知のことだと思うが、それは「宮都」以前の宮や居館についても同様だったのではないだろうか。むしろ「東国」の軍兵や乳部などの直轄的な支配地域・人民を頼る例があることからもわかるように、本当に戦うためには、いったんその居館や宮から離れ、軍兵を動員できる拠点で体制を立て直す必要があった。

私は『日本書紀』に急襲することを記した記事が多いことと、「居館」などを攻撃対象とする記事が多いことは密接にかかわっていると考えている。

つまり、常備軍がなく、軍兵は臨時的・突発的に徴兵されたこと。しかし軍兵の準備には時間がかかるので、たとえ小規模でも相手方の準備が整わないうちにいち早く徴兵し、先制攻撃を仕掛けることが戦略として有効であったこと。また、当時の情報収集力が極めて限られていたことから推測すると、広域的に軍事活動を展開することは至難の業であったこと。さらに居館や宮の防御態勢が手薄であること。こうしたことが相まって、戦闘は小規模な部隊による奇襲攻撃を主体とした局部的なものにならざるを得なかった。その典型が宮や居館を急襲するということではなかったのだろうか。

『続日本紀』養老六年閏四月二十五日条の太政官奏上には、軍兵の用兵には衣食の準備が重要であり、「鎮所」に食糧の蓄えがなければ防衛もできないことが記されている。そして『続日本紀』にしばしば見られるように、調庸の運搬は民衆の大きな負担であり（和銅五年正月十六日条、同十二月二十九日条、養老四年三月十七日条など）、長期間に及ぶ兵役は民衆を疲弊させた（養老五年六月十日条、養老七年四月八日条など）。実戦に民衆を駆り出すことは、その帰還にかかる経費をも含めて、多大な財政支出を要し、場合によっては地域の衰退をも招く極めて危険な行為であった。したがって実際の戦闘力以上に、こうした輜重の能力によって軍事集団が保有する軍事力の優劣が決まる場合もあったはずである。

しかし『日本書紀』や『古事記』には、こうした実戦段階における輜重の役割について書かれた記事は、白村江戦と壬申の乱時を除きほぼ全く存在しない。そのこと自体が倭国の軍事体制の未熟さと戦闘の局部性、記録の不完全さを物語っているが、それと同時に、当時の軍事活動の規模についても示唆しているのではないか。つまりこのことは、兵器の調達や食糧の確保などで必然的に輜重の役割が高まる朝鮮半島での軍事活動、または磐井の乱のような畿内から遠方に戦場がある場合の軍事活動、あるいは近隣で戦闘を行う場合でも戦闘が長期間に及ぶ軍事活動が、実際には稀であったことを示しているように思えるのである。強大な軍事勢力が、遠征を繰り返しながら全国を武力で征服するような軍事活動、あるいは大規模な軍事力を結集して全面戦争に至るような戦闘を行う必然性や条件が、倭国には備わっていなかったのではないだろうか。

また私が〈狭義の倭軍〉と呼ぶ、倭国の内的装置として整備された一元的な軍事力が存在していたかどうか繰り返し疑念を述べ続けている理由の一つは、記紀の記事に戦後処理に触れた記述があまりに貧しいからである(53)。

軍事活動が終了すると宴会が催されて歌謡が唱えられる、というような儀礼的な行為や、部民等の賜予、贈位・賜物など褒賞的な行為、あるいは屯倉の設置などの拠点支配についての記事は存在する。しかし、その後平定された地域が誰によってどのように統治されたのか。その統治によって何が変わったのか。屯倉が設置されなかった地域はどうであったのか。といった戦後処理にかかわる基本的な事項に関して記紀は無関心であり、極めて散漫である。これは記紀の軍事説話の多さとは裏腹に、軍事活動と「治天下」の結びつきが、決して緻密でも濃密なものでもなかったことを意味しているのではないか。改めて「治天下」とは何かを問う必要があることを感じさせるのである。

私には、敵対するそれぞれが大規模な軍兵を計画的に確保し、広域的に展開して、長期間にわたって各地で軍兵が正面からぶつかり合うような戦闘、つまり壬申の乱のような戦闘は、極めて限られた、そして七世紀後半に至って初めて可能となった戦闘だったと思える。白村江の敗戦が天智以降の政権に与えた影響はやはり大きかったのではないか。特に軍事制度面においては、大量の軍兵を迅速に動員するために必要な政策が実施され、徴兵制度や運輸・交通制度の整備とともに、軍事制度を根底で支える緻密な民衆把握、そして何よりも国内外に対する政権の武力部門を担う統一倭軍としての組織とイデオロギーの構築が図られたと思われる。この白村江戦前後の制度的・思想的動向が、律令衛府制や軍団制を築き上げる最も大きなエネルギーとなったであろう。しかしそれは壬申の乱時にも未完成であった。これが実態であったと言わなければならない。

白村江以前の戦闘は、倭国の領土形成や人民支配に直結するものではなく、何か別の意味を持っているように感じ取れる。『日本書紀』に記載された最初の戦いである、神武即位前紀戊午年四月条の孔舎衛坂の戦いが、両者が対峙して行われる整った形の戦いであることから考えると、『日本書紀』編纂者がこうした戦闘を一種のモデルと考えていたことが推定できるが、それは実態からはほど遠いものだったのではないだろうか。

（1）野田嶺志二〇一〇第十三章では、戦争準備から終結までの手順が論じられており本章と重なる。ただそこでは「天皇」の指揮権などが前提にされるなど基本的な視点が私とは異なる。なお「大夫制」や「合議制」に関しては加藤謙吉一九九一第一章、倉本一宏一九九七第一部第一章、佐藤長門一九九四、関晃一九七三b（初出は一九五九）、原島礼二一九六〇、原朋志二〇〇八、吉村武彦一九九六第一部Ⅱ（初出は一九八九）など参照。周知のように、この問題は古代官僚性の性格や、いわゆる「畿内政権論」との関係など、重要な論点を含んでいる。
（2）加藤謙吉一九九一第一章参照。
（3）原島礼二一九六〇、佐藤長門一九九四参照。
（4）下向井龍彦一九八七、三一ページ参照。
（5）第2章で述べたように、私は朝鮮半島に軍事侵出した倭軍には、豪族が主体的に組織した豪族軍と倭政権が緩やかにかかわった〈広義の倭軍〉の両者があっただろうと考えている。
（6）岸俊男一九八八Ⅲ（初出は一九八四）、山尾幸久一九八三Ⅳ篇六章、佐伯有清編一九八八など参照。
（7）いわゆる大夫制については注1をはじめとして論文は多いが、ここでは倉本一宏一九九七第一部第一章参照。
（8）「国政合議機関」については加藤謙吉一九九一参照。それに対して原朋志は「任命条件・定員・待遇などの規定が不明確」であることから、「大夫制」や「合議制」のように、これを制度としてとらえることについて疑念を示している（原朋志二〇〇八参照）。
（9）若月義小一九九八第一―一参照。
（10）「未明の聴政」におけるマエツキミの意思決定参画については若月義小一九九八第二、新川登亀男一九八六など参照。
（11）このように倭政権から「逸脱」した行動を行う彼らは、一方では倭軍の有力構成員であった。こうした倭軍の在り方を第2章では〈広義の倭軍〉と定義した。
（12）北村優季一九八五参照。ただし北村も指摘しているように、推古段階では豪族層の集住が進んだとしても、有力豪族層はこの宮の近傍のほかに本拠地を有していた。したがって豪族層が官人化するのは、この点から言えば藤原京の完成を待つことになる。
（13）川尻秋生二〇〇二参照。なお、推古期前後の意思決定に関しては井上亘一九九五でも論じられており参考になる。
（14）井上亘一九九五では、マエツキミが「朝政」で果たした役割について、「天皇」が群臣に諮問をして、その上奏を裁可する「天皇諮問型」の意思決定と、王臣からの奏請に対して、「天皇」が裁可し詔勅として施行する「王臣奏請型」の意思決定という二つの類型に分類する。「天皇諮問型」が必ずしも「大夫個人」を前提とするものでないことと、この二つの意思決定の形態が、共存していると考える点で川尻の見解とは異なる。
（15）渡辺信一郎一九九六第Ⅰ章、第Ⅱ章参照。
（16）井上亘一九九五参照。
（17）川尻が舒明即位前紀に記述された、蘇我蝦夷の「私邸」で開催された王位継承者を一本化するための合議について、これが「私邸」で行われたもので正式なものではないとする点も疑問であろう（川尻秋生二〇〇二参照）。浅野充一九八九、若月義小一九九八第二でも論じられているが、いわゆる「倭京」の在り方から類推しても、こうした有力豪族の「私邸」が公的な役割を果たしていたと考えられ、そこが合議の場になっても何ら問題はないと思われる。
（18）若月義小一九九八第二参照。

(19) 井上亘一九九五、若月義小一九九八第二参照。

(20) 井上亘一九九五では、小墾田宮以前は「御前会議」であったが、小墾田宮以降には「王権の不可視化」に変化すると説明されている。小墾田宮建設を境に、王・大王とマエツキミとの意思疎通が直接的であったものが間接的な方法に変化するという指摘は重要だと思う。なおこの点に関しては、第2章で倭王・大王・天皇と外征とのかかわりに関しても論じたので参照されたい。

(21) 井上亘一九九九、大隅清陽二〇一一第一部第四章（初出は一九九六）、新川登亀男一九八六など参照。中国思想継受にあたっての倭の独自性を論じた研究は多い。中国的な要素と倭的な要素をどのように考えるのかは難しいところだが、華夷思想の導入の意義や特殊性については私も本書第4章で論じているので参照されたい。

(22) 井上光貞一九七一など参照。

(23) 原島礼二一九六〇参照。しかし、加藤謙吉も指摘しているように、これはマエツキミのような有力豪族が「将軍」になることもあったという史料にはなっても、マエツキミに「軍隊統帥権」があるという根拠にはならない（加藤謙吉一九九一第一章参照）。

(24) 佐藤長門一九九四参照。

(25) 第2章注(42)参照。

(26) 本書第2章参照。

(27) 群臣の王・大王に対する「人格的隷属」に伴う「貢納・奉仕」によって、王・大王の権力が維持されていたと考える論者は多い。しかしこの「貢納・奉仕」関係の支配イデオロギーとしての質や限界についてはほとんど問われたことがない。本書第4章ではこの問題にも触れているので参照されたい。

(28) 下向井龍彦一九九一参照。

(29) 将軍号が宋朝から授与されることに国内向けの政治的意味がなかったと思っているわけではない。金印を授与されることと同じく、シンボリックな意味はあったし影響もあっただろう。

(30) 鬼頭清明一九七六第二部第三章、北啓太一九九三参照。
(31) 令制下の将軍と王権とのかかわりについては北啓太一九九三、五味文彦一九九五、鈴木拓也二〇〇九等で論じられている。持節将軍が前線に立たないのは、天皇の代理として軍隊を率いていたからであるという鈴木拓也の指摘は、第1章と関連して興味深い（鈴木拓也二〇〇九参照）。
(32) 県（あがた）が大王家の直轄地的なものであり、五世紀代にまで遡るのであれば、こうした「県軍」を中枢とした倭王権軍が組織されることがあったとしても不思議ではないし、近畿の内部で戦われるような規模の戦闘であれば、それも軍事力としては相当なものだっただろう。しかし、県の性格や出現時期については様々な意見があり、結論が出せる段階ではない。県については例えば吉田晶一九七三第五章、同二〇〇五第四章参照。
(33)「力役」と「兵役」が分化するのが大宝令制によることについては長山泰孝一九七六参照。
(34) 高橋崇のように親衛軍の存在も認めない見解や、野田嶺志のように「子弟軍」を重視する見解もある（高橋崇一九五五、野田嶺志二〇一〇第九章（初出は一九九〇）参照）。
(35) 孝徳紀に記述された軍事政策の解釈については山尾幸久二〇〇六第六章後篇第三節参照。
(36)「国造軍」に関しては直木孝次郎一九六八「九　国造軍」と下向井龍彦一九九一の業績が最もまとまったものであろうが、このほか直木孝次郎一九六〇、村岡薫一九七五など参照。近年の論文では北康宏二〇一七第三部第十二章参照。
(37) 記紀に記載された「数」については慎重に検討することが必要である。朝鮮半島に出兵した軍兵数について、吉田晶は欽明紀十五年正月条に記載した「軍の数一千・馬一百匹・船四十隻」が、『日本書紀』の兵数記事の中で最も信憑性が高いとしているが私も同じように考えている（吉田晶一九七五、六〇ページ参照）。なお最近発表された論文の中で、吉野秋二は『日本書紀』の作為性を一切考慮しないまま軍兵の数を論じており疑問に感じた（吉野秋二二〇一七参照）。
(38) 軍船の数についても、白村江の「船師百七十艘」がモデルとされた可能性があると思う。
(39) 国内外を問わず、倭国の軍事活動を論じる際に輜重のことにまで触れる考察は稀である。近年でも下垣仁志などに限られている（下垣仁志二〇一七参照）。

(40) 国造に関する全般的な見解については篠川賢一九九六各章、大川原竜一二〇〇七など参照。ただし私自身は山尾幸久一九九三、北村文治一九八九等の見解をより妥当と考えている。
(41) 例えば吉野秋二は、磐井の乱段階ですでに国造を主体にした軍事組織があったことを認めているが疑問である（吉野秋二二〇一七参照）。
(42) 岸俊男一九六六「Ⅶ　防人考」参照。
(43) 「評」の意味については山尾幸久一九六八参照。「国造軍」「評造軍」については下向井龍彦一九九一参照。
(44) 白村江戦については第2章でも触れたので参照されたい。白村江戦派遣軍については下向井龍彦一九九一のほか、鬼頭清明一九七六第二部第三章、佐藤和彦一九八五、鈴木英夫一九八五、松木武彦二〇〇一第五章、村岡薫一九七五、森公章一九九八第二章など参照。
(45) 佐藤和彦一九八五にも同様の指摘がある。
(46) 「国造丁―助丁―…」という『万葉集』の表記が「国造軍」の実態と全く関わりないものであるとすれば、これまで論じられてきた「国造軍」の論拠は大きく揺らぐことになるだろう。最初にこの見解を発表した岸俊男も、これが「私としてはまったく一つの仮説として提起したものである」と述べている（岸俊男一九六六、二九〇ページ）。再検討が必要なのではないだろうか。なお「国造軍」に関する批判は新野直吉や野田嶺志も行っているが私とは視点が異なる（新野直吉一九七一、野田嶺志二〇一〇第四章（初出は一九七四）参照）。
(47) 井上薫一九六一Ⅰ―2、同Ⅱ―1、井上光貞一九七一、笹山晴生一九八五第一、直木孝次郎一九六八「六　舎人」、西宮秀紀一九七七、仁藤敦史二〇一二第一編第二章、和田一博一九七三など参照。
(48) よく用いられる史料に『令集解』職員令左衛士府条所引の弘仁二年十一月二十八日付官符があり、かつて大伴室屋大連が靫負三千人を率いていたと書かれている。靫負と大伴氏とのかかわりが深かったことは事実と考えられるが、室屋の時期に三千人の靫負を統率していたことについては後世の潤色の疑いが濃いと思う。
(49) 若槻真治二〇一一参照。

(50) 仁藤敦史二〇一二第一編第二章参照。
(51) 和田一博一九七三参照。
(52) 高橋崇は「正規の天皇親衛軍」が存在していないことについて早い時期に指摘している(高橋崇一九五五参照)。
(53) 〈狭義の倭軍〉に関しては第5章で「従軍奮戦型武人説話(従軍型説)」を論じる中で取り上げた。戦後処理の一環で行われたと思われる、従軍した武人の功績を記録することについて触れているのでそちらも参照されたい。

＊参考文献

浅野　充一九八九「律令国家と宮都の成立」『ヒストリア　122』
同　　二〇一二「日本古代における遷都と国家」『日本古代の王権と東アジア』吉川弘文館
石母田正一九七一『日本の古代国家』岩波書店
板倉栄一郎一九九八「天武・持統朝における畿内武装関連史料について」『新潟史学　41』
伊藤　循二〇〇八「畿内政権論争とそのゆくえ」『歴史評論　693』
同　　二〇一〇「征夷将軍と鎮守将軍」『日本歴史　743』
井上　薫一九六一『日本古代の政治と宗教』吉川弘文館
井上光貞一九六六『日本古代国家の研究』岩波書店
同　　一九七一「大和国家の軍事的基礎」『日本古代史の諸問題』思索社
井上　亘一九九五「推古朝の朝政」『学習院史学　33』
同　　一九九九「マツリゴト覚書」『国文学解釈と教材の研究　44―11』
請田正幸一九七八「七世紀末の兵制官」『ヒストリア　81』
大川原竜一二〇〇七「大化以前の国造制の構造とその本質」『歴史学研究　829』
同　　二〇〇九「国造制の成立とその歴史的背景」『駿大史学　137』

大隅清陽二〇一一『律令官制と礼秩序の研究』吉川弘文館
大津　透一九八五「律令国家と畿内」『日本書紀研究　第十三冊』塙書房
加藤謙吉一九九一「大夫制と大夫選任氏族」『大和政権と古代氏族』吉川弘文館
川口勝康一九八七「大王の出現」『日本の社会史　第3巻』岩波書店
川尻秋生二〇〇一「日本古代における「議」」『史学雑誌　110―3』
　同　　二〇〇二「日本古代における合議制の特質」『歴史学研究　763』
川本芳昭二〇〇七「安東将軍から天皇へ」『中国古中世史研究　18』
神田秀夫一九六二「大宝以前の舎人に就て」『香椎潟　8』
岸　俊男一九六六『日本古代政治史研究』塙書房
　同　　一九八八『日本古代文物の研究』塙書房
北　啓太一九九三「律令国家における将軍」『笹山晴生先生還暦記念会編　日本律令制論集　上巻』吉川弘文館
北　康宏二〇一七『日本古代君主制成立史の研究』塙書房
北村文治一九八九「古代国郡制創始小考」『国士舘大学人文学会記要　22』
　同　　一九九〇『大化改新の基礎的研究』吉川弘文館
北村優季一九八五「わが国における都城の成立とその意義」『比較都市史研究　4―2』
鬼頭清明一九七六『日本古代国家の形成と東アジア』校倉書房
櫛木謙周一九九六「律令制下における役丁資養制度」『日本古代労働力編成の研究』塙書房（初出は一九八四）
熊谷公男二〇〇八『大王から天皇へ』講談社
倉本一宏一九九七『日本古代国家成立期の政権構造』吉川弘文館
小林敏男一九九三「古代国家における雄略朝の位置」『歴史評論　514』
五味文彦一九九五「天皇と軍事制」『講座・前近代の天皇　4』青木書店

佐伯有清編一九八八『古代を考える　雄略天皇とその時代』吉川弘文館
笹山晴生一九八五『日本古代衛府制度の研究』東京大学出版会
同　二〇〇四『古代国家と軍隊』講談社
佐藤和彦一九八五「斉明・天智朝の兵力動員について」『林睦朗先生還暦記念会編　日本古代の政治と制度』続群書類従完成会
佐藤長門一九九四「倭王権における合議制の機能と構造」『歴史学研究　661』
同　一九九六「倭王権における合議制の史的展開」『日本古代の国家と祭儀』雄山閣出版
佐藤宗諄一九九一「古代天皇制論とその系譜」『歴史評論　492』
篠川　賢一九九六『日本古代国造制の研究』吉川弘文館
下垣仁志二〇一七「古代国家論と戦争論」『日本史研究　654』
下向井龍彦一九八七「日本律令軍制の基本構造」『史学研究　175』
同　一九九一「日本律令軍制の形成過程」『史学雑誌　100―6』
同　一九九二「律令軍制と民衆」『歴史評論　511』
新川登亀男一九八六「小墾田宮の匍匐礼」『日本歴史　458』
杉山　宏一九七四「律令制下の軍制について」『立正史学　38』
鈴木拓也二〇〇九「古代における将軍の展開と変質」『ヒストリア　218』
鈴木英夫一九八五「百済救援の役について」『林睦朗先生還暦記念会編　日本古代の政治と制度』続群書類従完成会
関　晃　一九七三ａ「推古政治の性格」『論集日本歴史　1』有精堂出版（初出は一九六七）
同　一九七三ｂ「大化前後の大夫について」同右（初出は一九五九）
同　一九九七「天武・持統朝の畿内武装政策について」『関晃著作集　第四巻』吉川弘文館（初出は一九七三）
田頭賢太郎一九九九「衛士制度についての一考察」『青山史学　17』

高橋　崇一九五五「天武・持統朝の兵制」『芸林　6―6』
竹内チヅ子一九五九「大化前代の舎人の一形態」『九州史学　11』
東野治之一九七一「我国の職官制度」『ヒストリア　58』
虎尾達哉二〇〇六「律令官人社会における二つの秩序」『律令官人社会の研究』塙書房（初出は二〇〇二）
直木孝次郎一九六〇「律令的軍制の成立とその意義」『ヒストリア　28』
同　一九六二「古代天皇の私的兵力について」『史林　45―3』
同　一九六八『日本古代兵制史の研究』吉川弘文館
同　一九八二「日唐兵制の比較について」『中国都城遺跡』同朋舎
長山泰孝一九七六『律令負担体系の研究』塙書房
同　一九九二「前期大和政権の支配体制」『古代国家と王権』吉川弘文館（初出は一九八四）
同　一九九四「国家と豪族」『岩波講座　日本通史　第三巻』岩波書店
新野直吉一九七一「防人「国造丁」についての考察」『史林　54―5』
錦織　勤二〇一二「養老令の臨時発兵規定に関する覚書」『日本歴史　769』
西宮秀紀一九七七「令制トネリ成立過程の研究」『信大史学　3』
仁藤敦史一九九八「「斑鳩宮」の経営について」『古代王権と都城』吉川弘文館（初出は一九九〇）
同　一九九九「小墾田宮と浄御原宮」『古代文化　51―3』
同　一九九九「七世紀後半の戦乱と古代国家」『人類にとって戦いとは　1』東洋書林
同　二〇〇〇「律令国家論の現状と課題」『古代王権と官僚制』臨川書店（初出は一九九一）
同　二〇一二『古代王権と支配構造』吉川弘文館
野田嶺志一九八四『律令国家の軍事制』吉川弘文館
同　二〇一〇『日本古代軍事構造の研究』塙書房

原島礼二一九六〇「大夫小論覚書」『歴史評論　113』
同　一九七七「六世紀日本の朝鮮侵略と軍事動員体制」『日本古代王権の形成』校倉書房（初出は一九七四）
原　朋志二〇〇八「令制以前のマエツキミと合議」『ヒストリア　209』
平野邦雄一九六九『大化前代社会組織の研究』吉川弘文館
同　一九八五『大化前代政治過程の研究』吉川弘文館
平野岳美一九八九「律令制下の国造について」『歴史の理論と教育　74』
古瀬奈津子一九八八「中国の「内廷」と「外廷」」『東洋文化　68』
星野良作一九九七「壬申の乱における兵力」『壬申の乱研究の展開』吉川弘文館（初出は一九六〇）
松木武彦二〇〇一『人はなぜ戦うのか』講談社
松本政春二〇〇三『奈良時代軍事制度の研究』塙書房
同　二〇〇八「七世紀末の王権防衛構想」『日本史研究　555』
村岡　薫一九七五「律令国家と軍事組織」『歴史学研究別冊　歴史における民族の形成』
森　公章一九九八『「白村江」以降』講談社
同　二〇〇四「評司・国造とその執務構造」『東洋大学文学部記要　史学科篇　30』
森田　悌一九七二「平安前期を中心とした貴族の私的武力について」『史元　15』
山内邦夫一九六七「律令制軍団の研究について」『軍事史学　11』
山尾幸久一九六八「大化改新論序説（上）」『思想　529』
同　一九七七「記紀の性質について」『立命館文学　386～390合併号』
同　一九八三『日本古代王権形成史論』岩波書店
同　一九八九『古代の日朝関係』塙書房
同　一九九三「大化年間の国司・郡司」『立命館文学　530』

同　一九九八「倭国の乱・磐井の乱・壬申の乱」『古代史の論点　4　権力と国家と戦争』小学館
同　二〇〇三『古代王権の原像』学生社
同　二〇〇六『「大化改新」の史料批判』塙書房
吉田　晶一九七三『日本古代国家成立史論』東京大学出版会
同　一九七五「古代国家の形成」『岩波講座　日本歴史　2』岩波書店
同　一九九三「古代における住民の武装と国家的軍制」『歴史評論　514』
同　二〇〇五『古代日本の国家形成』新日本出版社
吉野秋二二〇一七「日本古代の国制と戦争」『日本史研究　654』
吉村武彦一九九六『日本古代の社会と国家』岩波書店
米田雄介一九七六「郡司制の成立過程」『郡司の研究』法政大学出版局
若月義小一九九八『冠位制の成立と官人組織』吉川弘文館
若槻真治二〇一一「夷征論」『古代文化研究　19』島根県古代文化センター
和田一博一九七三「令制舎人の系譜」『皇学館論叢　6―2』
渡辺信一郎一九九六『天空の玉座』柏書房

第4章　征夷論

1. 記紀の華夷思想

（1）華夷思想の形成と展開

一定の集団が形成され、集団間において様々な緊張関係が生じると、自己の集団を他の集団よりも優れたものとし、他の集団を差別する感情や考え方が育つ。それは自然発生的な一面もあるが、政治関係や支配関係が介在することで、自己の集団を正当化するためのイデオロギーに一挙に変貌するものもある。中央集権的な支配関係が形成されると、感情や考え方の上部は、権力的思想や制度や法規範で覆われ、イデオロギーは浸透し、人や集団は秩序の虜になる。優位と劣位が明示され、権力がそれを細かく振り分ける。

中国の華夷思想も、広大な帝国的領土が形成されつつあった春秋戦国時代以降に、自らの支配を確立するため、政治的中心のシンボルであった「天」「中華（華、夏）」を独占し、その対極には「夷」「狄」「蕃」のような概念を置き、世界を差別的に構想しようとするものであった。両者を差別する「基準」のひとつが礼秩序である。

中国の皇帝を中心として、礼秩序が行き渡った近傍の世界を「中国（中華）、華、夏」ととらえ、周辺に存在する、礼秩序とは異なる文化を持つ世界を「夷、狄、戎、蕃」などと呼ぶ。そして、前者が進んだ社会で後者を未開の社会として差別する。中華的世界が夷狄世界を制圧し、統合し、支配従属させることも正当化される。さらに彼らを教化し、差別分断した社会を礼制によって権力的に融和させることが、未開社会に皇帝の徳が及んだこととして天帝に評価される。様々なタイプがある中での一つの事例にすぎないが、例えばこのような社会が志向された(1)。

門外漢の私が述べることには限界があるが、華夷思想の成立を戦国中期に求める高津純也の見解は私にもわかりやすいものである。例えば高津は、春秋時代には周王の権威から十分に脱することができなかったため、相手を貶めるためには周王の権威を借りるしかなかったとする。ところが戦国時代中期には、「各国が王を称し、その権威づけに「夏」「中国」といった概念を利用し、類似の宣言を行う対抗者を「夷狄」などの言葉で貶める、という体制への変化」が見られるという(2)。国際秩序の主導権や超越性・正当性を奪い合うときに、伝統的な権威から切り離された新たなイデオロギー、つまり華夷思想が成立したのである。

だが実際の政治は、特に強大な軍事力を持つ中国帝国周辺の遊牧民との政治関係に明らかなように、単純には進まない。周辺民族との争乱も重ねながら、中原の支配者やその支配圏も目まぐるしく変わる政治状況の中で、「夷狄」とされた民族や国家が時には「中華」とされ、あるいは逆に「中華」であったはずなのに没落して「夷狄」に加えられるなど、華夷思想の具体的な内容は、儒教思想の展開と時の権力関係がもつれ合いながら大きく変化する。「楚」のように、ある時は「中華」だが、ある時は「夷狄」と呼ばれる国もある。五胡十六国や北魏など、非漢族の「夷狄」が国家権力、すなわち「中華」を樹立した段階においては一層その間の葛藤は深かった(3)。

渡邉英幸も述べるように、「〈中華〉と〈夷狄〉を理解する場合に注意すべき点は、「華夷思想」では二項対立的に語られる両者の間に、実際には乖離や入れ込み状況が認められることである」(4)。儒教国教化とともに整備された両漢時代の華夷思想も、中心に立つ勢力が変転すると、それに伴って「中華」は揺れ動くことになる。『春秋』三伝の性格の違いからもわかるように、両漢と匈奴などの遊牧民との力関係は、華夷思想にも大きな影響を与えた[5]。

つまり中国の華夷思想は決して全時代を通じた絶対的なものなどではなく、それは中央権力の奪取を図る諸勢力の権力関係とともに常に意味を変容させ続けてきた。儒教や礼秩序も同様である。華夷思想は礼秩序を柱として組み立てられた、中心—周辺を包括した権力イデオロギーとしての差別的世界観であることには変わりないが、実態は様々である。それは柔軟な構造を持つことで、支配権力者にとっては使い勝手の良いイデオロギーであった。各種のバリエーションがある中で、どこまでを華夷思想と呼び、どこからそう呼ばないのか決めるのは難しい。ただ少なくとも朝鮮半島や日本列島の古代国家で、それが支配のための重要な道具として用いられてきたことは確かである。

（2）倭国における華夷思想

①華夷思想の導入と受容

華夷思想は、中国国家と地続きで、楽浪郡や帯方郡などの直接的な統治機関が存在していた朝鮮半島北部では、すでに紀元前二世紀には確実に影響を与えていたと思われる。また、朝鮮三国の中でいち早く政治体制を成熟させた高句麗では、広開土王碑文に「我是皇天之子…」を名乗り、またよく知られた一文で「百残新羅旧是属民由来朝貢…」と主張するように[6]、すでに五世紀前半には、周辺国に対して自らが中心であることと、周辺国が服属すべきであることを認めさせようとしていた。そして五世紀後半の中原碑文では、自らを「高麗太王」とし新羅王を「東夷之寐錦」と蔑称で呼ぶ(7)。おそらくこの段階には、華夷思想に影響を受けた高句麗独自の中華思想が形成されつつあったと思われる。そして百済においても、やや遅れて五世紀末から六世紀にかけて、伽耶諸国を「蕃」とする百済的中華思想が形成され、新羅でも少なくとも六世紀の前半代には独自の中華思想の形成が始まっていた(8)。戦国時代さながらの敵対関係を内在させた朝鮮半島では、華夷思想が導入され、様々な軋轢を生じながら独特の中華思想的権力イデオロギーが生まれた。

大陸と海を挟んだ倭では、前漢・後漢代から継続して中国の華夷思想の影響を受け続けてきたと思うが、倭国は華夷思想をどのように導入したのか。

倭の置かれた当時の国際的環境、特にそれ自体が華夷思想の産物である冊封体制が東アジアの国際社会に影響を与え、国家の動向を左右するものであったことから考えると、倭国が華夷思想を導入することと、中国や朝鮮半島諸国との相互関係とは切り離しては論じられない。華夷思想はまず外的国家のイデオロギー、つまりそれを発信するにしても受容するにしても、対外的な国際秩序形成上でのイデオロギーとして存在したと推測する。ただ大陸とより直接的かつ常時結びついていた朝鮮三国などと比べると、その影響は不規則で、政治や戦争と密接に結びついた何度かの波のような形で倭国に及んだのではないか。また中国との直接的な関係というよりも、朝鮮半島を媒介とした間接的な関係をより重視すべきであろう。

例えば、倭と朝鮮半島諸国・諸勢力との四世紀から五世紀前葉にかけての政治的関係は、朝鮮半島南部や西南部、いわゆる伽耶周辺を中心に展開した。これらの地域は倭にとって外交上最も重視されていたから、交易の必要性や朝鮮半島の勢力の要請を受けて〈広義の倭軍〉が活動することがあった(9)。彼らの実際の活動は華夷思想に基づく宗主国的なものではなく、倭が優越的な地位を確立していたわけでもないが、交易や軍事活動を媒介とした交流が、知識としてもイデオロギーとしても、統治技術としても、華夷思想と無縁に推移したとは考えにくい(10)。

また主だったものを挙げても、四世紀初頭には中国華北で五胡十六国などの非漢族系国家が成立したことに伴う混乱により、中国系の人々や、彼らの下で中国文化を学んだ朝鮮系の人々の渡来が活発化した(11)。川本芳昭が主張するように、華北⇒高句麗⇒百済・新羅・倭という中華思想の流れは十分にあり得たと思う(12)。また宋の冊封体制に加わることで国内的な支配秩序の強化を目指した五世紀代には、百済が一時的に衰退する四七五年前後をはじめとして、やはり朝鮮半島から相当数の官人が渡来定住したはずである。

倭王武の上表文を見ると、倭はあくまでも中国を中心とする華夷思想の範囲内ではあるが、朝鮮半島の勢力に対する優位性を主張している。それが実態を伴ったものではなく、単なる外交上の主張にすぎないものにせよ、華夷思想が倭王権のイデオロギーとして活用されたことは確かである(13)。五世紀の後半には、倭の権力は華夷思想を媒介とした国際的な秩序と、官爵や身分制的な秩序に確実に触れていた。その中で倭が具体的に何を取り入れて何を取り入れなかったかを論証することは極めて困難だが、ヒト制やトモ制・部民制のような、原初的な官人組織体制がこの時代に次第に出来上がることから考えれば、王権内やその周辺の豪族等を組織するための組織イデオロギーや身分イデオロギーとして、華夷思想が統治に活用された可能性がある。少なくとも倭国官人の一部に、華夷思想を理解し、それを実用化できる人物が存在していたのである。

また稲荷山鉄剣銘文の「治天下」が、華夷思想的な世界観と無関係に生まれ、存在できたのかどうか。断定はできないがそれは考えにくいのではないか。「天」が最上位にある世界で、「下」は上下関係の「下」だから、これを「てんか」と訓もうが「あめのした」と訓もうが、漢字を用いるうえで華夷思想を参照したのではないのか。もちろんこの「天」を華夷思想と同等の、あるいは儒教的な「天」と同じものだと私は考えているわけではないし、五世紀後半の段階で、倭王権が中国と同レベルで華夷思想を理解していたとは思っていない。しかし、垂直的な空間の上下に天上と地上を抽象的に配置し、そこに優劣を設定する世界観、世界の頂点を「天」という漢字を用いて表現する意識を、倭王権が独自に生み出した可能性は低いと思われる。私は華夷思想抜きには「治天下大王」も生まれなかったと考えている。[14]

また、この五世紀後半の「治天下」の表現や、中国への遣使朝貢を停止することから、雄略期を転換点として、倭王権は冊封体制を離脱し独自な国家形成へと向かう、と解釈されている。大筋で言えばその傾向は存在するし、「治天下」が中国の中華思想と思想的な緊張感をはらむものであったことには異論がないが、こうした動向を「中国化と脱中国化」のように二極的に解釈すべきではない。これ以降の時代にあっても、華夷思想の導入は制限されたわけでも禁じられたわけでもないからである。華夷思想を含むイデオロギーが倭王権にとって有用である、という認識は変わらなかったと思う。

六世紀代になると、高句麗の南下を大きな要因として、朝鮮半島では三韓と伽耶を巻き込んだ熾烈な抗争が繰り広げられる。朝鮮半島南部を争奪の的として百済、新羅、高句麗の三つ巴の騒乱が続くこの時代に、中国と朝鮮半島の分権的・分裂的状況を背景に、倭国では華夷思想の導入が意識的、無意識的に図られる。文物の伝来や人的な交流が活発化し、思想やイデオロギーに対する知識がより深まったことは推測に難くない。「任那の調」もこの段階で開始するし、「五経博士」の渡来を六世紀前半代に想定することも無理ではない（継体紀七年六月条）。百済の仏教的な世界観とともに、[15] 倭王権の王・大王がそれをどこまで理解していたのかはわからないが、漢籍が招来され、華夷思想に関する情報の量も増えたはずである。

朝鮮半島に対する隋・唐の介入が本格化した七世紀代には、遣隋使・遣唐使を派遣する。対外的な支配関係を形成する理念（イデオロギー）のスタンダードが華夷思想であった。朝鮮半島に対する軍事介入や隋使派遣を断続的に行い、東アジア情勢に深くかかわればかかわるほど、倭王権が華夷思想と接触する場面は一挙に拡大したことが容易に想像できる。現に倭王権は『隋書』に見られるように自らを「夷人」と表明した可能性がある（隋書東夷傳倭国条）。また、推古期では「十二階の冠位」（推古紀十一年十二月条）に代表されるように、中国の礼秩序に沿って国内体制を整備しようとする積極的な姿勢がみられる[16]。したがって推古期の段階では、外的国家体制だけでなく内的国家体制においても、華夷思想が浸透しつつあった可能性がある。倭は隋との「対等関係」を目指していたと言われているが、これもまた、中国の華夷思想に刺激を受けて、中国の華夷思想的な秩序からの脱却を図り、そのために独自の華夷思想を作り上げようとしていた過程として理解できる。

七世紀第四四半期になると、百済救援に失敗して国内体制の大幅な見直しが迫られる中で、律令体制の整備が進められる。この段階でも、もとより中国の統治技術のすべてを導入しようとしたわけではないが、華夷思想がそこから除外されたとは考えにくいしその理由もない。おそらく律令制的な統治技術とともに、統治思想の一環で華夷思想の具体的な導入が図られただろう。そして七世紀末から八世紀には、「倭国」から「日本国」への転換を経て、浄御原令、大宝律令などにより、「化内」「化外」の概念や「隣国」「蕃国」の概念、および「夷（夷狄）」の概念などを法制度の中にも導入しようとした[17]。

概説的にはこのような過程を経て、倭国・日本国は華夷思想を導入したと私は考えている。一般的な通説では、倭王武の上表文や、推古期の施策に触れることはあっても、中華思想が本格的に導入されるのはあくまでも七世紀後半以降とされることが多い。『日本書紀』の史料批判を厳密にすればするほど、天武期以前の記事には書紀編纂によるとみられる漢籍や仏典の潤色が随所に見られ、史実を実証する用をなさないことが多いので、必然的に「中華思想を導入したのは天武以降」的な理解になりがちである。しかし本当にそうなのだろうか。

個別的に実態を究明することは至難だが、華夷思想を導入する環境は、少なくとも四世紀以降では豊富にあったと考えるべきではないのか。華夷思想が、当時の東アジア世界では最も高度かつスタンダードな秩序理論（イデオロギー）であったことから考えても、倭・日本は東アジア諸国と同様に、当時普及していた秩序理論を求めたのではないのか。そしてそれを対外的に、朝鮮半島の諸国家に対抗して、あるいは例えば王・大王自身が中国の皇帝に対して自らを「夷人」と卑下するのであれば、一方で倭王権は独自の王制を作り上げようとしていたのであるから、それを国内的な統治に活用しようとすることは当然のことではなかったかと思われる。

②華夷思想導入の特徴

このように中国の華夷思想は、倭・日本の古代国家形成にとって大きな意味を持っていたと考えられるが、一方で私は、倭・日本が、体系的かつ全面的に中国の華夷思想を受容したことは一度もなかったと考えている。歴史的になかったというよりも、あり得なかったというニュアンスに近い。

すでに述べてきたように、華夷思想は中国から直接導入する以上に、朝鮮半島を経由することが多かったと考えられる。もちろん中国系の渡来人や、「倭の五王」のような遣使の影響は無視できないが、地理的に隔たっているため、常時一定の情報が伝達されるという環境にはなかった。人間の交流を、単に物質の移動だけでなく、必然的にコミュニケーションを伴ったものだと考えれば、学問的にせよ政治的にせよ、いったんは朝鮮半島での解釈を経た華夷思想の知識が倭・日本に到達する傾向は強かっただろう。また時期的な波もあるし、さらに伝来したテキストも必ずしも一貫したものではなかっただろうから、青銅器の受容と同様に、倭の志向性が働きやすい環境の中で受容・導入されたはずである。

もともとその思想の質には大きな落差があったから、倭王権は華夷思想が中国から伝来するたびに圧倒されたはずである。そして、次々と押し寄せる渡来の波の中で、戸惑うと同時に、外的国家として国際関係に対応するためにも、その取り扱いには関心を持ったことだろう。しかしその思想には、否応なく受容せざるを得ないものはともかく、関心を惹かないもの、受け入れにくいもの、当時の倭では到底理解することができないもの、誤って解釈されるものなどもあったはずだから、受容の形態は様々だったと思われる。

また、中国大陸や朝鮮半島のような、互いを「夷狄」と呼び合い、「中華」を競うような歴史的条件を欠いていたことも、華夷思想が理解され、また実用化される際には大きく影響しただろう。中国の戦国時代に、覇権を争う自律的な国家が、「中華」を奪い合う壮絶な抗争の中で作り上げた華夷思想を、倭王権は相互性を欠如させたままその結果だけを独占した。倭王権は、伽耶を主要な中継地として、威信財の供給に大きな影響力を持つことで中心性を高めていたが、国内的には豪族連合的な性格が強く、互いに「華」「夷」を争奪する環境はなかった。「中華」であり続けるためには必須であった革命思想が受容されなかったのも、権力の正当性を支えるものが超越的な「天」に託されるようなものではなかったことも、それが必要とされるほどの歴史的環境になかったことが大きく影響しているだろう。

さらに、冊封体制のように中国大陸の帝国の影響下にあった環境で、圧倒的に多くの文化を受容する側であった倭・日本が、屈折することなく中国の華夷思想を受け入れることは、原理的に不可能だと思われる。

例えば倭王武の上表文では、倭は自分のことを「封国は偏遠にして藩を外になす」と、自分たちが「中華」ではないことを明示したうえで、あくまでも倭は「王道融泰し、土を遐畿に廓す。…臣は下愚なりと雖も」と、宋の華夷思想の中で、それに仕える自分の功績を述べているにすぎない。したがってこの「衆夷」は倭にとっての「衆夷」ではなく、あくまでの宋にとっての「衆夷」である。文体の格調も高く、王権のおそらく渡来系と思われる官人の中に、この段階の華夷思想の概念を巧みに使いこなす者がいたことは確かだが、それが倭王権の普遍的なイデオロギーとしてどのように定着しつつあったのか、この史料からはわからない。五世紀第四四半期の倭王権が、少なくとも宋に対して、宋を「中華」とする華夷思想を受け入れ、それを翻案しながら、朝鮮半島における発言権を高めようとしていたということがわかるだけである。[18]

だがこうした華夷思想を受け入れることで、倭・日本は、自国を中心とする世界観を持つか、中国を中心とする世界観を持つかという問題に直面したはずである。華夷思想を倭・日本が自国中心に受け入れようとすれば、中国を片方に置きながら、「中華」を倭・日本に置き換えるという矛盾を犯すほかない。「天」の在り方も問題になるはずである。遣隋使や遣唐使、あるいは律令制度や漢籍の受容のことを考えるとこれは簡単なことではない。だが逆に中国を中心にすれば、倭・日本は永久に中国の「天」の下で「華」になれないコンプレックスを持ち続けるほかない。したがって、朝鮮半島の国家も同様だが、華夷思想を受容した東アジア周辺国では、原理的には「字小（自国に服属する小国を養う）」と「事大（自国が服属する大国に従属する）」の間を行き交うほかなくなるのである。[19]そしてその中で「天」を位置づける迷路に入り込むほかない。

その意味で、天皇制はこうした華夷思想からの脱却の試みであった。私が「小帝国主義」ではなく、「天皇制国家主義」を重視するのも、倭王権も律令制日本国家も、最終的に（半ば結果的に）目指したのは中国的な（大であれ小であれ）帝国ではなく、そこからはみ出した、そして屈折した「天」の代替えに「天皇」を据えた、天皇制国家だったと考えているからである。[20]

そして最後に指摘しておきたいことは、倭・日本が二重言語国家だったことに他ならない。二重言語国家とは、本来外来語であった漢字を母語に用いたことで、そこに生まれた特異なイデオロギー的な国家体制のことを言う。

例えば「夷」はどう訓まれたのか。確実に訓読みがわかるのは九世紀以降だから、倭国で「夷」がどう訓まれたのかは厳密に言えばわからない。「い」であったのかもしれないし、「えみし」や「ひな」であったのかもしれない。だが、他の漢字と同じように、おそらくいくつかの訓みが同時に存在したはずである。つまり、華夷思想の根幹である「夷」がいくつかの意味を持つのである。さらにそれは、単なる混合物にとどまるのではなく、訓みの意味と漢字本来の意味との間に、時代的な変遷も加わることで齟齬が生じるのである。つまり最終的にはどちらも同じ漢字「夷」で表現されているために、「えみし」の「夷」なのか、「ひな」の「夷」なのか、「夷狄」の「夷」なのかを見分けることが困難なだけでなく、「夷」と「ひな」との間にも、「夷」と「えみし」の間にも、「夷」と「い」の間にもずれがあるということである。意味が多重であるばかりでなく、漢字と訓みの間に意味のずれが生じるのである。この分析は難しいが、漢語・倭語が共存している意味を軽視してどちらか一方に吸収して解釈してしまっては、漢倭が入り混じる二重言語国家としての倭王権の本質をとらえ損ねることは間違いない[21]。「夷」は「ひな」だからこれは華夷思想ではないとも、「蕃」は「となりのくに」と訓むから華夷思想ではないとも言えないし、逆に「夷」と言う文字を使うから華夷思想だとも、「蕃」だから華夷思想だとも言えない。これは倭そして日本においては宿命的な問題だが、二重言語国家であることによって華夷思想も独自なものとならざるを得ないのである。

③華夷思想と「仕奉」「神話」

倭・日本は華夷思想を独特な形で導入することになった。それは中国の華夷思想のままではなく、相当程度選択・改変したものであったし、体系的でも全面的なものでもない。また律令制度が導入される七世紀後半までは、史料上の制約もあってイデオロギーの実態をとらえることは難しい。そのため七世紀半ば以前（いわゆる「大化前代」）の対内的・対外的な支配イデオロギーを、中国の華夷思想の影響ではなく、倭・日本独自の世界観や統治思想で説明しようとする見解が生まれることになる。しばしばそこで取り上げられるのが「氏族制的世界観」や「神話イデオロギー」である。

例えば伊藤循は、律令制導入以前の「ヤマト王権の「天下」観」について、朝鮮半島や蝦夷に対する支配も含めて、極めて平面的なとらえ方をしている。そこには「ヤマト王権という中心と、朝貢関係・従属関係をもつ諸地域という区分があるのみ」で、「中華思想に類似する観念は明確には存在しなかった」という[22]。要するに「ヤマト王権」では、朝鮮半島や蝦夷も含めて、中華思想ではなく、伝統的に存在した国内支配のイデオロギーを使っていたと考えるのである。

伊藤は律令制以前に朝鮮半島支配と国内支配では明確な区別がなかったとするわけだが、『日本書紀』ではしばしば朝鮮半島にかかわる史料に華夷思想が現れる。もとよりこれらの史料の大半はいわゆる百済三書によるものであろうから、「蕃国」が「貴国（倭）」と一対の関係にある「蕃国」であったように、史料的には七世紀末から八世紀以前には遡りがたい[23]。倭が朝鮮半島の諸勢力に対して、国内とは異なる支配イデオロギーを用いて臨んだのがいつごろからか、慎重に検討すべきことは言うまでもない。

しかし倭が朝鮮半島に介入する歴史は古い。外的国家の政策上のこととは言え、倭王武の上表文に見られるような、朝鮮半島諸国家を軍事的に支配する官爵を宋に対して要望する意識が、五世紀の後半に芽生えていたのは確かである。六世紀代には、高句麗、百済、新羅のそれぞれが、華夷思想に影響を受けた世界観で周辺国の上位に立とうとしていた。またすでに述べたように、『隋書』では倭王が裴世清に対して「我は夷人にして」と述べたとされる。このことが事実であるとすれば、少なくとも七世紀の初めには華夷思想を用いて対外的な関係を解釈するイデオロギーは実在した。したがって「大化前代」の対外的イデオロギーで、中華思想的なものが存在しなかったとは到底考えられない。

新羅の強大化とともに、六世紀の朝鮮半島では三国または四国が、互いに華夷思想を用いながら「天下」を競っていた。倭は〈広義の倭軍〉として、傭兵としての性格を持ってそこに出兵することもあったが、彼らが華夷思想についてそこで何も学ばなかったとは思えない。金官伽耶、安羅、大伽耶が次々と滅亡または新羅に吸収される歴史を経ることで、あるいは百済と敵対する新羅の外交政策の一環で「任那の調」が提供されるなど[24]、華夷思想を対外的な権力イデオロギーとして用いる条件は備わりつつあったと考えるべきであろう。

また伊藤は律令制下に至ってもなお、「（a）新羅・蝦夷・蝦狄・南島は中華思想の論理で説明されるが、（b）隼人・吉野国栖・東人は中華思想では説明できない」という[25]。ただし伊藤は「隼人・吉野国栖・東人」の思想的な性格について、中華思想に代わる思想を具体的に示すわけではない。しかし『日本書紀』が編纂された状態で、彼らを中華思想と切り離すことは極めて困難ではないか。吉野国栖に深山の住人としての呪的能力が求められたことは確かだが、「井の中」から出現する「光て尾有り」の吉野首部の始祖・井光（神武即位前紀）が、中華思想的な未開性や野蛮性を抜きに造形できたのか[26]。隼人や東人についても同様である。隼人が朝貢することや、東人が「東国の調」を献上することは、中華思想なかでも華夷思想と無関係に記述されたとは私には思えない。

対外関係史で緻密な論証をする廣瀬憲雄は、持統紀三年五月甲戌条の新羅使に対する詔を用いて、「倭国が対外的に表明した名分関係は貢納・奉仕関係、服属思想は仕奉観念であり、国内臣下との上下関係と同一といえる」と、さらに踏み込んだ見解を示す(27)。

だが廣瀬の言う「仕奉観念」は、王・大王・天皇に対する個々の家臣の従属理念・勤務理念にかかわるイデオロギーであって、対外的な国家関係を規定するような外交イデオロギーに一足飛びに転換できるようなものではない。「対外的に表明した名分関係」というからには、新羅に倭・日本の王・大王・天皇が中心であることを認めさせ、国家的に従属させる可能性がなければ意味はない。しかし「仕奉観念」では単に服属を求めることにしかならない。「仕奉」の中に上下関係や捏造された「歴史」関係が含意されていたにせよ、世界を俯瞰する「天」や、「華」「夷」、あるいは儒教思想のような体系的な統治理念が備わっているわけではないからである。これでは対外的に従属を求める国際的な名分関係（イデオロギー）にはなりようがない。当時の官人たちもそのことはわかっていたと思う。

廣瀬が例示した持統紀三年五月甲戌条の詔では、持統は新羅使に、「自分たちには「徳」があるから、これまでずっと新羅を「慈（めぐ）」してきたのに、新羅は倭に対して「忠」でないので、もっと「仕奉（つかえまつ）」らなければならない」と述べ、「字小」の立場で臨んでいる。ここでは倭の「徳」や「慈」、そして新羅の「忠」があってこそ「仕奉」が成り立っているのである。この逆ではない。したがってこの「仕奉」だけを取り上げて、これが対外的に主張された服属思想だと言われても私には理解できない。華夷思想と「仕奉観念」の位相の違いを廣瀬はどう考えるのだろうか。

次に大高広和の見解を取り上げる。大高は律令法上で、「蕃」「夷」の法制度上の位置付けは明確ではないという注目すべき指摘を行った(28)。これに関しては私自身も異論のないところである。そして「中国的な考え方に由来する「中華思想（華夷思想）」や「中華秩序」といった考え方を相対化」することが必要だともいう。この考えも理解できる。

しかし大高も、廣瀬と同じように七世紀以前の倭国においては「「仕奉」を行うという関係性」を重視すべきとする。「これが中央集権化に並行する中華思想的世界観の本格的な導入よりも古く遡ることは明らかで、日本列島における「氏族制的」な世界観や神話イデオロギー、神祇信仰などに基づく服属の論理である」からである(29)。

ここでは「仕奉」が七世紀以前の「「氏族制的」な世界観」や「神話イデオロギー、神祇信仰など」に基づくもので、中央集権化や中華思想的世界観に先行する関係性であることが述べられているわけだが、私には疑問が多い。「仕奉」が「中央集権化」とは「並行」しない、という想定が理解しにくいし、そもそも七世紀以前の「「氏族制的」な世界観」や「神話イデオロギー、神祇信仰など」がどのようなものだったのかが私にはわからない。

王権や天皇に従属する記紀に記載された「始祖」を歴史的始原として、その「始祖」に連なる「ウジ」の血縁系譜を代々引き継ぐこと、そこに胚胎する支配服従イデオロギーや信仰や世界観のことだろうか。大高はそれが「中華思想的世界観」よりも先行すると考えるのだろうか。

この「ウジ」が、王・大王・天皇と系譜的あるいは血族的につながる「ウジ」や、高天原・皇祖神などに関連する「ウジ」であるとすれば、七世紀以前にそれを遡らせて考えることができるだろうか。しかもこのようなイデオロギーが「中華思想的世界観」を抜きにして構築できたのだろうか。私には記紀神話的な「ウジ」や高天原・皇祖神の世界観は、倭国最終段階か日本国成立期に形成されたものではないかと思えるし、それが「中華思想的世界観」と無関係だったとは考えられない。つまり七世紀前半から後半にかけて、「非中華思想的世界観」

が「中華思想的世界観」に転換するような歴史は私には想像できないのである。

また次に、華夷思想とは切り離せない、「礼」についての研究では第一人者である大隅清陽の礼論についても触れておきたい。

大隅は唐の礼制と日本の礼制を比較し、中国の国制が、「理念としての礼と、技術としての法との緊張関係を中心に展開してきた」のに対し、日本では、「礼もまた、律令法の一部をなすにすぎなかったのである」とする。つまり日本の礼制は独自の存在基盤を持たず、「法との緊張関係」もないから「律令法に包摂された」のである。そして大隅は「礼が皇帝支配を正統化した中国とは異なり、日本の天皇の正当性は、礼とも律令とも無関係な神話イデオロギーに求められていたのである」と述べる[30]。

礼に関して言えば、古く内藤乾吉が「日本に移された禮儀は、もはや重點を儒教の理想の實現にはおいていないであろう」と述べたように[31]、中国と日本には顕著な異質性がある。儒教思想との結びつきだけではなく官制の上でも、隋・唐の礼部の役職は、律令官制上では、祭祀関係（神祇官）と、儀礼の執行管理（式部省）と、祥瑞や喪葬などの具体的な礼制の実務（治部省）に大きく三分割された。日本では礼を解体してしまったのである。

確かに律令法上で言えば大隅の言う通りであろうし、官制の上でも内藤の言うように隋・唐の礼部の礼は三分割された。〈礼が法に包摂された〉ことも、〈礼が解体された〉ことも、倭・日本の思想を考えるうえでは極めて重要である。だが一方で、それはイデオロギーとしての礼がなかったことも、礼にイデオロギーとしての存在意義がなかったことも意味しない。ましてやそれは倭・古代日本の権力イデオロギーの根幹が「神話的・氏族制的イデオロギー」であったことや、法家思想によってそれが形成されていることを、直ちに示しているわけではない。

大隅が「天皇の正当性」を保障するという、「礼とも律令とも無関係な神話イデオロギー」とはどのようなものなのか。大隅はその主著の中でも、七世紀以前の倭王権の支配イデオロギーを「神話的・氏族制的イデオロギー」という概念を何度も用いて説明しているので、一貫した考えだと思われる(32)。

大隅の見解を代表するのが「当時の即位儀礼は、天孫降臨に代表される神話的な世界を、儀式の中で表現するものだったのだが、このことは、大和政権を構成する畿内豪族の氏が、必ず神話・伝承上の始祖を持ち、その始祖が、神話・伝承世界のある時点で王権に服属し、初めて奉仕したとされていたこととも密接な関連があった(33)」という一文であろう。七世紀以前にすでに皇祖神と「氏」の始祖が存在し、そして後者が前者に服属する関係を描いた神話が実在し、さらにそれが天皇の代替わりごとに儀礼的に再現されていたとするのである。神話を根拠として、豪族（氏）が天皇に従い、また政権内での地位や権力は保障される。これはいわば吉村武彦が述べた「仕奉」論(34)に神話性を加味したもので、中華思想との断絶を前提とする点でも、廣瀬や大高の見解と共通する。

本章からは若干逸脱するので略述するのにとどめるが、現状では通説化しつつあるこうした見解に私は疑問を持っている。

吉村が言う「仕奉」思想は、自身も述べるように大伴家持の「族に喩せる歌」（『万葉集』巻第二十4465）と深くかかわっていた(35)。しかし家持の歌が、血縁的な世襲天皇を前提とした臣従理念であるのに対し、例えば大隅は当時の王位継承システムを、畿内豪族がいくつかの王族の中から大王を推戴する「ある種の選挙王制」とも呼ぶ(36)。両者は全く異なる王権像を想定しているにもかかわらず、王権の支配イデオロギーを同じように「仕奉」思想で説明しようとする。

また吉村は「仕奉」を、「化内の場合は、始祖とのマナの継承を通じて、その職掌を氏の名とともに天皇の世々受け継いでいく仕組み」ととらえている。[37] 一方大隅は「マナ」ではなく、先ほどの引用からもわかるように「天孫降臨」などの「神話的世界」を前提としている。「マナ」を受け継ぐことと神話の中の「神」になぞらえることでは意味は全く違う。このように「仕奉」概念を利用する論者は多いが、その内容は突き詰められたものではないのである。

私は稲荷山鉄剣銘文にも残されているように、一定の系譜や各種祖先伝承、地位継承次第は存在したと思っている。ただそのことと始祖信仰の存在を認めることとは全く別ではないか。日本の古墳祭祀は中国の宗廟信仰とは異質で、そこに始祖信仰を想定することは困難である。[38] また仏教的な祖先崇拝の導入が遅れることから考えても、「マナ」の形態であったにせよ、「神」の形態であったにせよ、あるいはそこで祀られるものが血縁上の始祖であるにせよ、地位継承上の始祖であるにせよ、少なくとも七世紀までの段階で、倭社会で明確な形で始祖信仰が存在していたかどうかは疑わしいと思う。地位継承意識や譜代意識が存在していても、宗廟信仰が弱い中では祖先はしばしば変動し、系譜も書き換えられるものであったことは、『古事記』序文に「既に正実に違い、多く虚偽を加う」とあることからも明らかである。始祖や祖先は都合よく換えられることがあった。当然、皇祖神信仰についても同様であろう。ここにどれだけ強固な王権イデオロギーが形成されただろうか。

また、もし始祖を崇拝する信仰があったとしても、「マナ」の世界や氏族神の世界には、もともと序列や集団的な世界は強固ではなかったはずである。したがってそれが「ウジ」と結びついて『新撰姓氏録』のように公的な管理下に置かれたり、天皇と結びついて神統譜や高天原が創造されるなど体系化され、有力豪族層に共有されない限り、個々の地位継承次第だけでは、王権の王族や貴族・豪族を統合するイデオロギーにはなるはずもないし、それが王・大王・天皇に対する、王権内での支配イデオロギーにもなりようがないのではないか。[39]

つまり「仕奉」は、王・大王・天皇と個別の服属者が結ぶ臣従奉仕理念にすぎない。太陽神などの自然神信仰や、「ハライ」とか「ムスビ」のような観念も含めて整備された神話的世界観、あるいは儒教思想などの補完がなければ、支配イデオロギーとしての広がりや強さ、つまり王権の権力イデオロギーとしての積極的な意味を持つことはないと思う。そして、そのような神話的世界観が七世紀以前に形成されていたのだろうか。吉村や大隅がそれについてどう考えるのかは明らかではないが、例えばそこで『古事記』の天孫降臨のように、「五伴緒」などを同伴する天孫降臨などがイメージされているのであれば、この「神話イデオロギー」は七世紀後半以前には遡りようがない。律令形成、年籍の作成、『日本書紀』編纂前後にまで下るしかないだろう。

そして六世紀代以降、つまり倭王権が文字（漢字）で自国の「歴史」を記録しようとした時代、また殯宮儀礼のような限られた儀礼であったにせよ、礼の導入が図られた時代以降であれば、そして私たちが目にすることのできる記紀や風土記の神話を前提とする限り、礼制（イデオロギー）と無関係に神話が形成された可能性はほとんどないと言ってもよいと思う(40)。

本来ならばシャーマニズムの託宣のようなものが、記紀神話では「教化」とされる。そして「神祇を礼び祭ひて」であって「神祇を祭ひて」ではない。これは大きな違いだと思う。明示されてはいないが、ここには王・大王・天皇の「徳」が前提として存在する。飛躍があると考えた方がよいのではないか。記紀神話はすでに「（マナのような）純粋な」信仰とはかけ離れたものなのではないか。深く、ではないかもしれないが、記紀神話は礼を含む中華思想と切り離しては、支配イデオロギーとして成り立たないものになっていると思う。

伊藤、廣瀬、大高、大隅という四名の研究者を取り上げた。共通して言えることは、各人が「仕奉」や「氏族制」や「神話」のような、これまで伝統的に「倭独自の思想」と認識されてきたことに強い信頼感を抱いていることである。「大化前代」であればなおさらそのようである。そのわりには伝統の実態やイデオロギーの本質が問われているわけではない。それでは倭国の支配イデオロギーを理解することは難しいであろう。

④倭国の華夷思想

記紀の原史料はもとより、記紀編纂期以前にすでに存在した史料や口頭伝承はおそらく多様であったろう。私には、最初のテキストから記紀が完成するまでの間に相当の年月を要していると感じられるほどに、結果的に、記紀には様々な段階の記事が十分に整理されることなく、ある意味では「杜撰」に累積されているように見える。

記紀編纂者はそれを唯一のまとまった構想の下で編纂しようとした。例えば『日本書紀』は「現体制へのただ一筋の道、歴史的必然を描くこと、それが『紀』の中心的課題」であった[41]。しかし私が読む限り、その作業を支える支配イデオロギーを唯一化することに『日本書紀』は成功していない。神代から始まって天武・持統に至るストーリー展開があって、天皇の支配がいかに神聖で正当なものであるかを記紀ともに執拗に描くが、その根拠は高天原の皇祖神と天皇が血縁関係で優先的につながっていることに尽きる。そこに外交や内政や軍事や経済、あるいは支配下の人民の社会を包摂した、体系的で論理的に確固とした、しかもそれらを貫くイデオロギーや思想があるようには思えない。オリジナルな思想や統治イデオロギーをそこに見出そうとしても不可能だから、王・大王・天皇が、一体どのような支配理念を掲げた最高権力者であろうとしたのか、それがわからないのである。

この点はいわゆる「神話イデオロギー」についても同様である。記紀神話から「中華思想的世界観」を厳密に除去して「神話イデオロギー」を探そうとしても、本居宣長のようにではなく、〃もとからあったもの〃が見つかるのだろうか。それは個々の神話が、黄泉の国訪問譚、八岐大蛇、海幸・山幸のように、ユーラシアやミクロネシアにも点在しているという素材の起源の問題にとどまらない。それらを結びつけ、あるいはそこに意味を与える信仰、倫理、道徳、思想などのような問題としてどうか、ということである。この点からいえば、繰り返すようだが、記紀神話が「中華思想的世界観」と無縁であったとは私には思えない。天上の世界に構築された「天」「高天原」。日本列島や八百万の神々を作り上げた「皇祖神」。「皇祖神」が人民を統治するために「天降り」すること。このような道具や舞台を用意して「神聖」を演出し、さらにそれを内政や外政を貫く支配イデオロギーに活用すること。記紀神話の中で「固有信仰」的な性格を持ち、最もイデオロギーに近いものをあえて言えば、「ミタマノフユ」とか「ヨサシ」とか「ハラエ」「ムスビ」だろうか。だがこれでどのような「高度な」支配が可能なのだろうか。

支配自体とかかわり、具体的な政策や世界観の構築に通じるようなイデオロギーは「神話」には極めて乏しいと言わざるを得ない。したがって神話からどのような国家が導かれるのか謎である。つまり神話的世界観の中身が限られているから、別の思想で補完しない限り、それだけでは支配イデオロギーにはなれないのではないかと私は考えているのである。

このように日本列島に生まれた自前で伝統的な思想が不十分な状態で、倭国は東アジア世界と出会った。そこには東アジア地域のスタンダードな考え方があった。倭王権では未開から脱却して先進的な権力体制を作り上げることや、東アジアの国々に負けない文化レベルに立つこと、宗教的に神聖でありかつ同時に政治的にも絶対であることが目指されただろう。そこで朝鮮半島や中国大陸で生まれた最新の思想が支配イデオロギーに動員された。それが人民の統治、君臣関係、王位の継承や婚姻、対外関係など、国内情勢、国際情勢に散りばめられる。

つまり、こうしたことを学ばざるを得ない環境があったこと、そして支配権力が、国家を構想する一環でその効用を認めたことから倭・日本に中華思想が導入された。

そしてその結果、この影響を抜きにして、倭・日本に「独自」に生まれた固有信仰や思想を探しあてることすら奇跡に近いほど、倭・日本の権力には中華思想が浸透した。未開性や辺境性や異族性も、華夷思想のフィルターを通すことで、初めて認識し整理できたのではないか。これはテキストとしての『古事記』や『日本書紀』の「限界」を物語っているだけでなく、実際に倭国の思想的な状況もそうだったのだと思う。私には当時の国際状況や朝鮮半島との関係から考えてもこれは当然のことのように思えるし、倭王権の官僚たちがそのことに消極的だったとは思えないのである。

そして、「諸子百家」が存在せず、文化的で知的な最新情報が渡来人や一定の層の官人に独占される中では、各種のイデオロギーも競い合うことなく、部分的に取捨選択されたり癒着されたりを繰り返しながら、状況に応じて「活用」されたのだろう。

華夷思想と直結する「華」「夏」の使用例は、『古事記』では序文にだけあって本文にはなく、『日本書紀』では十例程度存在する。ただいずれにしても中国国家や中国皇帝を指して使う例はない。つまり本来の華夷思想の「華」「夏」を指すものではない。では何を指しているかと言えば、都や王・大王・天皇のことを指して「華」「夏」を用いる。いうまでもなくこれは華夷思想として矛盾している。東夷である倭・日本の王・大王・天皇やその都を指して「華」「夏」を使うことは、華夷思想の「華」「夏」概念から逸脱することであり許されないことだが、記紀ではそれが行われている。また夷狄に関しても、『日本書紀』では「蕃」字は多いものの、「夷」字はその半分程度で、「戎」はわずか数例にすぎず、「狄」は記紀ともに使用例はない、というように徹底していない。

隼人や吉野国栖が象徴する明確に「夷狄」とは言いがたいこうした関係性を、田中聡のように「夷人的関係」という独自の概念でとらえようとする試みも理解できないわけではない(42)。

だがいずれにしろこうした形で華夷思想を「活用」することは、倭王権にとっては必須のことだったと思う。そしてその一方で、意識的にも無意識的にも、中国的な華夷思想には還元できない、独自の自己中心的、自民族中心的な支配イデオロギーを作り上げようとしたのだと思う。東アジアの国際情勢の中で、華夷思想的な優劣の序列を競う一方で、本来の枠組みでは劣に属するものが、自己を優にしようと独自の展開を図ったのである。「法との緊張関係」がない、これを礼と言えるのか。「華」「夏」や法制度上の「夷狄」もあいまいである、これを華夷思想と言えるのか。このような疑問が生じるのは当然である。しかしたとえ断片的なものであっても、倭王権は華夷思想を継承しようとしたし、それがあったからこそ、この独自な〈華夷思想ならざる華夷思想〉も生まれた。そして私は、天皇制を生む大きな契機もここにあったと考えている。天皇制は、中国の華夷思想に劣等感を感じた国家権力が、中国や隣接する諸国家と対抗しながら、礼の思想や儒教の思想や天の観念を導入して形成した、華夷思想〈あるいは〈華夷思想ならざる華夷思想〉〉の異端児に他ならない。そしてそれが自意識過剰の産物であったがゆえに、また背後には中華思想に対するコンプレックスが切り離せないものとしてあったために、政治状況に振り回されながら、独自に純化していくのだと思う。

繰り返しになるが、私は伝統的な支配イデオロギーによる倭固有のオリジナルな支配がまずあって、七世紀以降に中国思想が導入されることで支配イデオロギーが置き換わった、とは考えていない。それ以前から、概念を翻訳し、模倣し、積極的に「進んだ」支配技術の導入を図って、内外に向けて支配の正当性を主張し、実質的に支配を強化することを狙ったのではないのか。私は古代国家の権力イデオロギーを解明しようとすれば、このような視点は不可欠であると思う。

こうした関係認識を前提として、私は記紀の土蜘蛛、熊襲、蝦夷などをはじめ、例えば神武紀に登場する兄猾、八十梟帥、国栖、戸畔など、「神武東征」の対象となった敵対者たちもここでは一様に「夷狄」として取り扱う。「夷狄」を律令法上の概念に限定しない。王権が自らの優位性や神聖性を記録化しようとすれば、「周辺」に存在して敵対する者たちは未開で異族的でなければならなかった、と言うことを支配権力は学んでいる。そうした権力イデオロギーこそ、華夷思想を導入する過程で芽生えたものであろう。史料上ですべてが「夷狄」とされるわけではないが、なにがしかの未開性や異族性や周縁性を帯びさせられている彼らの征討説話全体を「征夷説話」と呼ぶ方が、この差別的なイデオロギーを解明するためには有効だと考えるのである。

以下、征夷説話を通じて〈華夷思想ならざる華夷思想〉の展開を具体的に考えてみたい。

2．遭遇型の征夷説話

（1）遭遇型征夷説話と離反型征夷説話

『日本書紀』や『古事記』には、王権と王族、豪族、異族、朝鮮半島の勢力などが敵対して戦う説話が数多く掲載されている。そのうち大和の長髄彦などや、土蜘蛛、熊襲、蝦夷などの夷狄を制圧する征夷説話を、二つのタイプに分類して考察する。遭遇型と離反型である。

遭遇型征夷説話とは、例えば土蜘蛛や長髄彦などのように、王・大王・天皇が巡行中に、偶然かあるいは土地の女性から知らされて初めて出会い、敵対するので制圧する、というパターンで描かれる征夷説話のことである。

　土蜘蛛が最初に現れる神武即位前紀己未年二月条は、宮都の建設を宣言する三月条の前段に位置し、それまでの記載をなぞって地名起源が付加されるなど、後次的にまとめられた形跡が濃厚である。そこでは層富県の波哆丘岬の新城戸畔、和珥の坂下の居勢祝、臍見の長柄丘岬の猪祝という、大和国内の三名の土蜘蛛が唐突に登場し、勇力を頼んで「来庭き肯へにす」、つまり帰順しないとされて磐余彦に制圧される。

　こうした土蜘蛛との出会いのパターンは他の記事でも共通している。景行は、熊襲制圧の途上で、碩田国で出会った速津媛に教えられて、青、白、打猨、八田、国摩侶という計五名の土蜘蛛の存在を初めて知り制圧する（景行紀十二年十月条）。そして熊襲を制圧した帰途、火国の玉杵名邑で出会った頬という土蜘蛛を殺す（景行紀十八年六月条）。神功（気長足姫）も新羅征討に向かう途上で田油津媛という土蜘蛛を殺す（神功摂政前紀）。日本武尊のように、熊襲や蝦夷を制圧することを目的として西征と東征を行うのではなく、景行や神功は、巡行の途上でほとんど偶然に土蜘蛛と遭遇するのである。

　また、神武紀に登場する長髄彦なども、土蜘蛛と同じように王権の支配が及ぶ前から大和に存在していた。磐余彦は「猶未だ王沢に霑わず」という理由で東征を開始するが（神武即位前紀甲寅年条）、あらかじめ誰がそこにいるのかを知ったうえで出発するわけではない。長髄彦の認識も「夫れ、天神の子等の来ます所以は、必ず我が国を奪はむとならむ」（神武即位前紀戊午年四月条）というもので、両者は初めての出会いであった。景行紀で神夏磯媛から教えられた鼻垂、耳垂、麻剥、土折猪折の四人の者たちも同様である（景行紀十二年九月条）。これらの説話群に現れる王権の敵対者を「先住者」と呼ぶことにする。

　ではこの先住者と土蜘蛛との違いはどこにあるのだろうか。

旧稿でも述べたように、神武紀や景行紀で、土蜘蛛とされるものとされないものの差はわずかであり、王権配下の氏族がかかわったかどうかの違いであった。遭遇型征夷説話のうち、氏族とのかかわりがあれば土蜘蛛とは呼ばれないが、氏族とのかかわりのないものは土蜘蛛の説話とされている[43]。また「土蜘蛛」という言葉の初見である神武即位前紀己未年二月条は、饒速日命によって長髄彦が殺され、いったん先住者の平定が終了したのちに、いわば残党を一掃する記事として付け加わったものである。その内容が、それまでの記事を新たに地名起源説話に改作して繰り返していることから考えても、土蜘蛛の方が新たに加えられた可能性が高い。

『日本書紀』にまとめられる前は、そのすべてが土蜘蛛とされていたとは考えにくいから、やはり後次的に、一部の説話の登場人物を「土蜘蛛」とするような改変が行われたと考えるべきだろう。氏族伝承との結びつきを調整する余地がなかったものが、土蜘蛛として説話に残されることになったのである。

また景行の九州巡行説話については、説話自体の要素をどう考えるかという問題はさておき、『古事記』にはないことや、先住者、土蜘蛛、熊襲を網羅する説話群であること、あるいは後述するように、同じ熊襲説話でも、日本武尊の熊襲説話（第二回目の熊襲離反型征夷説話）よりも後次的な加工が顕著であるなど、荻原千鶴が指摘する天武・持統期の「景行朝志向」の影響が強く現れている[44]。

このように個々の説話の来歴は様々であり、『日本書紀』の編纂作業に加えられた段階も異なることが予想されるが、いずれにしても、彼らはもともとその場所にいて、巡行の時に王権に初めて出会う。このような、王権が遭遇した相手を打倒して支配するというタイプの征夷説話が存在していて、『日本書紀』でもそれが採用された。これが遭遇型征夷説話である。

一方で離反型征夷説話と考えたのは、『日本書紀』には敵対する対象を「叛（反）く（から制圧する）」と表記するものがあるからである。

「叛（反）く」主体は、ａ王族内の反逆者、ｂ王権内の反逆者、ｃ新羅との内通者、ｄ蝦夷・熊襲に四分類できるが、これは同じく反王権勢力に対して使われる「逆」字と比較すればわかるように、かなり限定した用法と言える[45]。

特に「叛」字についてはその傾向が顕著であり、対象を明記するものでは蝦夷（東夷）、熊襲、吉備上道臣田狭の子の弟君、筑紫国造磐井の四者（つまり上記のｃ新羅との内通者、ｄ蝦夷・熊襲）に限られ、皇極期以降は『日本書紀』にも現われない。用いられる回数から考えれば蝦夷（東夷）、熊襲が中心である。これに対して「反」字を用いるのは、武埴安彦、狭穂彦、熊襲、筑紫国造磐井、古人皇子、蘇我倉山田麻呂、有馬皇子、佐平福信、筑紫大宰栗隈王、吉備国守当麻君広島、大津皇子と、「天皇」の近親者や王権の有力者が謀反を起こす説話（上記のａ王族内の反逆者、ｂ王権内の反逆者）を中心に使われる。熊襲と磐井は「叛」「反」両字を使う。土蜘蛛や長髄彦など先述した遭遇型征夷説話では「叛」「反」字は用いることなく、隼人にも「叛」「反」字は用いない。また『古事記』には「叛く」という意味で「叛」「反」字が用いられることはない[46]。

名例律では「圀を背きて偽に従へむ」ことを「謀叛」とし、天皇を含んで「国家を危うくせむ」ことを「謀反」として、「叛」「反」字を使い分けているが、『日本書紀』でもある程度はそれに沿って用いていることがわかる。そして特に「叛」の対象として選ばれたのが熊襲と蝦夷である。このように私は『日本書紀』の「叛（反）」の使い方には意味があると考え、その中でも熊襲や蝦夷を典型とする征夷説話を離反型征夷説話と呼ぶ[47]。

（2）遭遇型征夷説話の特徴

遭遇型征夷説話にはいくつかの特徴がある。

第一の特徴として挙げられるのは、登場人物が細かく個人名で取り上げられることである。津田左右吉がかつて指摘したように、土蜘蛛は土蜘蛛集団全体としてではなく、ほぼすべてが個別の名前を持った個人として現れる。(48) 神武紀の新城戸畔、居勢祝、猪祝、景行紀の青、白、打猨、八田、国摩侶、頬、仲哀紀の田油津媛がそれである。例外は神武紀で「高尾張邑に土蜘蛛あり」と、個別名を書かない一例だけだが、これは別の場所で「高尾張邑に赤銅の八十梟帥あり」とされていることと関連があるかもしれない。

また磐余彦が大和平定の途上で戦った多くの先住者も個人名を持っている。長髄彦、名草戸畔、丹敷戸畔、兄猾、弟猾、国見丘の八十梟帥、兄磯城、弟磯城、そして最後に鵄邑の長髄彦が再登場する。景行紀でも、鼻垂、耳垂、麻剝、土折猪折の四人は、土蜘蛛の青、白、打猨、八田、国摩侶の五人と同じようなパターンで登場する。これらは到底実名とは思われない創作的な名前だが、いずれも個人名を執拗に記す点でよく似ている。

離反型の熊襲や蝦夷では、熊襲の「厚鹿文」「迮鹿文」（いずれも景行紀十二年十二月条）や「取石鹿文亦は川上梟帥」（景行紀二十七年十二月条）、蝦夷では「足振辺」「大羽振辺」（いずれも景行紀五十六年八月条）などのように、やはり景行紀では個人名で登場する傾向が強い。しかし遭遇型征夷説話ほどではなく、むしろ「熊襲（国）」「蝦夷（国）」として史料に現れることが多いことから考えても、彼らはどちらかと言えば個人ではなく、集団として意識されている。

第二の特徴は、第一の特徴とも関連しているが、遭遇型征夷説話の特に土蜘蛛説話では、集団の首領を明記するものが少ない。神武即位前紀で兄猾と弟猾が「是の両の人は、菟田県の魁帥なり」とされ、景行紀の鼻垂などの四人が「各眷属を領ひて、一処の長と為る」とされる（景行紀十二年九月条）ように、先住者の中には首領を描くものもある。[49] しかし「皇師遂に長髄彦を撃つ」（神武即位前紀戊午年十二月癸巳条）とされるように、最終目的の長髄彦がその役割を負わされているようには感じられるが、長髄彦がはっきりと大和の勢力の首領だと書かれているわけではなく、先住者全体を統括するリーダーは明確ではない。[50]

土蜘蛛に関してはその点は顕著である。土蜘蛛は「衆類（ともがら）多し」とされることはあるが首領は存在しない。神武紀の四人の土蜘蛛も、景行紀の五人の土蜘蛛も、それ以外の土蜘蛛も、彼らが首領であったとは記されていない。『日本書紀』で「渠帥者」「魁帥者」「首帥」「賊首」「長」と、「いさを」「ひとごのかみ」などと訓まれる用例を見ても、『日本書紀』で具体的にその対象を指すものが約十五例あるが、土蜘蛛に使うことはない。

『日本書紀』では「邑に君有り、村に長有りて、各自疆を分かちて、用て相凌ぎ躒はしむ」（神武即位前紀）と書きながら、一方では蝦夷について「村に長なく、邑に首なし」とする（景行紀四十年七月条）。両者の記述は矛盾するが、『日本書紀』の筋書きから言えば「国郡に君長無く、県邑に首渠無ければ」（成務紀四年二月条）という理由で国郡に首長を任命するわけだから、「村に長なし」をより未開の象徴のように考えていたことは推測できる。

「渠師者」などの用例を一般的な住民に対して使うことがないことからもわかるように、こうした用語自体が未開を象徴し差別性を含むが、土蜘蛛説話で首領を描かないことは、土蜘蛛はそれですらなく、より未開を強調しようとした結果だったとも考えられる。

第三の特徴は、制圧されたのちの展開を記す記事がほとんど何もないということである。記紀を問わず、土蜘蛛の説話や先住者の説話では、その多くはただ誅殺されるだけである。土蜘蛛も、磐余彦との戦いで敗れた長髄彦も戸畔も八十梟帥も、ただ誅殺されるにすぎない。記紀には教化されて服従する土蜘蛛はいないし、朝貢もしない。

第四の特徴としては、土蜘蛛について「身短くして手足長し。侏儒と相類たり」（神武即位前紀己未年二月条）とあるような異形性があげられる。これは「土蜘蛛」という名称から類推されたものにすぎないから個別具体的な意味はないが、「光て尾有り」（神武即位前紀戊午年八月条）とされた吉野の国樔や、「身に翼有り」（神功摂政前紀）の羽白熊鷲、「体を壱にして両の面有り…」（仁徳紀六十五年条）の宿儺などとの類似性もある。遭遇型征夷説話で制圧される勢力には異形性が顕著なのである。

（3）遭遇型征夷説話と華夷思想

遭遇型征夷説話の中でも、軍兵の活動を伴った戦闘が描かれる説話とそうでない説話。「だまし」の手口で敵を倒す説話や単体で活動する武人が登場する説話など、タイプの異なる説話が入り混じっているわけだから、すべてを同列に並べて議論するわけにはいかない。ただ、説話を形成する要素に着目して考えた場合、個人名を羅列すること、集団の首領を描くものが少ないこと、制圧されたのちの展開を描かないこと、異形性が顕著であることなどの特徴が抜き出せる。これは遭遇型征夷説話が、記紀編纂者が持っていたイメージに基づいて、原始的で未開な世界を克服する戦いを描こうとしたものであったことを示している。

こうした未開性は、磐余彦の東征の出発点ともなっている神武即位前紀甲寅年条の冒頭の一文（東征の宣言）

によく対応している。中華思想による粉飾の跡が濃厚に残るこの一文では「未だ王沢に霑はず。邑に君有り、村に長有りて、各自疆を分かちて、用て相凌ぎ躒はしむ。（中略）彼の地は、必ず以て大業を恢弘べて、天下に光宅るに足りぬべし。蓋し六合の中心か。（中略）何ぞ就きて都つくらざらむ」とされる。

ある意味ではこの「東征の宣言」を説話化したものが遭遇型征夷説話であった。「天降り」から始まるように、天皇は外来性を持つが、同時にそれは先住者の存在を必然化する。遭遇型征夷説話ではそれを未開で野蛮な勢力として描いた。集団化されない無秩序で分立した状態が否定的にとらえられ、動物的で異形の姿も未開の人民に与えている。最初の都を建設するためには、こうした未開性は磐余彦によって制圧されなければならなかった。そして引き続き全国を王化するために、九州の先住者や土蜘蛛を征夷する景行の西征が必要であった。

書紀編纂者は、後の仁徳紀に見られるような聖君主の時代の到来に向けて、初期の皇子や天皇の業績として、先住する未開勢力を駆逐し、都を建設し、大和や全国を平定し、そして朝鮮半島に出兵して新羅を服属させる「歴史」を描こうとした。このような王権権力形成史は、中心性の創出と、周辺国の平定と、国土の拡大のテーマによって構成されているが、「東征の宣言」に見られるような夷狄に対する差別的な視点も含め、中華的な思想、中でも華夷思想の影響がなくては決して生まれることはなかっただろう。遭遇型征夷説話が多く記載される『日本書紀』の第三巻、第七巻、第九巻は、周知のように『日本書紀』の中でも新しい段階に相当の手が加わっており、華夷思想のような中華思想と説話の関係は、概して深いと言うべきであろう。

ただ遭遇型征夷説話では、未開を制圧することと、王化や教化の理念の結びつきが独特である。本来なら未開の夷狄は、王・大王・天皇の徳で教化されて未開から脱出しなければ王化とは言えないはずだが、遭遇型征夷説話ではそうなっていない。王化されるというよりも、率先して服従する未開の先住者と、ただ誅滅される先住者や土蜘蛛に二分される。

例えば磐余彦の東征や景行の西征には、しばしば自発的に協力する先住者が登場する。磐余彦の東征では、椎根津彦、菟狭津彦・菟狭津媛、兄猾・弟猾の弟猾、兄磯城・弟磯城の弟磯城、吉野の井光などがそうであるし、景行の西征では、神夏磯媛、速津媛などがそうである。神夏磯媛は「磯津山の賢木を抜りて、上枝には八握剣を掛け、中枝には八咫鏡を掛け、下枝には八尺瓊を掛け…」と服従する。明らかにここでは「祭祀権の献上」[51]と言われるような行為が行われているが、これを『日本書紀』では「帰徳（したがい）なむ」という行為だとみなしている。未開の首領の「祭祀権の献上」が景行の徳に帰することだと解釈しているのである。彼らのこうした服従を本来の意味で教化や王化の結果であるとは言いがたいが、おそらくこれが遭遇型征夷説話の王化の姿なのだと思う。そして土蜘蛛などの残りのほとんどすべては、教化も王化もされないままに誅殺されるのである。[52]

未開の先住者を制圧して勢力を伸長し、都を築いて中心性を確保し、周辺を制圧することなどは華夷思想の影響下にあることが明らかである。しかし王化の姿は極めて独特である。遭遇することと自発的な服属が共鳴している。結局王・大王・天皇の徳は、具体的なことを何もしなくても、服属する側の自発的な服属の姿によって示されるのである。王・大王・天皇が主体的に教化する場面は放棄しているわけだから、これは自動的な王化であり、所与の教化である。華夷思想は中途半端に止まっているから、これでは〈華夷思想になりきれなかった華夷思想〉とでもいう他ない。

このような〝ずれ〟はなぜ生じているのか。

これは最終的には編纂者の理念（東征の宣言）と、原史料とのギャップを埋めることができなかった編纂者の創作能力の限界、華夷思想の理解の限界とともに、もともとの史料が多様であったことを物語っているように思われる。神武紀や景行紀の説話に漢籍等の潤色が多く、編纂者の手が相当に入っているのは確かである。だが遭遇型征夷説話のすべてが編纂者の創作によるのではなく、彼らが参考にした編纂用の史料は雑多だったと思われる。そしてその中には華夷思想などとは関係の薄いものも混ざっていたこと、さらにそれを編纂者は中途半端な王化思想（例えば「徳」や「おのづから」）でまとめようとした結果独特のものになってしまった、というような事情がここでは想定できるのである。

遭遇型征夷説話に含まれる時間の幅は意外に広く、華夷思想が浸透する以前に、地方の首領が祭祀権を献上して服属の意思を示す断片的な説話がすでに存在していたのかもしれない。華夷思想の流入とともにその意味付けは変化したのではないか。そして結果的には独特の王化説話に至ったのではないか。

様々な種類の原史料があり、華夷思想の影響の受け方にも濃淡があった。そして「帝紀・旧辞」から始まるとされる正史編纂の長い歴史の比較的早い段階から、最も定型的な説話類型の一つとして、新たな土地を巡行しながら、そこで出会った未開の先住者を打ち倒す遭遇型征夷説話が構想された。そこでは先住者を鎮圧する説話や、土地占有説話、村落開発説話、祭祀権献上説話などの素材も新たに採集された。そして華夷思想を背景として、土地ごとに分散する数多くの未開先住者を征討して自らの中華的支配権を打ち立てる、神武紀や景行紀などの征夷説話（神話に他ならない）の中に組み込まれた。さらに先住者の未開さをより強調して、天皇による征討を聖化し、武力を誇示する作為的な狙いの下で、「土蜘蛛」の説話が加えられた。遭遇型征夷説話に見られる支配イデオロギーの形成過程について、私はこのように推測している。

3. 離反型の征夷説話

（1）熊襲征夷説話

①離反型征夷説話としての熊襲説話

「そむく＝叛（反）」の用法が、a王族内の反逆者、b王権内の反逆者、c新羅との内通者、d蝦夷・熊襲に四分類できることはすでに述べた通りである。その意味で熊襲や蝦夷は選ばれた集団であった。私はこの熊襲・蝦夷を対象とする征夷説話を「離反型征夷説話」と呼ぶ。

「熊襲反きて朝貢らず」（景行紀十二年七月条）が『日本書紀』での集団としての熊襲の初見である[53]。熊襲がどこの集団であるとも、朝貢についても何も書かれていないのに、叛いて朝貢しないと唐突に登場する。「熊襲」についてすでに一定の知識が共有されているかのような書きぶりと言える。この一回目の離反では、市乾鹿文と市鹿文の姉妹を利用して熊襲八十梟帥（厚鹿文・迮鹿文）を殺害する。

「熊襲また反きて、辺境を侵すこと止まず」（景行紀二十七年十月条）の二回目の離反では日本武尊を派遣して西征を行う。

さらに仲哀紀に「熊襲叛きて朝貢らず」（仲哀紀二年三月条）と熊襲は三回目の離反を行う。仲哀の征討が本人の死によって中断したため、最終的には神功（気長足姫）が制圧する[54]。つまり熊襲は合計三度にわたって離反するが、結局、その都度制圧されたことになる。先住者や土蜘蛛は一回限りで制圧されて終わりだから、遭遇型で描かれる敵対勢力と、離反型の敵対勢力は、王権にとって存在意義が異なると考えられる。

ではなぜ熊襲は「叛く」と書くのか。そしてなぜ制圧は繰り返されるのか[55]。

支配勢力が巡行の途上で出会う遭遇型征夷説話と離反型征夷説話の違いは、人民や土地が新規に開拓されるものではなく、王権が本来支配すべきものであること（正当性）を強調しようとする権力意思の明確さの違いである。したがって「叛く」とするためには、熊襲が過去に服属していたことを明示しておくことが必要なはずである。ところが景行紀十二年七月条まで熊襲に具体的に触れた記事はなく、服属したことも記されていないから、本来ならばこれでは意味が通らない。『古事記』では、日本武尊の征西の理由が「西の方に熊曾建二人あり。これ伏はず、礼無き人等なり。故、その人等を取れ」と書かれていて（景行記）、不服従で礼に劣るから攻撃するとされる。服属を前提とするかしないか記紀の間には違いがあるわけだが、いきなり「叛く」とする『日本書紀』よりも『古事記』の方が筋は通っている。

『日本書紀』の編纂者が熊襲の過去について意識していた形跡は乏しい。神代紀第九段本文、同第四の一書、同第六の一書に書かれている「天孫降臨」で、瓊瓊杵尊は「日向の襲の高千穂」に下り「吾田の（長屋の）笠狭碕」に至る。本文では、そこで国の献上を受けるほか、鹿葦津姫と婚姻して、分注で隼人等の始祖とされる火闌降命や彦火火出見命を産む。第四の一書でも事勝国勝神からそこの国の献上を受け、第六の一書では豊吾田津姫と婚姻して火酢芹命などを産む。外来神が在地の神聖な女性と婚姻する説話は、土地の領有や勢力の服属を象徴する最もポピュラーな説話類型の一つだが、降り立ったのが「襲」であるにせよ、これらの記事と熊襲との関係は薄いと判断せざるを得ない。むしろ両者は異なった文脈にある、と言った方がよいかもしれない。

したがって本来であれば熊襲の過去に触れて、いったんは服属していたことが書かれていないと文脈の上では整合しないわけだが、そうはなっていない。おそらく整合性を取る以前に、熊襲の敵対性をより強調しようとして「叛」字が用いられたと思われる。

「叛」字の使用には、『春秋左氏伝』などに見る覇者原理「叛すれば之を伐ち、服すれば之を舍す」の影響を認めることもできるかもしれないし[56]、匈奴や鮮卑のように、皇帝権力と恒常的に対立した夷狄の影響もあるかもしれない。また「叛」字は蝦夷と熊襲以外に、吉備臣弟君と磐井に対して用いられている。弟君も磐井も、いずれも倭王権の外交戦略に反して新羅に内通した、まさに「謀叛」の定義（「圀を背きて偽に従へむ」（名例律））に沿った人物であった。

つまり熊襲や蝦夷を、より素朴で伝統的な説話類型だと思われる遭遇型征夷説話ではなく、「叛」字を用いいつつ度重なる離反と制圧を描いたのは、本来王権に支配されるべき存在であるにもかかわらず、彼らが常に反旗を翻す恐れのある、信用できない、油断のならない野蛮な反王権的集団であることを示そうとしたためだと思われる。王権と彼らとの断絶を強調し、そのたびに王権は彼らを制圧し、今後もそうであることを述べようとした。単純に征服の結末を語って「今」を描くのではなく、過去の（架空の）「歴史」を繰り返し突きつけることで、熊襲や蝦夷に代表される辺境の反逆者、異族的な反逆者、夷狄を支配する「今」の権力意思をより明示しようとしたのである[57]。

ともかく書紀編纂者は、ここで「叛く」とすることによって、王権と熊襲との間には越えがたい溝があり、それを制圧することが王権にとっては当然であることをより強調したかったのであろう。

また、熊襲や蝦夷に対する征夷が繰り返されるのは、彼らがある程度土地に根づいた勢力だと認識されたからだと思われる。新規開拓するときに現れる先住者や土蜘蛛は、地名起源説話の材料ではあっても土地に根づいているとは言えない。それに対して熊襲や蝦夷には、「熊襲」「蝦夷」が集団名とも地名とも受け取れることから言っても、土地に刻印された存在感がある。

遭遇型に比べて離反型は、さらに手の込んだ征夷説話である。支配意思の示し方から考えても、両者の間には一定の時間の差も感じさせる。おそらく記紀編纂が進み、王権の地域支配史構想が一定の「完成」に至った段階で、遭遇型征夷説話ではないタイプの征夷説話が求められた。天皇は、未開地域の新しい制圧者ではなく、列島全体を本来的に統治すべき領域的支配者で、超越的な聖なる支配者として描く必要が生じた。その結果、辺境の夷狄を対象とした離反型征夷説話が作られることになったのではないだろうか。

②熊襲説話と隼人説話の関係

隼人説話はここでいう離反型征夷説話ではないが、熊襲説話と一体的に論じられることが多いので、両者の関係について触れておく。

熊襲と隼人の関係については、『古事記』『日本書紀』だけでなく他の史料でも具体的に触れるものがないので、確定的なことを言うことは難しい。立地的には似通っているにもかかわらず、別々の名前で独立して史料に現れ、両者の性格も大きく異なる。[58]

記紀編纂者の地理的な認識の問題で言えば、記紀の編纂段階では、彼らは熊襲と隼人を地理的に近接していることを知っていた。

例えば先ほど述べたように、神代紀第九段本文、同第四の一書、同第六の一書に書かれた「日向の襲の高千穂」は、「吾田の（長屋の）笠狭碕」とつながっているように記述されている。少なくとも熊襲の「襲」と「阿多の隼人」の「吾田」とは地理的な連続性が想定されているわけである。またすでに指摘されているように、景行が土蜘蛛や熊襲などを制圧する「西征」の経路は、『延喜式』の駅路とおおむね一致する。(59)『日本書紀』編纂者は、令制下の知識に基づいて、熊襲の居住地域を推定していたと思われる。隼人についても、「大隅の隼人」「阿多の隼人」というように（天武紀十一年七月条など）、その所在地を意識していた。したがって編纂者は、熊襲と隼人が九州南部の集団で、地理的に重なるか隣接する地域に居住するイメージを持っていたはずである。少なくとも両者が全く異なる、隔絶した場所に居住していたとは考えていなかったと思う。

ところが熊襲と隼人では相違点も多い。

熊襲の「襲」は地名とのかかわりが強く、しばしば「熊襲国」「襲国」「（地名としての）熊襲の○○」のように使われる。これに対して隼人は、「隼人」の名前自体に地名は含んでおらず、「大隅の隼人」「阿多の隼人」というように、地名に付随して使われることが多い。そして熊襲は神功記紀で姿を消すが、隼人は神代記紀を除くと履中記紀で初めて姿を現す。また、熊襲は三度叛くが隼人は一度も叛かず、支配権力が隼人に軍事活動を仕掛けたことや、具体的に隼人を制圧する記事も記紀を通じて皆無である。隼人の服属は、軍事活動ではなく、記紀ともに山幸・海幸神話の中に取り込まれている（この点については後述する）。また、隼人は熊襲と違って伝説的な存在ではなく、少なくとも記紀編纂期には現実的に存在した集団であった。

両者の性格も多くの点で異なっている。

『日本書紀』で隼人が登場する説話や記事は断片的な記載が多いが、王権の内部で、王・大王・天皇にも近い位置で従属し、独特な職能を担っていたことを伝えるものが多い。例えば住吉仲津皇子を殺害する近習隼人（履中即位前紀）、天皇の葬儀で絶食して死ぬ隼人（清寧紀元年十月条）、あるいは殯宮の警護をする隼人（敏達紀十四年八月条）、相撲を取る隼人（天武紀十一年七月条、持統紀九年五月条）、誄を唱える隼人（天武紀朱鳥元年九月条、持統紀元年五月条）などは、熊襲に関しては全く存在しないタイプの記事である。いかに地理的には近接して考えられていたとしても、この点で両者は別種のものとして切り離して考えた方がよい。

熊襲（説話）と隼人（説話）の関係については、これまでの研究者も必ずと言ってよいほど触れてはいるが、明快に説明されているとは思えない。[60] 例えば八世紀初頭に隼人が王権との間に戦闘を開始することを念頭に、熊襲とは、「じつは七世紀以降の南部九州のソ（曽・襲＝贈於）の地域の強固な勢力を反映させて、古くさかのぼらせて、すでに早くヤマト王権によって征服された過去の存在として、物語的に造作されたものである」という中村明蔵の見解が代表的なものであろうか。[61] あるいは、曽於の隼人が強固な勢力を持った時期と、熊襲説話形成の時期が必ずしも一致しないと考え、「反映」を否定して、熊襲は「7世紀第3四半期頃に日本で成立した原初的な西方の夷狄の観念」に基づく「架空の集団」、とする田中聡の見解の方が一般的であろうか。[62]

隼人という強大な勢力の「反映造作」なのか、夷狄観からの「架空造作」なのか。

「反映」説が重視するのは令制下初期に勃発した、律令政権と隼人との戦いである。文武四年（七〇〇）に、大隅・薩摩両国で住人が覓国使を脅迫する事件が起こり、大宝二年（七〇二）には薩摩と種子島で反乱が発生し、「薩摩隼人」を征討する軍が派遣される。戦いは、薩摩国と大隅国の設置を挟んで断続的に発生し、最終的には養老五年（七二一）に制圧された。こうした騒乱を「反映」して、『日本書紀』には王権に敵対する熊襲説話が記載されたとする。

しかし隼人の勢力に対し、彼らの強大さを「反映」して強暴な勢力を描こうとするのであれば、なぜそれを「隼人」ではなく、「熊襲」の名前に変えて征夷説話を記載する必要があったのだろうか。

また熊襲説話自体の形成過程が複雑であることから考えると、「原初的な西方の夷狄の観念」に基づいて、「架空の集団」に「クマソ」の名を与えたという説明に対しても簡単には賛成できない。「架空の集団」にしては説話が複雑すぎる。そして、神代記紀の「日向の襲の高千穂」や八島国生成の「熊襲国」のような、「熊襲」や「襲」の記述まで、一様に「架空」に命名されたとは思えないのである。[63]

また「反映」説や「架空」説を問わず、中村や田中の説をはじめ、通説的には「隼人」「熊襲」いずれの名前も、七世紀後半代の極めて新しい段階に生まれたと考えられている。[64] 朝貢との関係から隼人の名称を天武期に考える永山や原口の見解もその典型と言える。[65] しかし、ほとんど同じような時期に命名したのであれば、なぜ地理的には近接することを知った上で、両者を異なった名称と性格で描き分けるような、手の込んだ創作を行う必要があったのかその理由が説明できない。そして熊襲説話・隼人説話ともに、説話は一様ではなく、後述するように、説話間でもある程度の段階差が認められることから、このすべてを天武期に新たに考案されたと考えるのはかなり無理があると思う。

私はこのように「反映」説も「架空」説もとらないし、天武期に熊襲征夷説話や隼人説話が一斉に創作されたとも考えていない。熊襲説話と隼人説話には随所に違いがあり、両者の親縁関係が希薄であることから考えると「反映」にも無理があるし、確かに華夷思想を背景に「架空」に構想された側面はあるにせよ、ただそれだけで説明しきれるものではない。熊襲と隼人は別々の経歴と記載理由を持っているのではないか。それを記紀の編纂者は総合的に記載しようとしたかもしれないが、その痕跡はほとんどない。両者は分離して考えられるべきだと思う。

③熊襲征夷説話の形成

熊襲征夷説話が形成された時期を明確に特定することは不可能である。倭王権が九州南部を認識したのは、六世紀第二四半期の磐井戦争前後以降だと思うが、その段階から熊襲説話が知られていたのか、六世紀以降に帝紀や旧辞が編纂されるようになって初めて知られたのかよくわからない。ただ三回にわたって記載された熊襲説話の内容を見比べてみるとそこには様々な違いが認められる。おそらく熊襲征夷説話も一度に採取されたり作られたものではなく、何度かの流入の過程と、各種の改変や追記を経て現在の形態に至っているのだろう。

仲哀紀と神功紀に掲載された三回目の熊襲征夷説話は、熊襲自体についてはほとんど触れることがないので除外し、景行西征説話の中で掲載された一回目の説話と、日本武尊説話に登場する二回目の説話を比較してみる[66]。

一回目の市乾鹿文と市鹿文の姉妹を利用して熊襲八十梟帥を殺害する説話も、二回目の日本武尊の説話も、舞台設定や筋書きはいずれも素朴である。しかも、津田左右吉も言うように、酒に酔った熊襲梟帥が二人の娘によって殺される一回目の説話は、童女の姿に変装した日本武尊が、宴の建物に単独で侵入し、酒に酔った取石鹿文（川上梟帥）を殺害する二回目の説話と「同工異曲」である[67]。いつ説話が二つに分かれたのかそのことはわからないが、次に述べるように、両者には形成段階の違いもあると思われることから、少なくとも編纂が始まる段階ではすでに二つの説話に分裂していたと考えるべきであろう。

「同工異曲」とはいいながら両者には随所に違いがある。例えば二回目の説話は記紀の両方に記載されるが、一回目の説話は『古事記』にはなく『日本書紀』にだけある。また一回目の説話には景行が熊襲を討伐する作戦を群臣に諮ることや、景行の詔で「師を興すこと少なくは、賊を滅すに堪えじ。多に兵を動さば、是百姓の害なり。何か鋒刃の威を仮らずして、坐づからに其の国を平けむ」と、〝武力を借りることなくおのづから制圧する〟

という、おそらく『荀子』あたりに淵源する思想の導入が図られている[68]。また、諮問に対して「一の臣」が熊襲梟帥の二人の娘をだまして殺させる作戦を進言すること、熊襲梟帥を殺害した娘の行為を「不孝の甚しきこと」と儒教的に批判することなども一回目にしか見られない。また、一回目の征夷説話では、説話の舞台が審議の場と熊襲梟帥の家と二つに分離し、関係者も天皇、郡卿、姉妹、熊襲梟帥、（熊襲梟帥を殺害する）兵、火国造と多様である。

それに対して二回目は日本武尊の〝単体型武人説話[69]〟の典型であり、基本的には日本武尊と取石鹿文の一対一の対決の場面でのやり取りが説話の大半を占める。殺害の舞台も熊襲が親族を集めて行う「宴」の席上にほぼ限られる。日本武尊が「童女」の姿に変装することなども一回目には見られない特徴である。

このように細かく見れば一回目と二回目の違いは多い。両者を比較すればわかるように、一回目の景行西征説話の方が、漢籍からの引用があることや群臣が制圧に介在するなど、二回目の日本武尊説話よりも加工された度合いが強い。

また、一回目と二回目の説話の間に形成時期の違いが存在するだけでなく、本来は景行巡行説話と熊襲説話も別々のものであったと思われる[70]。『日本書紀』では景行の事績をより強調し、九州地域の平定をより詳細に描くために、景行天皇の巡行が付け加えられたのではないか。こうした説話の成り立ちから考えても、二回目の日本武尊説話よりも、一回目の方が新しく付加された可能性が高い。

このように熊襲征夷説話にも形成された時代や加工された段階に違いがみられる一方で、説話を構成する部分に着目すると、私は市乾鹿文と市鹿文のように〝裏切り〟をモチーフとした説話、日本武尊に代表される〝単体型武人説話〟などには、古い要素が比較的よく残されていると考えている。つまり我々が今『日本書紀』で目にする熊襲説話は、最終的にまとめられたのが天武・持統朝以降であったにせよ、すべてが記紀編纂期に一気に創作・編集されたわけではない。離反型征夷説話としての熊襲説話は、素朴な要素も残しつつ、ある程度の年月をかけて、歴史の異なる史料を加工しながら形成されたものではないか(71)。

断定することは困難なのだが、私は「隼人」よりも「(熊)襲」の方が古く、両者の概念形成の過程に比較的大きな差があったと考えている。「襲(ソ)」は「奴(ナ)」や「紀(キ)」「肥(ヒ)」と同じような一文字地名で、「出雲(イズモ)」や「吉備(キビ)」と同様に、ある程度古い段階から古地名として認識されていたのではないだろうか(72)。そして「(熊)襲」が帝紀や旧辞に編纂され始めた時期には、その実態に関する知識はすでに薄れ、王権に制圧された先住者的な勢力として伝説と化していたのではないか。

倭王権は「天下」の西(南)端の制圧譚を書くための素材として熊襲に着目したのだと思う。その段階ではすでに華夷思想によって、周縁に存在する夷狄として見られていただろう。そして日本武尊征夷説話の原形が作られていったのではないか。さらに記紀編纂作業が進み、『日本書紀』での景行紀の位置付けが決まり、「全国平定」の作業の一環として景行巡行説話が加えられた段階で、熊襲が再び取り上げられることになったと思われる。

④熊襲説話と華夷思想

遭遇型征夷説話と離反型征夷説話という最終的な違いや、個人名で現れるか「魁帥者」とされるかなどの違いはあるが、熊襲説話には遭遇型征夷説話と類似することがいくつかある。例えば日本武尊に殺される「川上梟帥」の「梟帥」という文字は、神武紀の先住者と熊襲にしか使わない。書紀編纂者にとって「梟帥」の「梟」である「フクロウ」がどのようなイメージでとらえられていたかよくわからないが、使用例から推測する限りでは、夷狄を禽獣にたとえる華夷思想的な差別性とおそらく無関係ではないだろう。熊襲説話にも、やはり未開の克服というテーマは底流にあったと思われる。

また「刃に血塗らずして（平定する）」という語句も、神武紀の先住者征夷説話や熊襲征夷説話を中心に見られる独特の表現である[73]。すでに述べたように、これは『荀子』などで用いられており、言うまでもなく徳のある皇帝によって可能とされた、理想的な支配を象徴するものに他ならない。武力を用いずに服従させるほど、華は高く、夷は低いのである。その表現が先住者や熊襲の統治について用いられていることは、書紀編纂者にとって、これらの説話が理想的な天皇像を描くのに格好の材料であったことを意味している。

また征夷の結末を「襲国を平（む）けつ」（第一回目）、「悉に其の国を平けつ」（第二回目）、「自づからに服ひぬ」（第三回目）と簡単に記載するだけで、朝貢が再開されたのかどうかなど、「平定」後について具体的に記述しないことでも両者は共通する。繰り返しになるがこれは華夷思想がここで止まってしまっていることを意味している。〈華夷思想になりきれなかった華夷思想〉である。

仮説として述べるが、熊襲征夷説話は遭遇型征夷説話の一種の発展形として考えられるのではないか。例えば巡行中に出会った辺境の敵対者（先住者、土蜘蛛など）を制圧するタイプの遭遇型征夷説話がまずあって、それが磐井との戦いのように、王権の支配が「全国」を対象として、そこで主体的な支配意思を示すようになる段階で性格を変えたのではないか。「全国」の支配を説話に含み込むことで、敵対するものが個人から集団の首領に変わり、集団の首領が伝説化していた熊襲に結びつき、熊襲を討伐するために倭王権から皇子が派遣される説話に発展する。さらにそこに王・大王・天皇による軍事的な諮問や、群臣による審議が加わる。そして次の段階で、「平定」後の屯倉の設置や朝貢などの教化の結果も記されるようになる、と言うようにである。

ただ私が熊襲説話で最も強く華夷思想の影響を感じるのは、特に日本武尊説話で、熊襲が九州地域、あるいは西海道を代表する敵対者として描かれていることである。日本武尊は遠隔地に遠征し、周縁の夷狄を討滅して中央に凱旋する。ここでイメージされていたのはいわゆる華と夷の同心円的な世界観であろう。これは記紀編纂者が華夷思想から学んだ重要な認識の一つなのではないだろうか。

ところで日本武尊の凱旋後の復命では、熊襲の国を平定したことを「天皇の神霊に頼りて…」とする（景行紀二十八年二月条）。また東征に出征する前の景行に対する奏上では、熊襲国を討ったことを「皇霊の威に頼りて…」とする（景行紀四十年七月条）。この「神霊」や「皇霊」は使用例が限られる用語だが、「神霊に頼りて」や「皇霊に頼りて」は中華思想よりも古いイデオロギーで、中華思想とは無関係だと言えるだろうか。

「神霊」については、このほか田道間守が常世国から帰って来た時に、帰国できたことを「聖帝の神霊に頼りて」（垂仁紀後紀）とする。また日本武尊の霊は「乃ち神霊、白鳥と化りて天に上ります」（仲哀紀元年十一月条）とされ、蘇我卿が百済から派遣された王子恵に対して、「神の霊を祭り奉らば、国昌盛えぬべし」（欽明紀十六年二月条）と述べる。また「皇霊」については、蝦夷の魁師綾糟等に対して用いられる「天皇霊」（敏達紀十年閏二月条）や、竹斯物部莫奇委沙奇の働きで函山城を落とした時に使われる「天皇の威霊を蒙りて」（欽明紀十五年十二月条）との関連も想起される。

こうした用法から、「神霊」「皇霊」が、熊襲や蝦夷などの夷狄か、あるいは朝鮮半島や常世などの海外を舞台にする説話、つまり王権が認識する外部的な説話、もっと言えば外的国家の説話と近い関係にあったのではないかという推定が可能になる。日本武尊の「神霊」も、熊襲や蝦夷を制圧した外部を征夷する「神霊」に他ならない。つまり「神霊」「皇霊」「天皇霊」とは、華夷思想を背景に、征夷や征蕃をイメージして作り上げられた、外的国家のイデオロギーに他ならないと私は考えているのである。

（2）隼人説話

①隼人説話の形成

隼人説話に関しても、時間の幅を考慮に入れて検討すべきことは熊襲と同様である。

通説的に言えば、倭王権と隼人との領土的・人民支配的なかかわりを示す最初の確実な史料は、中村明蔵が述べるように、「隼人、多に来て、方物を貢れり。是の日に、大隅の隼人と阿多の隼人、朝廷に相撲る」という記事と、「隼人等に明日香寺の西に饗たまふ。種種の楽を発す。仍、禄賜ふこと各差有り。道俗悉に見る」という記事が連続して現れる天武紀十一年七月条であろう[74]。そしてそのしばらく前、天武六年紀二月是月条に、飛鳥寺で種子島の島人を饗応する記事があることから推測して、南島への関心の高まりとともに、九州南部の集団も王権支配の視野に入ってきたのではないかと考えられる[75]。

また『日本書紀』では、例えば斉明紀に見られた蝦夷に対する直接的な侵攻や、城柵のような領域支配のための拠点整備が行われた記事も、九州南部では八世紀に至るまで見られない。おそらく八世紀初頭、『続日本紀』の大宝二年十月条にある「柵」を設置する記事が初めてであろう。『日本書紀』で繰り返し使われる「膂宍の空国」の通り、中央政権の九州南部に対する領土的野心は比較的弱く、土地に対する支配は、先ほどの天武紀十一年の記事からさらに遅れて開始されると思う[76]。

また、天武期に人民支配的な関係が本格的に形成され始めたとはいっても、上記の史料にもあるように、こうした関係構築の中で、「大隅隼人」「阿多隼人」という二つの集団だけが、王権との関係形成を突出して進めている印象が強い。特に阿多との関係は、火照命や火闌降命との始祖関係など神話への取り込み（神代紀第九段、第十段）をはじめ、神武と「日向の吾田邑の吾平津媛」との婚姻（神武即位前紀）など、特権的とさえ言える。そして仏教も大隅と阿多に伝えられるように一貫している（持統紀六年閏五月条）。『日本書紀』には大隅と阿多以外、具体的に取り上げられる隼人集団はなく、支配形成がまず特権的で限定的に行われ、したがってそれが一挙に全面的に広がっていくようなものではなかったことがわかる。

このように考えると、隼人が倭王権に認識された時期は、律令制形成期の極めて新しい段階になるわけだが、私はそれよりも早くから、王権内で隼人は認知されていたのではないかと考えている。しかもそれは敵対勢力としてではなく、王権を呪能によって守護する役割を持った集団としてである。

日本武尊が制圧したのが熊襲であって隼人でないということは、王権が史書の編纂に取り掛かろうとしたときに、周辺の夷狄として認識したのが熊襲で、隼人は認識されていなかったか、敵対集団とは考えられていなかったかのどちらかだろう。隼人を「人制」と結びつけて考える説もあるように、私も東アジアの政治関係が入り組む六世紀代後半の倭国には、渡来人や列島各地から集まった異族的な人々などが混在する状況であったと推定する[77]。そして隼人が王権内部の王・大王・天皇に近い位置で、特に儀式に関係する独特な職能を果たしていた可能性も十分にあると思っている。

隼人に関係する記事が、実態をどこまで正確に伝えるものか議論があり確定はしがたい[78]。しかし上述したような履中即位前紀の近習隼人をはじめとする一連の記事を、すべて天武期以降の創作だと考えることにも無理があるのではないか[79]。

例えば『延喜式』では、隼人は元日朝賀・即位・蕃客入朝における分陣と吠声、践祚大嘗祭における分陣と歌舞と吠声、行幸における供奉と吠声などの務めを果たすことと定められているが、(80)『日本書紀』で書かれている「近習」や「殯宮警護」などとは必ずしも一致しない。また履中記紀の「近習隼人」の記事に儒教的な潤色が随所にあることは事実だが、『古事記』で曾婆訶理に「面を隠す大鋺」で酒を飲ませ、そのすきにだまし討ちをする場面（履中記）などには武人説話的な要素もある。このように『延喜式』の隼人と、『日本書紀』あるいは『古事記』に描かれた隼人がすべて一致するわけではない。関連する史料がほとんどないために断定はできないが、こうした部分には、隼人の令制下に引き継がれなかった何らかの実態が伝えられている可能性があるのではないだろうか。

このように隼人の概念も性格も非常にあいまいだが、彼らが領土的支配の広がりとともに支配されてきたのではなく、王権内部で特殊に、彼らの呪能に基づいて従属したことは推定できるのではないか。そして熊襲にはそれが全くないなど、記紀に描かれる両者の性格は異質で起源を異にすると言ってもよいと思う。つまり隼人説話は王権に特殊な呪能で仕える異族（「夷狄」）の奉仕説話であったが、熊襲説話は九州南部を代表する先住者的夷狄が王権に平定される征夷説話であったと、両者の性格を分けて考えたいのである。

天武期に王権と隼人との本格的な関係形成が行われる時期になっても、隼人と熊襲の関係についてはほとんど整理されないままで、伝説と現実という違いを残したままで王権に認識されていたのではないか。その結果、記紀編纂者も両者がおぼろげには九州南部に存在することは認識しつつ、すでに伝説化していた熊襲と現に存在する隼人との関係については一切触れないままで、史料的には交わらず、接続されることもなく、分散して記載することになったのではないか。そして、両者を統合する統一的な支配認識はついに作られなかったのではないか。その結果、日本武尊西征譚では熊襲が登場し、熊襲の記載が終了した履中期以降に隼人が登場することになった。

そして、隼人に対する人民支配的な実態のほとんどない中で戦闘行為が発生したため、その戦闘も、結果的には記紀の編纂に影響を与えなかったと考える。

②隼人説話と華夷思想

隼人説話と華夷思想の関係を知るうえで最も興味深いのは、隼人の服属がいわゆる日向神話に組み込まれていることである。

日向神話では、神代紀第九段本文の分注で、火闌降命が隼人の始祖とされるほか、海幸彦・山幸彦神話で、同じく火闌降命が「吾田君小橋等が本祖」とされ（第十段本文）、あるいは隼人が「吠ゆる狗して」天皇に奉仕する縁起として神話的に記述される（第十段第二の一書）。

日向神話と隼人に関する記述が、神話が形成される初期から一体的に存在していたのか、本来は系統の異なるものが後次的に合体したのか議論になるところである。私は、隼人に関する記述が、特に分注に顕著なように神話の内容と直接的に結びついているわけではないことから、完成された神話を前提にして、後次的に書き加えられた可能性が高いと考える[81]。ただ後次的にせよ、日向神話と隼人の服属がなぜ結びつくのかは検討が必要である。近年では原口耕一郎のように、仏書や漢籍などの出典研究から、「日向神話」の全体が「王権による地上統治と隼人支配の正当性を主張するために創作されたものである」とする意見もある[82]。

火闌降命の末裔などとして現れる「吾田君」を政権が認識したのは、天武紀十一年七月条に記された「阿多隼人」だと考えられることから、神話と隼人の結びつきが相当新しい段階に下ることは間違いない。ただ隼人の始祖の火闌降命が皇孫に直結する彦火火出見命と兄弟関係にあたることや、日向に天孫降臨し「吾田の長屋の笠狭碕」で神婚することなど、隼人の位置付けは異例と言ってもよく、隼人の服属が王権にとって特殊な意味を持っていたことを示唆している。中央権力が隼人支配を夷狄支配として正当化するために記述するのであれば、血縁関係などを論じることなく、ただ服属させた「歴史」を示せばよいだけだと思われるからである。

隼人に対する支配が領域的支配とは一線を画すもので、彼らの呪能に期待するものであったことはすでに述べた通りである。このように隼人が隼人司の管轄下で、朝賀に参列し、風俗歌舞の奏上を行い、また元日儀礼や即位儀礼で吠声を発するなど、王権が儀礼上の役割や王権護持のための特殊な呪能を期待していたことと、隼人が神話の中に特殊な形で取り込まれたこととはやはり切り離せないように思う。

というのも、例えば当時の最も優れた技術や知識の所有者であった中国大陸や朝鮮半島出身の渡来人に対して、彼らを政治的に差別して従属させようとすれば、何らかのイデオロギー的な操作が必要である。血縁、身分、官爵、律令法、そして彼らを従属させるに至った「歴史」が必要とされる。王・大王・天皇が、いわば〈中華を超える中華〉〈中華以上の中華〉〈中華を従える中華〉であることを表明しなければならない。

そしてその逆に、本来であれば差別的に従属する、未開を象徴する「夷狄」の集団でありながら、吉野国栖やこの隼人に特殊な呪能を期待し、王・大王・天皇が彼らによって護られ、また祝福されることに対しても、権力者は何らかのイデオロギー的な立場を作らなければならない。おそらく本来の中華思想であれば、野蛮で未開で無礼な夷狄として切り捨てられる運命であった彼らを、切り捨ててしまうのではなく、矛盾を冒して取り込むこと。〈未開によって創られる中華〉〈未開を抱え込むことで成り立つ中華〉であることが示されなければならない。

吉野国栖や隼人の説話はそのことを象徴しているのではないか。天皇が〈未開によって創られる中華〉〈未開を抱え込むことで成り立つ中華〉であることが、「神話イデオロギー」をはじめとする様々な権力イデオロギーによって表明されているのではないか。
この問題の具体的な考察については後考を期すが、私には礼や華夷思想や儒教、あるいは仏教などが導入されたのも、このことと無関係だったとは思えない。天皇制形成の本源としてこの問題はとらえるべきであろうし、支配権力にとって吉野国栖や隼人の歴史的意義はそこにあると思える。

（3）蝦夷征夷説話

①離反型征夷説話としての蝦夷説話

離反型征夷説話のもう一つの代表が蝦夷説話である。蝦夷についてはよく知られているように、「北陸及び東方の諸国」を巡察していた武内宿禰が東国から帰って、「日高見国」があることと、その国には「蝦夷」がいること、そしてそこは土地が豊かなので「撃ちて取りつべし」と進言する（景行紀二十七年二月条）。これが蝦夷の初見である。[83] そして日本武尊の熊襲征討を挟んで、「東の夷多に叛きて、辺境騒ぎ動む」（景行紀四十年六月条）の記事で、日本武尊の東征が行われる。一回目の蝦夷征夷説話である。

そして「蝦夷騒き動む」（景行紀五十六年八月条）で御諸別王の二回目の制圧、「蝦夷、叛けり」（仁徳紀五十五年条）で上毛野君田道による三回目の制圧（ただし失敗）、率いていた蝦夷が「傍の郡を侵寇」（雄略紀二十三年八月条）したことによって吉備臣尾代による第四回目の戦いが描かれる。そして「蝦夷数千、辺境に寇ふ」（敏達紀十年閏二月条）記事で、魁帥綾糟らを招集して三諸岳に向かって「盟」が行われ、「蝦夷叛きて朝でず」（舒明紀九年是歳条）で、上毛野君形名を派遣して五回目の制圧が行われる。このように、蝦夷については斉明紀までに合計五回の制圧活動が描かれているが、そのうち一回目、三回目、五回目の制圧が、熊襲と同様に「叛く」ことを原因として行われている。

舒明期の五回目の制圧以降、蝦夷の「叛く」は史料から姿を消す。その後、孝徳期では「磐舟柵を治りて、蝦夷に備ふ」（孝徳紀大化四年是歳条）と軍事的な緊張が高まり、斉明期になると阿部臣比羅夫らの積極的な侵攻が開始されることになる。その際には「船師百八十艘を率て、蝦夷を伐つ」（斉明紀四年四月条）、「船師百八十艘を率て、蝦夷国を討つ」（斉明紀五年三月是月条）とされるが、すでに「叛く」は消滅している。

このように『日本書紀』では、熊襲以上に、蝦夷の反抗的な態度と離反が繰り返し記載される。すでに述べたように「叛（反）」字を用いるのは特定の対象に限られるが、特に蝦夷には「叛」字しか用いないことから推測すると、蝦夷の「叛」にはより一層特別な意味が込められていたと思われる。

しかも蝦夷の初見である景行二十七年から、一回目の制圧が行われる景行四十年の間には蝦夷の記事はない。だからなぜ景行紀四十年六月条で「叛きて」とされるのか説明もないのに「叛」とする。熊襲のように記紀神話での記載も全くないからそれ以上追究することもできない。あえて神話と結びつけようとするのであれば、武内宿禰の報告にある「日高見国」との関係を考えるぐらいだろう。熊襲で言えば「日向の襲の高千穂」のように、「日高見国」が蝦夷の神話的な背景を示す予定だったのかもしれないが憶測にすぎない。少なくとも現在残されている『日本書紀』では、そうした構想が具体化することはなかった。

また、熊襲と蝦夷では、『日本書紀』で採用された説話の形成時期も大きく異なっていたのではないか。

例えば『日本書紀』の日本武尊説話では、伊勢神宮―駿河―相模―上総から馳水を渡り、それからいきなり陸奥の蝦夷制圧に展開する。その行程が『古事記』と異なることや、記録としての粗雑さ、あるいは蝦夷の「賊首、島津神、国津神」の服属が極めて簡略であることなどから考えて、従来から指摘されているように、この陸奥に関する部分は後次的に付け加えられたものだと思われる。本来ならば、上総から常陸—甲斐—信濃—美濃と、関東地方（吾妻）を舞台とする説話だったが、七世紀後半以降に陸奥の部分が書き加えられたのだろう。記紀の上では日本武尊の西征と東征とは一体的な構成になっているが、蝦夷が書き加えられたのは新しく、それ以前の東征説話は、関東地域までを対象としたものであったと思われるのである。[84]

またこの日本武尊説話に限らず、蝦夷説話の形成時期はおおむね新しい。

例えば第二回目の御諸別王の征夷説話は、最後のくだりに「是に由りて、その子孫、今に東国にあり」（景行紀五十六年八月条）とあるように、豊城入彦系の氏族伝承を持つ上毛野・下毛野君の氏族伝承の一部を採用したものである。また第三回目は、まさに上毛野君田道による征夷説話（仁徳紀五十五年条）で、第五回目も上毛野君形名の征夷説話（舒明紀九年是歳条）である。特に五回目で、上毛野君形名が蝦夷に追われて「塁」に逃げることや、「垣」を越えて遁走しようとする場面などから推測すると、これが城柵をイメージして創作された説話であったことは明らかで、七世紀後半以降に作られた可能性が高い。おそらくこの三回の征夷説話は、『日本書紀』の編纂にもかかわった毛野氏の関与が明白であることから考えても、七世紀末の記紀編纂期以前には遡れないのではないか。

四回目の吉備臣尾代が五百人の蝦夷を制圧する説話（雄略紀二十三年八月条）は歌謡物語に近く、また単体型武人説話的な要素もあって、他の蝦夷征夷説話とは系統の異なるものだと思われる。ただそのような古い要素はあるにせよ、舞台を吉備に置くところ、征新羅将軍が蝦夷を率いること、雄略の死を知って蝦夷が反乱を起こすこと、吉備から丹波国浦掛水門まで蝦夷を追って皆殺しにするという結末など、説話には不自然な部分が多い。本来は別の説話としてあったものに、蝦夷を登場させ、蝦夷の反乱の説話に仕立てたのではないか。また魁帥綾糟が三諸岳に向かって「盟」を行う説話（敏達紀十年閏二月条）も、「蝦夷数千、辺境に寇ふ」という状況で、制圧行為は一切記載しないにもかかわらず魁師を大和に召喚することに不自然さを感じざるを得ない。魁師綾糟らの「盟」と蝦夷の侵略行為は接合されたと考えるべきであり、蝦夷の侵略行為は後次的に加えられた可能性が高いだろう。(85)

旧稿でも述べたように、倭王権が国家的政策として、領土的人民支配的な野心の下で本州北部地域に侵出し、倭王権対蝦夷という緊張関係が生まれるのは少なくとも七世紀以降だと思う。それも毛野氏などの在地勢力が主導する間接的なものとして始まったのではないか。(86)そして倭王権が直接的に軍事力を背景にした統治を開始する時期は、大化三年（六四七）の渟足柵の設置、大化四年（六四八）の磐舟柵の設置、斉明四年（六五八）の都岐沙羅柵の設置、そして大崎平野周辺での郡山遺跡のような官衙が造営される七世紀半ば以降に下るのではないか。倭王権は在地豪族の権力に依存しながら、こうした拠点の造営を橋頭堡として、徐々に本格的な東北経営に乗り出したと考えられる。したがって蝦夷説話の形成時期も、基本的にはこの段階以降であろう。

『日本書紀』が蝦夷を対象とした離反型征夷説話を繰り返し、そして一貫して語り続けたのはなぜか。熊襲説話でも述べたように、「叛」字を使用することは、王権にとって彼らが許容できない存在で、重罪に匹敵する悪しき野蛮な集団であったことを意味している。そして蝦夷がもともと王権によって支配されるべき劣位の集団（夷狄）であるにもかかわらず、しばしば王権の支配から離反する、信用できない、油断のならない反王権的な集団であることと、その度に王権によって制圧された「歴史（縁起）」を示そうとしたのだろう。遭遇型説話と違って、当然そこが王権によって支配されるべきであることを、その主体的な意思（権力イデオロギー）をより強く示そうとしたのだろう。

しかし、王権と蝦夷との緊迫した状態はその後も続き、実際に軍事活動が行われた形跡が残されているにもかかわらず、舒明紀九年是歳条の記事を最後に「叛」字を用いないのはなぜだろうか。

これは毛野氏のような関東地方の在地勢力を介在させつつ、倭王権が具体的に東北地域へ侵略を始めるのが七世紀前半だと考えられることと関連しているのではないか。むしろそうであれば、余計に「叛」字を用いそうなものだが、書紀編纂者の時代区分の感覚で言えば、舒明期と皇極期の間で、離反型の征夷は終了し、王権側のより高圧的で、具体的な蝦夷支配の時代が新たに始まったという「歴史認識」があったように思われる。孝徳・斉明期前後から柵や政所の設置、郡領の任命などの記事が増えるから、もはや「叛」字を用いる縁起的な段階ではないと判断したのではないだろうか。

対蝦夷政策の正当化に必要だったから度重なる離反とその都度の制圧が書かれた。協力を呼びかける関東の地域支配者に示すことも、接触する蝦夷に示すことも考えられただろうし、王権の中枢や東国に派遣される官人たちとの間で、共通認識を作る必要もあったはずである。この時代であれば漢籍の影響で華夷思想も広がっていたであろうし、対外的にも、「伊吉連博徳書」にあるように遣唐使の説明用にも必要だっただろう。そして隼人と同じように、記紀編纂期の和銅二年（七〇九）には出羽地方に対する征夷が実施された。そこで、（史実としては認めがたい、その意味で架空の）過去の時代の服属を、離反しては制圧される形式の、離反型征夷説話としてまとめたのだと思う。

②蝦夷と熊襲と隼人

同じように「叛く」とする熊襲と蝦夷だが、辺境に存在する王権の敵対勢力で、首領が強大な集団を率いて抵抗するなど共通することは限られていて、それぞれの性格は大きく異なる。例えば熊襲が伝説的な集団であったのに対して、蝦夷はそうではない。熊襲が記載された『日本書紀』の巻が三巻にすぎなかったことに比べ、蝦夷に関係する記事は十七巻に及ぶなど圧倒的に多く（隼人は八巻）、熊襲は神功紀の制圧以降は記事に現れないが、蝦夷はその後も征討記事を含めてしばしば記載される。熊襲は王・大王・天皇（景行）の巡行記事の中にも登場するが、蝦夷の記事に王・大王・天皇の巡行は見られない。そして、記事がほぼ征夷説話に限定される熊襲と違って、蝦夷説話には、征夷説話以外にも、移配（景行紀四十年是歳条）、道の建設（応神紀三年十月条）、盟（敏達紀十年閏二月条）、饗応（皇極紀元年十月条ほか）、柵と柵戸の設置（孝徳紀大化三年是歳条）、郡領の任命や政所の設置（斉明紀四年四月条、同五年三月是月条ほか）、授位（斉明紀四年七月条ほか）、唐への派遣（斉明紀五年七月条）など、在地支配に触れるものをはじめ多様な記事を掲載する。また、熊襲はほとんどすべてが殺されて説話を終えるが、蝦夷はそうではない。

では隼人と蝦夷はどうか。

隼人と蝦夷は、記事にしばしば並列して記載されることや、一定の政策理念の下で、権力支配が組織的・全面的に進められるのではなく、特定の在地集団との個別的な関係構築を起点として展開するなどの共通点がある。例えば『日本書紀』斉明紀五年七月条に転載された「伊吉連博徳書」によれば、遣唐使の一行は皇帝に対して、蝦夷には「都加留」「麁蝦夷」「熟蝦夷」の三種があり、そのうち「熟蝦夷」の集団だけが毎年朝貢していると陳述している。また、この前年の斉明四年から斉明六年にかけて行われたと記される、「阿部臣」「阿部引田臣比羅夫」による征夷活動や、郡領の任命を見ても、「齶田」「渟代」を中心に記述されるが、それが面的に広がっていく様子はうかがえない。むしろ斉明紀四年四月条では津軽の大領に賜物や授位が行われているのに対して、翌年の「伊吉連博徳書」では「都加留」が朝貢の対象とはされていないことなど、その関係性は流動的であいまいだと考えた方がよい[87]。

この点では隼人支配において、「阿多隼人」「大隅隼人」という限定された隼人集団との間で関係構築を行ったことと共通する。政治的な接触が本格化するにつれて緊張感は高まったにせよ、軍事的侵略が始まる七世紀後半から、本格化する和銅年間ごろまでは、蝦夷に対する中央権力の権力的な侵出・支配は全面的で徹底したものではなく、個別的な拠点経営、特定の蝦夷集団との個別的な関係構築を基本としたものであったと思われるのである[88]。

熊襲と蝦夷との違いについてはどのように考えればよいのか。

私は、最終的に両者は「叛く」勢力で、離反型征夷説話の代表として記載されることになるが、編纂作業で使われた史料は、異質なものだったと考えている。

熊襲は征討の対象として取り上げられた伝説的な勢力である。ほとんど実態もなく、景行の巡行、日本武尊の西征、神功（気長足姫）の朝鮮半島攻撃と合わせた制圧、これによって九州南部を王権が支配する「歴史」を「証明」するものであった。ところが蝦夷征夷説話は現実の蝦夷支配と並行して、その正当化と実現化を目指して記載された。したがってこうした記事から考える限り、本州北部と九州南部に対して倭国権力が抱いていた領土支配のイメージは、大きく異なっていたのではないかと思われる。まさに「土地沃壌えて曠し」（景行紀二十七年二月条）と「膂宍の空国」との違いである。そして律令政府も、そのような倭国権力の認識を継承しながら『日本書紀』を編纂した。

このように両者は本来異質な記事である。ところがそれは本州北部と九州南部という、「全国」支配をイデオロギー的に完成させるために、離反型征夷説話としていわば強引にまとめられた。中心と周縁、華と夷によって形作られる華夷思想の同心円的な世界観に大きく影響されて、夷狄を討滅し教化する征夷説話として、熊襲と蝦夷は倭・日本の「正史」に書き込まれたものなのである。

③蝦夷説話と華夷思想

「朕聞く、其の東の夷は、識性暴び強し。凌犯を宗とす」で始まる、蝦夷征夷に出立する日本武尊を激励する景行の詔（景行紀四十年七月条）は、実際の日本武尊の蝦夷に対する征討行為の説話が極めて貧弱なものでしかないのと裏腹に、全文が華夷思想的な潤色に過剰なほど満ちたものである。特にその前半では蝦夷の社会がいかに未開で、悪辣で、危険で、反道徳的で、禽獣に等しく、危険で有害であるかが執拗に語られる。神武の「東征の宣言」と並んで、華夷思想を示す典型的な一文と言ってもよい。そして後半では、「示すに威を以てし、懐くに徳を以てして、兵甲を煩さずして自づからに臣隷ほしめよ…」（同）と、その方法を語る。やはり儒教的な徳の力による夷狄の教化を主張したのである。

この詔に対する日本武尊の返答は、熊襲討伐においては先述したように「皇霊の威に頼る」こと、そして今回の蝦夷に関しては「神祇の霊に頼り、天皇の威を借りる」というものであった。蝦夷征討後の復命でも「神の恩を被り、皇の威に頼りて」征討を成し遂げたことが語られている（景行紀四十年是歳条）。まさに華夷思想と「皇霊」「神祇の霊」「天皇の威」「神の恩」「皇の威」が、一対のものとしてあったことがわかる。華夷思想抜きで蝦夷説話を語ることはできないのである。

同時に、蝦夷説話では教化に関する記事が多いことが注目される。

例えば、神武即位前紀や景行紀の土蜘蛛はすべてが殺害されるか死を余儀なくされている。さらに神功摂政前紀に記載される「山門県」でも殺されるから、結局遭遇型征夷説話に描かれた土蜘蛛はすべて殺される。また熊襲でも結果はほぼ同じであり、名前が表示された熊襲は一回目の景行紀十二年十二月条に二者、二回目の景行紀二十七年十二月条に一者描かれるが、いずれも殺される。熊襲の離反についても、やはり服属ではなく、主として討滅によって完結したと言ってもよい。

熊襲では、名前は書かれていないが、三回目の神功摂政前紀で、吉備臣の祖鴨別が派遣された時だけ「おのづから」服属したとされ、殺害したとは書かれない[89]。また先住者では進んで服属する者がある点で土蜘蛛や熊襲とは異なると言ってよい。

これに対して、蝦夷説話の結末は独特である。一回目の日本武尊の平定時に、自ら「面縛服罪」してその「罪を免したまふ」（景行紀四十年是歳条）とされ、服属の様子が具体的に描かれるほか、二回目の御諸別王の平定では兵を挙げて撃つが、足振辺・大羽振辺などの首領は「免して」とされ、服さない者だけが誅される（景行紀五十六年八月条）。敏達紀十年閏二月条では魁帥が誓盟を行って決着するし、五回目の舒明紀九年是歳条では、上毛野君形名が妻の励ましによって逆襲するが、殺害するのではなくすべて捕虜にすると書かれる。このように、雄略紀二十三年八月条の吉備臣尾代の伝承を除き、ほとんど殺されることなく赦されるのである[90]。

このように『日本書紀』では、遭遇型征夷説話・熊襲と蝦夷で処断が全く異なる。これまで華夷思想が主体的に教化する前で「止まってしまっている」と述べてきたが、蝦夷に関しては、極めて簡略であるにせよ、夷狄の罪を赦すことによって華夷思想が一貫してはいるのである。つまり遭遇型征夷説話や熊襲説話以上に、蝦夷説話では王化思想がそれなりに深められたと言ってもよいのではないか。対蝦夷政策が現実の領土支配的・人民支配的な対応に直面していたことで、その結果、景行紀四十年七月条に見られたような華夷思想の虚飾に満ちた強調と相まって、蝦夷に対する教化イデオロギーはより強調されたと考えられるのである。

つまり編纂期の蝦夷対策としては、軍事的制圧以上に、大宝令に言う「撫慰」イデオロギーが重視されていたのではないだろうか。土蜘蛛・先住者・熊襲が殺されるのに蝦夷は赦されるという「歴史」を示すことで、片方で権力の暴力性を示しながら、もう片方では徳知主義的な懐柔策を蝦夷に知らせて教化しようとする意図を感じるのである。[91]『日本書紀』編纂時の蝦夷対策（征夷政策）は、華夷思想をはじめとする中華思想のイデオロギーを、ある種忠実に受け継ぎながら、形式的な服属関係の構築を最優先させた、理念的な性格を帯びたものだったのではないだろうか。

遭遇型征夷説話と離反型征夷説話から華夷思想を見てきた。未開や野蛮を表現すること、中心と周縁を表現することのほかに、教化することのない華夷思想（土蜘蛛、先住者、熊襲）や、未開を取り込む華夷思想（吉野国栖、隼人）、王化する華夷思想（蝦夷）など、倭国に受容され、説話に反映した華夷思想（あるいは〈華夷思想ならざる華夷思想〉）は多様であった。天や徳や仁が呪術性と混融して天皇を創りあげたが、華夷思想も不可分の関係にあったと考えられる。

（1）小倉芳彦一九七〇Ⅰ―4、同補論1、川本芳昭一九八四、同一九九八、酒寄雅志一九九三、高津純也二〇〇〇、檀上寛二〇一六、堀敏一一九九三、山内弘一二〇〇三、山田統一一九八一など参照。
（2）高津純也二〇〇〇、一〇四ページ参照。
（3）川本芳昭一九八四、同一九九七、同一九九八、同二〇〇二、同二〇〇八参照。

（4）渡邉英幸二〇一二、五三ページ参照。
（5）渡邉義浩二〇〇八参照。
（6）広開土王碑文については川﨑晃二〇一二第二章、浜田耕策一九七三参照。
（7）武田幸男一九八〇参照。
（8）川本芳昭二〇〇二、酒寄雅志一九九三、仁藤敦史二〇一五参照。ただし朝鮮半島のこの時代の華夷思想については十分に明らかではなく、これらが端緒的なものであったのか、あるいは本格的なものであったのかは今後の検討が必要である。
（9）本書第2章参照。
（10）朝鮮半島との交易・交流について、五世紀代までは物資の交易が主体で、いわば下部構造的であったが、六世紀以降は知識や技術など、いわば上部構造的なものに変化する、というような理解があるようだがそのようなことはあり得ないと思う。おそらく私のように〈中華思想〉を〈倭思想〉と一体的に考え、しかも早い時期からその受容を認める見解は少数意見かもしれないが、人の交流には常に文字・言葉・思想の交流が伴うのであって、私は弥生時代以降、中華思想はかなり激しく倭（日本列島）に流入したと考えている。
（11）川本芳昭二〇〇二、同二〇〇八、田中史生二〇〇五、山尾幸久一九八九後篇一章参照。
（12）川本芳昭二〇〇二、同二〇〇八参照。
（13）山尾幸久一九八九後篇三章参照。
（14）川本芳昭二〇〇二参照。
（15）近藤浩一二〇一四参照。
（16）若月義小一九九八第二、黒田裕一一九九八参照。
（17）石母田正一九七三Ⅶ、石上英一一九八七、伊藤循二〇一六、酒寄雅志一九九三、河内春人一九九七、田中聡二〇一五、山尾幸久一九八九後篇三章など参照。なお一つ一つ注釈はつけないが、本章は近年発表された田中聡二〇一五と伊藤循二〇一六の両書各論文と随所で交錯している。両人の研究は古代の支配構造や支配制度全体を見渡すうえで重要であり、私の思想研究にも良い刺激となった。ただ私は古代の身分制度に直接的な関心を持っているわけではなく、「制度」と密接な関係にあって、明文化されることはないが、それを包括する王権の支配イデオロギーを解明することを目指しているので、両先行研究から「逸脱」する点が少なくない。例えば伊藤が史料分析で用いる「化内」「化外」概念や「夷狄」概念は、『日本書紀』編纂者以上に厳格に適用しようとしているように思えて違和感がある。田中に対しては、「夷狄側」の主体性を重視することには異論がないが、それを「自他認識」のような、いわば「対等」な関係性として分析しようとする出発点そのものに違和感が残る。もちろんそれは不安定で、時代によっても変遷するのは当然だが、おそらく支配権力は「相互認識」を破壊することによって成立するからである。

(18) 当時の東アジア情勢の中で、冊封体制的な秩序に参加しようと思えば、対外的には華夷思想を用いて中国皇帝の忠実な藩屏として従属する姿勢を示すほかない。上表文は第一義的にはこのような対外的な意思表明文であるから、これが直ちに国内支配につながるものではない。また倭王武以降、対中遣使が途絶えることと「治天下」思想が広がることを結びつけて、倭が冊封体制からの離脱を図り、自律的な「天下」を構想するようになったとか、それが倭独自に形成されたイデオロギーであったと解釈されることがあるが、この点についても今後の検討が必要であると考えている。

(19) 東野治之一九九九、山内弘一二〇〇三参照。

(20) 第2章で述べたように、王・大王・天皇の外征はしばしば挫折する。そこでは帝国主義を完遂することを妨げる力が働いていた。その意味で帝国主義と天皇主義には矛盾する側面がある。民族や国家を超えて帝国主義国となることは、倭・日本にとっては容易ではないのである。なお梁暁弈のように、「字小」と「事大」の葛藤を、『春秋公羊伝』と『春秋穀梁伝』の思想で乗り越えようとしたと考える論者もいる(梁暁弈二〇一八参照)。しかし、倭・日本は朝鮮半島のように、礼秩序をより徹底することで、夷狄であったものが「進」じて中華になるという方策は選ばなかったと私は考えている。結果的に郊祀も宗廟もなかったからである(小島毅二〇〇四参照)。また、いずれにせよこれによってコンプレックスが解消できるわけではないだろう。コンプレックスがあり続けることで、自意識過剰の産物とも言える天皇制国家ができたのだと思う。

(21) 石川九楊一九九九、同二〇〇五参照。
(22) 伊藤循二〇一六終章、三〇五ページ参照。
(23) 山尾幸久一九八九後篇三章、仁藤敦史二〇一五参照。
(24) 山尾幸久一九八九後篇二章参照。
(25) 伊藤循二〇一六終章、三一三ページ参照。
(26) 伊藤は国栖が「一般百姓の非居住域に住む非常民」で、吉野国栖はその代表だったとする（伊藤循二〇一六第Ⅱ部第七章、二二三ページ）。彼らは「非常人のもつ呪能と吉野というきわめて大きな祥瑞性によって、天皇を内部から守護する仕奉に編成された」（同ページ）。そして彼らは、「日本的な天下」を構築する要素として包摂される。こうした伊藤の理解が間違っているとは思わない。しかし伊藤の言い方を借りればここにも「中華思想に類似する思想」はなく、「化外・化内の区分・差異」もないことになる。それを「夷狄」とするかどうかは悩ましいが、私には深山の呪能で天皇に奉仕させられた吉野国栖の背景に、彼らの形象や習俗も含めて、『山海経』的な知識や華夷思想的な差別意識や、倭的な呪術信仰が混じり合ったものをどうしても考えてしまうのである。
(27) 廣瀬憲雄二〇一一第二部第一章（初出は二〇〇七）、一六二ページ参照。
(28) 大高広和二〇一三参照。
(29) 大高広和二〇一八、五ページ参照。
(30) 大隅清陽二〇一一第三部第一章、三四八ページ参照。後述するように、大隅が念頭に置いている「神話的・氏族制的イデオロギー」が、基本的には、礼制や華夷思想や儒教思想など、広い意味での中華思想とのかかわりの中で形成されたものだと私は考えているので、天皇の正当性が礼制と無関係であったとする考えにも、それを支えたのが「（礼とは無関係の）神話イデオロギー」であったとする考えにも私は従えない。確かにしばしば指摘されるように、天皇は律令や礼を「超越」した立場に立つことがある。だがこれは「無関係」だったからだろうか。天皇が律令や礼を超える支配イデオロギーを所有していたからだろうか。私にはそのように思えない。これは天皇の独自の律令継受、礼制継受であり、中華思想継受の在り方ではないのか。この点は本章では十分に展開できなかったことなので後日改めて論じることにする。

(31) 内藤乾吉一九六三参照。

(32) 大隅清陽二〇一一参照。本文で述べるように「神話的・氏族制的イデオロギー」に関しては異議があるが、大隅の一連の著作には学ぶところが多かった。

(33) 大隅清陽二〇〇一、四五ページ参照

(34) 吉村武彦一九九六第一部Ⅱ—二(初出は一九八九)参照。

(35) 吉村武彦一九九六第一部Ⅱ—一、八七ページ参照。

(36) 大隅清陽二〇〇一、四三ページ参照。

(37) 吉村武彦一九九六第一部Ⅱ—一、八九ページ参照。

(38) 森下章司二〇一六参照。古墳祭祀については「すなわち亡き首長を祖霊に加え、祖霊の霊威が再び集団に回帰することを願う祖霊祭祀の場でもあった」と理解されている(近藤義郎一九八三、一七〇ページ参照)。ただしたとえ「祖霊祭祀の場」であったとしても、「始祖信仰」とは区別すべきであろう。

(39) この点は仁藤敦史などの論者が主張する「譜第意識」についても同様であろう(仁藤敦史二〇一二第三編第二章参照)。タテに結ばれた一本の「譜第意識」で結びついているだけでは組織は成り立たない。それぞれのタテ関係の全体を包括するイデオロギーが必要である。これは五世紀でも、六世紀でも、七世紀でもそうだったと思う。

(40)『日本書紀』に見える「礼」は極めて多様に表現されている。五礼のうちの凶礼と深くかかわっていると思われる「喪礼」(允恭紀四十二年十一月条)などの葬祭にかかわる用例や、嘉礼とかかわると思われる「主人の礼」(神代紀第十段第三の一書)などの婚姻にかかわる例、あるいは賓礼とかかわる「則ち千熊長彦を将て、都下に至りて厚く礼遇を加ふ」(神功紀摂政四十九年三月条)など、吉礼と軍礼はおそらく意識的に改変されたと考えられるが、断片的ではあるにせよ書紀編纂者は明らかに五礼を意識している。なお宮地明子は、大隅が「礼」や「儒教」の継受に否定的な見解を述べてい

ることを受けて、「日本の古代国家は、儒家思想ではなく、法家思想に近い政治思想をもっていた」と想定している（宮地明子二〇〇六参照）。ここで検討した「神話」や「氏族的世界観」ではなく、「法家思想」にイデオロギーの根拠を求めるわけだが、倭・日本における法の意味を問うことなく、儒家でなければ法家という発想が私には理解できない。

(41) 山尾幸久一九九六、一五ページ参照。

(42) 田中聡二〇一五第1部第1章（初出は二〇〇二）参照。

(43) 若槻真治二〇一一参照。土蜘蛛説話が氏族と関係しないという点では『古事記』も同様である。例えば神武記の「尾生る土雲八十建」は「八十膳夫」によって打ち倒されるが、そこには道臣命などの氏族関係者は介在しない。

(44) 荻原千鶴一九九八第二章（初出は一九七七）、同第三章（初出は一九七九）参照。また、岩波文庫本『日本書紀　一』二〇七ページの注三で述べられているように、「嘗て刃に血らずして、虜必ず自づからに敗れなむ」という一節が両者に共通することなど、神武即位前紀と景行紀の述作は類似する。土蜘蛛の説話を例に挙げても、海石榴で「椎」を作って兵器にして、選抜した「猛き卒（いくさ）」にそれを持たせて「石室」の土蜘蛛を急襲する説話（景行紀十年十月条）と、道臣命が「猛き卒（いくさ）」を選んで「大室屋」の敵と混ぜ、合図をすると「頭椎剣」で一斉に襲いかかる説話（神武即位前紀）などは類話といってよいほど似ている。また、「戸畔」の名が共通することや、「長髄」「国樔」そして土蜘蛛など、異形のものが登場することについても同様である。神武紀と景行紀が、近接する時期に、似通った編纂者が関与してまとめていることは確かだろう。

(45) 松倉文比古が既にこの「叛」「反」の用例については分析を加えている（松倉文比古二〇〇七参照）。

(46) 『日本書紀』では「そむく」の漢字で「叛」「反」両字が用いられる。本章では、引用する場合を除き、一般的に用いる場合には「叛」を使う。また『古事記』では「叛（反）」を「叛く」の意味で用いることはない。したがって離反型征夷説話は『古事記』には存在しない。

(47) この「叛」字の使用例から見る限り、熊襲と蝦夷の両者は九州南部と本州北部という、「全国」の両端、一対の「辺境」として取り扱われたと思われる。『日本書紀』や律令法で、蝦夷と一対で登場する集団としては他に「隼人」や「南島人」などもあり一定しないが、熊襲をそのようにとらえる考え方もあったのではないか。
(48) 津田左右吉一九四八第二章参照。
(49) このほか景行紀では神夏磯媛が「一国の魁帥」、速津媛が「一処の長」とされる。なお野田嶺志二〇一〇第十四章では、「魁帥」、「渠師者」などを「村の将軍」として取り上げている。野田の着眼点には先駆性を感じるが、私の場合は『日本書紀』編纂者のイデオロギーを介在させて史料分析にあたるのに対して、野田の場合は直接的に実体化に向かう点で、同じような史料を用いても結果は大きく異なったものになる。
(50) 神武紀では、「遂に」からわかるように長髄彦との戦いが最終戦だということが示されている。天神に連なる長髄彦の系譜が記載されることから考えても、長髄彦がこの「大和平定」における敵対者の代表であることは間違いない。しかし彼らは「大和」の集団としては取り上げられておらず、長髄彦も全体の統率者であったとはされていない。
(51) 岩波文庫本『日本書紀 二』、六七ページ注十二参照。
(52)『肥前国風土記』佐嘉郡条には、荒神を祀る方法を「県主等祖大荒田」に伝授する土蜘蛛大山田女と土蜘蛛狭山田女が記載され、また同風土記松浦郡条には贄を献上する土蜘蛛大耳と垂耳が記載されている。特に前者は制圧の対象とはなっておらず、『日本書紀』をそのまま採用することも多い『肥前国風土記』では、他の土蜘蛛伝承とは全く異質のものである。その説話自体の古さはさておき、これらがもともと「土蜘蛛」の名称で伝承されてきたものかどうか私は疑問に思っている。永藤靖二〇〇八参照。
(53)『古事記』では大八島国生成段に「筑紫島」の中で「熊襲国」が取り上げられるのが初見である。
(54) 第三回目の仲哀紀から神功紀にかけての熊襲征夷説話は、仲哀の死にかかわる記事を残すなど『日本書紀』の中でも特殊なものである。ただし熊襲を制圧する具体的な記事がないために本章ではほとんど触れない。
(55) 中村明蔵や熊田亮介のように、大隅半島の志布志湾沿岸部に畿内の影響を強く受けた前方後円墳などが五世紀代に多数出現すること。仁徳妃を出した伝承を持つ諸県君の本拠地と近いなど倭の「進出」を示す史料があること。その逆に独自の墓制である地下式横穴が継続して営まれる地域があること。八世紀初頭以降に隼人が律令政府に激しく敵対すること。

この侵出や抵抗の史料などを結びつけ、征夷説話の背景に、五世紀以降に南部九州に進出して服属を求める「大和政権」と、それに対する在地勢力の抵抗の記憶が反映していると考える説も伝統的に存在する（中村明蔵一九七七、同一九八〇、熊田亮介一九九六参照）。しかし私は、墓制や婚姻伝承の意味を考えることは必要であるとしても、『日本書紀』の記述を無理に結びつけることには反対である。田中聡二〇一五第Ⅰ部第3章（初出は一九八九）参照。

(56) 小倉芳彦一九七〇Ⅰ―1参照。

(57) 熊襲説話が土蜘蛛説話と異なって、律令官人にとって現実的な影響力を持っていたことについては、若槻真治二〇一一参照。

(58) ただし景行紀の一回目の熊襲征夷説話と履中即位前紀の「近習隼人」の説話は、近親（近習）する者に裏切らせて首領（皇子）を殺させ、その後、その近親者（近習）も殺す説話と考えれば、形式的に両者はよく似ている。ほとんどその痕跡のない、熊襲説話と隼人説話の類似性を示す稀有な例と言えるかもしれない。

(59) 亀井輝一郎一九九一参照。

(60) 注(55)参照。

(61) 中村明蔵一九九五、一四六ページ参照。

(62) 田中聡二〇一五第Ⅰ部第2章、八九ページ参照。

(63) 中村明蔵らが強調するように、「熊襲」の名前が、「勇猛で反抗的な」「贈於の人」という意味で、「熊」にも「襲」にも蔑称としてのニュアンスが込められている、という理解が一般的かもしれないが疑問に思う。「熊」には獰猛な禽獣としての意味以外に、水神として崇敬される一面もあるし、神名や人名にも頻繁に使われる。「天熊人」や「忍熊皇子」や「千熊長彦」から蔑視を読み取ることは難しいだろう。また「襲」についても、崇神の姨で神憑する倭迹迹日百襲姫や葛城襲津彦が「襲」を用いることから考えると、ここに蔑視が含まれていたと考えることはできない。『古事記』で「国生み」神話に「熊襲国」が記載されることも、それが蔑称であったとすれば、「国生み」神話自体が成り立たないのではないか。

(64) 隼人の呼称については、四神の朱雀と関連づけて説明する中村明蔵や、隼人は「ハヤヒト」のことで、「俊敏で勇猛なもの」として天皇や皇子の近辺に仕えるものを指していたという小林敏男などの説がある（中村明蔵二〇〇一、小林敏男一九八三参照）。また「隼人」の呼称は「朝貢」とかかわって用いられるものだとする永山修一の見解もある（永山修一二〇〇一参照）。私が最も可能性を感じるのは小林敏男の説で、確かに「速素戔嗚尊」（神代紀第五段）、「建速須佐之男」（神代記）のように、「速い」ことと「勇猛」との結びつきは強いと思われる。「速い」ことと「勇猛」との結びつきが実際の武力的なものか、呪術的なものかの検討は別に必要であるが、隼人の「ハヤ」がこの「速い」ことを意味し、また「ハヤヒト」がいわゆる「人制」とかかわるのであれば、隼人の警護役的な職能が、五世紀後半以降のかなり古い段階からあったという推定はしやすい。ただ「速（捷）」は中国伝来の武人のイメージにもある。『日本書紀』でも百衝（仁徳紀五十三年五月条）や、宿儺（仁徳紀六十五年）、鷲住王（履中紀六年二月条）などが「軽く捷し」とされる。『古事記』でも垂仁記に同様の表現がある。したがって「速い」ことと「勇猛」が結びついたのは新しい段階であった可能性もある。

(65) 永山修一二〇〇一、原口耕一郎二〇〇八、同二〇一一参照。

(66) 第一回目と第三回目の説話では、「議討熊襲」と、同じ表現で熊襲攻撃を議論するとされており、何らかの関連性を感じさせる。

(67) 津田左右吉一九四八第二篇第二章参照。

(68) この「刃に血らずして…」の一節は、『荀子』議兵篇第十五などに見られる表現である。このような非戦思想的な表現は『日本書紀』にしばしば現れるが、私は『荀子』との関連が強いと感じている。例えば『荀子』巻第七王覇篇第十一、巻第十八成相篇第二十五参照。

(69) 本書第5章では、本章とは異なった角度で、日本武尊による熊襲西征の記事を取り上げているので参照されたい。

(70) 津田左右吉一九四八第二篇第二章、小林敏男一九八三、中村明蔵一九九五など参照。全体として日本武尊説話が景行西征説話よりも先行することは確かであろう。ただし景行西征説話の中には、熊襲説話もあれば、前記した遭遇型征夷説話も含まれている。それらの個別の説話が形成された時期についてはまた別に考える必要がある。例えば景行西征説話に含まれる熊襲説話は、景行西征説話の全体がまとめられるよりも先行して存在していたのではないかと考えている。

(71) 九州南部に対して倭王権が何らかの関心や認識を持ち始めた時期は、百済では武寧王・聖明王、新羅では法興王が即位し、高句麗を交えた戦闘が激化して、その結果金官加羅が滅亡する時代、六世紀初頭から六世紀第二四半期以降のことではなかったかと考える。朝鮮半島に対する本格的な軍事介入を行うとともに、「磐井の乱」のような騒乱が発生し、屯倉の設置など九州北部の重要性が高まった結果、九州の「辺境」に対して倭王権の支配意思が向けられることになったのではないか。ここを出発点としておよそ百年の間に、プロトタイプの熊襲征夷説話が形成されたと言えるのではないだろうか。

(72) 小林敏男は「クマソ」を北部九州の人が南部九州の人を呼ぶときの呼称であったものが、磐井の乱後に北部九州を経由して「ヤマト王権」に伝来したと想定している（小林敏男一九八三参照）。

(73)『日本書紀』には類似した表現が七ヶ所で見られるが、うち神武即位前紀の先住者説話三件、熊襲説話二件、蝦夷説話一件、新羅侵攻記事（仲哀紀八年九月条）一件である。なおこの『荀子』の思想については、第5章注(39)参照。

(74) 中村明蔵一九七七、同一九八〇、同一九九五参照。天武紀以前の記事にも朝貢や饗応・服属（内附・内属）に関するものはあるが（清寧紀四年八月条、欽明紀元年三月条、斉明紀元年是歳条）、これらはいずれも短文で、漢籍による潤色があることも指摘されているように、確実な史料とは言いがたい。この点で原口耕一郎が行っている検討結果におおむね同意する（原口耕一郎二〇〇八、同二〇一一参照）。

(75) 隼人と王権との関係強化の背景に、南島経営への進出を重視する見解としては小林茂文一九八七、田中聡二〇一五第Ⅰ部第3章（初出は一九八九）参照。

(76) 例えば小林茂文は「隼人には地域差もあり、以前から大和政権と交流したり畿内移住した隼人も存在したと思うが、一定領域の隼人が集団的に服属するに伴いほぼ同時に恐らく首長層に率いられて朝貢を継続するようになるのは天武朝を措いて外にない」と述べる（小林茂文一九八七、二〇ページ参照）。私は南部九州に対して倭王権が関心を持ち始めるのは、注(71)で述べたように六世紀初頭から六世紀第二四半期以降で、本格的に介入し始めるのは、白村江戦や遣唐使の南路コースから考えて七世紀第三四半期だと推定する。後述するように、この点は本州北部の蝦夷と大きく異なる。

(77) 田中聡二〇一五第Ⅰ部第1章(初出は二〇〇二)参照。

(78) 原口耕一郎二〇〇八、同二〇一一、伊藤循二〇一六第Ⅱ部第八章参照。特に原口は隼人関連記事の詳細な出典研究を行っている。それによればほぼすべてが漢籍による潤色が認められ、隼人は中国的夷狄観によって創出されたものだとされる(原口耕一郎二〇一一参照)。

(79) 伊藤循はこれを「天武期以前隼人不在論」と呼んで中村明蔵、永山修一の見解を批判する(伊藤循二〇一六第Ⅱ部第八章参照)。

(80) 伊藤循二〇一六第Ⅱ部第九章参照。

(81) 田中聡二〇一五第Ⅰ部第2章参照。

(82) 原口耕一郎二〇〇九、一四ページ参照。

(83) 蝦夷について書かれた論文は枚挙にいとまがないが、代表的なものとして熊谷公男二〇〇四などの一連の著作。今泉隆雄一九九二、熊田亮介一九九四などのほか、伊藤循一九八六、鈴木靖民編一九九六、武廣亮平一九九六、田中聡二〇一五第Ⅰ部第1章(初出は二〇〇二)、同第Ⅱ部第5章、若月義小一九八五など参照。

(84) 日本武尊の東征が、もとから離反型征夷説話であったのかどうかは疑問である。日本武尊は駿河の賊に欺かれるし、海神にも山神にも翻弄されるが、これらは遭遇型征夷説話に近い。東征が関東地方までを対象としていて蝦夷征夷が付け加えられるまでは、日本武尊の東征説話は遭遇型征夷説話だったのではないだろうか。

(85) 熊谷公男一九九七a参照。三輪山を対象とした呪術性から考えて、敏達紀十年閏二月条に記載された服属儀礼に一定の古さを認めることはやぶさかでない。ただしその盟文にある「清明心」「天地諸神及天皇霊」などの用語から考えて、このすべてを六世紀後半代の実態として認めることは躊躇せざるを得ない。また、その儀礼の歴史性と、『日本書紀』がこれを蝦夷の服属に用いていることは別問題である。六世紀後半代に、大和まで出向いて服属した蝦夷は一人も存在しなかった、とまでいうつもりはないが、倭王権が本格的に蝦夷制圧に乗り出すのは約半世紀は下ると思う。したがって、この敏達紀十年の記事も、記録というよりも縁起として考えるべきであろう。

(86) 若槻真治二〇一一参照。関東地域の豪族の割拠状況やその消長については様々な議論があるが、私はやはり毛野氏の仲介・介在なくして倭国が東北地域に対して政治的な影響力を及ぼすことは不可能であったと考えている。津田左右吉一九四八第二篇第三章参照。なお熊谷公男は、関東系土器の出現と敏達紀十年の綾糟などの記事を結びつけ、在地勢力が関与する以上に、六世紀後半以降に倭王権が東北に直接進出する側面を重視するが疑問である（熊谷公男二〇〇四参照）。毛野氏については、前沢和之一九九二、三品彰英一九六四、若月義小一九九一参照。また平野卓治も述べるように、関東から北東北への「移民」も、八世紀以降のように国家が一般百姓の「戸」を強制的に移住させるものではなく、在地勢力を中心として行われたものだろう（平野卓治一九九六参照）。関東地域が前期古墳の段階から倭王権とは強い結びつきを持ったことはしばしば指摘されるところであり、稲荷山鉄剣銘文などからも五世紀代の埼玉地域と王権の結びつきはうかがえるが、五世紀代に関東地域において倭王権と関東の地方豪族の政治的結合がすでに恒常化していたと考えることに対して私は懐疑的である。

(87) 若月義小は蝦夷征討が律令的領域形成などにより天武紀に開始されるとする。また、律令政府の東北計略の発端として、粛慎に対する辺境防備体制構築が必要であったことを重視する（若月義小一九八五参照）。

(88) 田中聡二〇一五第Ⅰ部第１章、伊藤循一九九六参照。ただし伊藤が律令制前段階の蝦夷支配の特徴として、「即物的性格」が強いことを強調する点には違和感がある。確かに礼的秩序は前提とされていない。しかしそのことが直ちに「即物的側面」につながるのか。私は倭王権の権力性は呪術・宗教と密接に結びついていると考えているので、ただ単に貢納物を要求するような支配は、それが一面の事実であることは認めるとしても、存在しないと考える。

(89) 私はこの熊襲征夷第三回目の服属と蝦夷征夷第一回目の服属は、「おのづから」服従するという点で、説話相互が対応していると考えている。また、注(66)で述べたように、熊襲征夷第一回目と第三回目が対応していると考えているので、この三者は編纂のある段階の近い時期に成文化された可能性があるのではないか。

(90) 砂入恒夫は日本武尊「西征」「東征」の暴力性の違いを、「非神威譚」と「神威譚」との対比として注目している。砂入はこれを、「東征」が伊勢神宮神威譚として形成されたことと、伝承の形成時期が「西征」よりも遅れるということから説明する（砂入恒夫一九八三所収「ヤマトタケル伝説の成立に関する試論」、初出は一九七五）。尊重すべき意見だと思われるが、私は『日本書紀』における熊襲と蝦夷に関する認識の違いとして説明できると思っている。むしろ儒教イデオロギーや王化思想から分析すべきではないだろうか。

（91）風俗歌舞の奏上が隼人にはあるのに蝦夷にはないこと、隼人が基本的には公民化するのに蝦夷はあくまでも教化の対象であったことなど、熊田亮介や今泉隆雄などが指摘している蝦夷の特殊性は、本文で指摘した「赦される蝦夷」の性格と深く関連しているのではないか（今泉隆雄一九九二、熊田亮介一九九四参照）。現実的な律令政権の政策と、蝦夷の説話との直接的なつながりを知ることができる可能性がある。

＊参考文献

赤坂憲雄一九九一「物語　空間　権力」『現代哲学の冒険　第7巻』岩波書店
秋本吉徳二〇〇二「常陸風土記の世界」『国文学解釈と鑑賞　858』
荒井秀規一九九四「「東国」とアヅマ」『古代王権と交流　2』名著出版
同　　二〇〇九「古代における地域社会の構造と統合」『歴史学研究　859』
荒木美智雄一九八五「聖なる時間・空間」『新岩波講座　哲学　第7巻』岩波書店
石上英一一九八七「古代東アジア地域と日本」『日本の社会史　第1巻』岩波書店
同　　一九九五「律令制と古代天皇支配による空間構成」『講座前近代の天皇　第4巻』青木書店
石川九楊一九九九『二重言語国家・日本』日本放送出版協会
同　　二〇〇五『「二重言語国家・日本」の歴史』青灯社
石母田正一九七三『日本古代国家論　第一部』岩波書店
伊藤　循一九八六「律令制と蝦夷支配」『古代国家の支配と構造』東京堂出版

同　　　一九九四「古代王権と異民族」『歴史学研究』665

同　　　一九九六「古代国家の蝦夷支配」『古代王権と交流　1』名著出版

同　　　二〇〇四「蝦夷と隼人と天皇」『歴史地理教育』670

同　　　二〇一六『古代天皇制と辺境』同成社

猪股ときわ二〇〇三「常世の国の倭武天皇」『東北学　8』

今泉隆雄一九八六「蝦夷の朝貢と饗給」『東北古代史の研究』吉川弘文館

同　　　一九九二「律令国家とエミシ」『新版古代の日本　第9巻』角川書店

及川智早二〇〇〇「『古事記』中巻ヤマトタケル命西征譚試論」『国文学研究』130

大隅清陽二〇〇一「君臣秩序と儀礼」『日本の歴史　第08巻　古代天皇制を考える』講談社

同　　　二〇一一『律令官制と礼秩序の研究』吉川弘文館

大高広和二〇一三「大宝律令の制定と「蕃」「夷」」『史学雑誌』122―12

同　　　二〇一八「古代国家の対外的諸関係」『日本史研究』666

大津　透一九八五「律令国家と畿内」『日本書紀研究　第13冊』塙書房

同　　　一九八六「万葉人の歴史空間」『国語と国文学』67―4

同　　　一九九五a「中華思想と諸民族の「統合」」『思想』851

同　　　一九九五b「貢納と祭祀」『思想』858

大平　聡一九九八「古代国家と南島」『沖縄研究ノート　6』

荻原千鶴一九九八『日本古代の神話と文学』塙書房

同　　　一九九九「『出雲国風土記』の地名起源叙述の方法」『古事記・日本書紀論叢』続群書類従完成会

小倉芳彦一九七〇『中国古代政治思想研究』青木書店

尾畑喜一郎一九八六「原ヤマトタケル物語をめぐって」『上代文学　56』

何　東　二〇〇八「唐代前期の土地所有に関する一考察」『九州法学　96』
亀井輝一郎一九九一「磐井の乱の前後」『古代の日本　第3巻』角川書店
川﨑　晃二〇一二『古代学論究』慶應義塾大学出版会
川本芳昭一九八四「五胡十六国・北朝期における胡漢融合と華夷観」『佐賀大学教養学部研究紀要　16』
同　一九九七「五胡十六国・北朝時代における「正統」王朝について」『九州大学東洋史論集　25』
同　一九九八「五胡における中華意識の形成と「部」の制の伝播」『古代文化　50－9』
同　二〇〇二「漢唐間における「新」中華意識の形成」『九州大学東洋史論集　30』
同　二〇〇三「隋書倭国伝と日本書紀推古紀の記述をめぐって」『史淵　141』
同　二〇〇六「倭国における対外交渉の変遷について」『史淵　143』
同　二〇〇八「魏晋南朝の世界秩序と北朝隋唐の世界秩序」『史淵　145』
北　啓太一九八七「征夷軍編成についての一考察」『書陵部記要　39』
鬼頭清明一九九一「ヤマトタケルとワカタケル大王」『東洋大学大学院記要・文学』
熊谷公男一九八五「蝦夷の誓約」『奈良古代史論集　1』
同　一九八六「阿部比羅夫北征記事に関する基礎的考察」『東北古代史の研究』吉川弘文館
同　一九九七a「蝦夷と王宮と王権」『奈良古代史論集　3』
同　一九九七b「古代城柵の基本的性格をめぐって」『国史談話会雑誌　38』
同　二〇〇四『古代の蝦夷と城柵』吉川弘文館
熊倉浩靖一九九四「上毛野氏と東国六腹の朝臣」『古代を考える　東国とヤマト王権』吉川弘文館
熊田亮介一九八六「蝦夷と蝦狄」『東北古代史の研究』吉川弘文館
同　一九九二「蝦夷と古代国家」『日本史研究　356』
同　一九九四「古代国家と蝦夷・隼人」『岩波講座　日本通史　第4巻』岩波書店

同　　一九九六「古代国家と南島・隼人」『歴史評論　555』
黒田裕一一九九八「推古朝における「大国」意識」『国史学　165』
河野勝行一九六九「ヤマトタケル伝説の成立」『歴史学研究　346』
河内春人一九九七「日本古代における礼的秩序の成立」『明治大学人文科学研究所記要　43』
同　　二〇〇四「唐から見たエミシ」『史学雑誌　113－1』
児島恭子一九八四「エミシ、エゾ、「毛人」「蝦夷」の意味」『律令制と古代社会』東京堂出版
小島　毅二〇〇四『東アジアの儒教と礼』山川出版社
呉　哲男二〇〇五「表象としての東歌」『上代文学　94』
小林茂文一九八七「隼人の敗北と社会」『続日本紀研究　252』
小林敏男一九八三「クマソ・ハヤト問題の再検討」『鹿児島短期大学研究紀要　31』
近藤浩一二〇一四「6世紀百済の思想的基盤と天下観の形成」『京都産業大学日本文化研究所紀要　19』
近藤義郎一九八三『前方後円墳の時代』岩波書店
坂本太郎一九六四「日本書紀と蝦夷」『日本古代史の基礎的研究　上』東京大学出版会（初出一九五六）
酒寄雅志一九九三「華夷思想の諸相」『アジアの中の日本史　v』東京大学出版会
佐々木民夫一九九九「古代東国と「ミヤコ」・「ヒナ」」『東北文学の世界　7』
西郷信綱一九九五『古代の声』朝日新聞社
西條　勉一九九二「ヤマトタケルの暴力」『日本文学　41－8』
同　　一九九六「雄略的なものの克服」『国文学論輯　17』
品田悦一一九八六「万葉集東歌の地名表出」『国語と国文学　63－2』
同　　二〇〇三「万葉集東歌の原表記」『日本文学研究大成　万葉集　Ⅱ』国書刊行会（初出は一九八五）
篠原幸久一九九七「ヤマトタケルと雄略天皇」『古代文化　49－12』

鈴木靖民編一九九六『古代蝦夷の世界と交流』名著出版
砂入恒夫一九八三『ヤマトタケル伝説の研究』近代文藝社
関　晃一九七七ａ「律令国家と天命思想」『東北大学日本文化研究所研究報告　第13集』
同　一九七七ｂ「中国的君主観と天皇観」『季刊日本思想史　4』
高津純也一九九八「春秋三伝に見られる「華夷思想」について」『史料批判研究　1』
同　二〇〇〇「先秦時代の「諸夏」と「夷狄」」『日本秦漢史学会会報　1』
高橋富雄一九八六「総論　東北古代史の位置づけ」『東北古代史の研究』吉川弘文館
武田幸男一九八〇「五～六世紀東アジア史の一視点」『東アジア世界における日本古代史講座　第4巻』学生社
武廣亮平一九九六「日本古代の「夷狄」支配と「蝦夷」」『歴史学研究　690』
同　二〇〇〇「「東人」と王権・国家」『歴史評論　597』
同　二〇〇三「日本古代のエミシ「移配」政策」『歴史と地理　565』
多田一臣二〇〇〇「東歌と防人歌」『上代の日本文学』日本放送出版協会
同　二〇〇一「古代吉野論のために」『国語と国文学　78―6』
同　二〇〇二「「記紀」に見るヤマトタケルの東征」『国文学解釈と鑑賞　858』
田中　聡二〇一五『日本古代の自他認識』塙書房
田中史生二〇〇〇「〈異人〉〈異域〉と古代の交通」『歴史評論　597』
同　二〇〇五『倭国と渡来人』吉川弘文館
檀上　寛二〇一六『天下と天朝の中国史』岩波新書
東野治之一九九九『遣唐使船』朝日新聞社
津田左右吉一九四八『日本古典の研究　上』岩波書店
遠山一郎一九九八「天皇の世界」『天皇神話の形成と万葉集』塙書房（初出は一九八二、原題は「アメノシタの成立」）

内藤乾吉一九六三「近江令の法官・理官について」『中国法制史考證』有斐閣（初出は一九五七）
直木孝次郎一九六四『日本古代の氏族と天皇』塙書房
中川佳律二〇〇七「五・六世紀の倭国における国際認識と国家構想」『立命館史学　28』
永田　一二〇〇九「古代「アヅマ」と「エミシ」についての一試論」『法政史学　71』
中西　進一九九六「夷」「東方の歌謡」「東国の土のかおり」『万葉論集　5』講談社
永藤　靖一九八六「神話・空間・祭祀」『文芸研究　54』
同　二〇〇一「模倣する〈国家〉」『文芸研究　85』
同　二〇〇八「『肥前国風土記』の山海河海」『文芸研究　104』
中村明蔵一九七七『隼人の研究』学生社
同　一九八〇「クマソの実態とクマソ観念の成立について」『日本古代の国家と宗教　下巻』吉川弘文館
同　一九九五『クマソの虚像と実像』丸山学芸図書
同　二〇〇一『隼人の古代史』平凡社新書
永山修一一九九二「8世紀隼人支配の特質について」『古代文化　44―7』
同　二〇〇一「隼人をめぐって」『東北学　4』
西本昌弘一九九七「畿内制の基礎的考察」『日本古代儀礼成立史の研究』塙書房（初出は一九八四）
西本良平一九九六「古代国家と地域社会」『日本の古代　第15巻』中公文庫
仁藤敦史二〇〇一「ヤマトタケル東征伝承と焼津」『焼津市史研究　2』
同　二〇〇四「古代日本の世界観」『国立歴史民俗博物館研究報告　第119集』
同　二〇〇八「六・七世紀の地域支配」『支配の古代史』学生社
同　二〇一二『古代王権と支配構造』吉川弘文館
同　二〇一五「『日本書紀』編纂史料としての百済三書」『国立歴史民俗博物館研究報告　第194集』

仁藤智子二〇〇三「古代人の空間認識」『国文学解釈と教材の研究　48―14』
野田嶺志二〇一〇『日本古代軍事構造の研究』塙書房
朴　昔順二〇〇一「日本古代国家の対「蕃」認識」『日本歴史　637』
浜田耕策一九七三「高句麗広開土王陵碑文の虚像と実像」『日本歴史　304』
原口耕一郎二〇〇八「『記・紀』隼人関係記事の再検討（一）」『人間文化研究　9』
同　　二〇〇九「「日向神話」と南九州、隼人」『鹿児島地域史研究　5』
同　　二〇一一「『記・紀』隼人関係記事の再検討（二）」『人間文化研究　15』
原島礼二一九九四「古代東国の歴史的位置」『古代を考える　東国とヤマト王権』吉川弘文館
平川　南二〇〇五「古代東国史の再構築に向けて」『上代文学　94』
平野邦雄一九八六「古代ヤマトの世界観」『史論　39』
同　　一九八七ａ「いま歴史学から〈古代〉を見る」『国文学解釈と教材の研究　32―2』
同　　一九八七ｂ「ヤマトから見た「東国」とは何か」『明日香風　21』
平野卓治一九九六「蝦夷社会と東国の交流」『古代王権と交流　1』名著出版
廣瀬憲雄二〇一一『東アジアの国際秩序と古代日本』吉川弘文館
藤沢　敦二〇〇一「倭の周縁における境界と相互関係」『考古学研究　48―3』
同　　二〇〇四「創出された境界」『文化の多様性と比較考古学』
同　　二〇〇七「倭と蝦夷と律令国家」『史林　90―1』
古橋信孝一九八五『万葉集を読みなおす』日本放送出版協会
堀　敏一一九九三『中国と古代東アジア世界』岩波書店
前田安信一九九〇「風土記地名起源説話の展開」『国語国文研究　86』
前沢和之一九九二「豊城入彦命系譜と上毛野地域」『国立歴史民俗博物館研究報告　第44集』

松倉文比古二〇〇七「景行紀の構成」『龍谷紀要　28―2』
松本直樹一九八八「「天降」の意味」『上代文学　61』
同　　一九八九「「天下」の意味と構造」『国文学研究　99』
同　　二〇〇三「ヤマトタケルと王権」『国文学研究　139』
三浦佑之二〇〇三「古事記講座―出雲神話と出雲世界―」『文學界　57―4』
右島和夫一九九二「古墳から見た6、7世紀の上野地域」『国立歴史民俗博物館研究報告　第44集』
三品彰英一九六四「荒田別・田道の伝承」『朝鮮学報　31』
三谷邦明一九八一「古代地名起源伝説の方法」『日本文学　30―10』
宮地明子二〇〇六「日本古代国家論」『日本史の方法　3』
毛利正守一九九五「古事記の表記をめぐって」『古事記研究大系　第10巻』高科書店
森下章司二〇一六『古墳の古代史』ちくま新書
山尾幸久一九八九『古代の日朝関係』塙書房
同　　一九九六「『日本書紀』の国家史の構想」『日本思想史学　28』
同　　二〇〇三『日本古代国家と土地所有』吉川弘文館
同　　二〇〇六『「大化改新」の史料批判』塙書房
山内弘一二〇〇三『朝鮮からみた華夷思想』山川出版社
山田　統一九八一「天下という観念と国家の成立」『山田統著作集　第一巻』明治書院
山中　章二〇〇四「古代王権の首都像」『文化の多様性と比較考古学』
吉井　巌一九七六『天皇の系譜と神話　第二巻』塙書房
同　　一九七七『ヤマトタケル』学生社
吉村武彦一九九六『日本古代の社会と国家』岩波書店

同　　一九九七「都と夷（ひな）・東国」『万葉集研究　第二十一集』塙書房
梁　暁弈二〇一八「日本古代における華夷思想とその影響」『日本歴史　844』
若月義小一九八五「律令国家成立期の東北経営」『日本史研究　276』
同　　一九八七「古代北方史研究の課題」『新しい歴史学のために　188』
同　　一九九一「「東国の調」の実態と性質」『立命館文学　521』
同　　一九九八『冠位制の成立と官人組織』吉川弘文館
若槻真治二〇一一「夷征論」『古代文化研究　19』島根県古代文化センター
渡辺信一郎二〇〇三「天下のイデオロギー構造」『中国古代の王権と天下秩序』校倉書房（初出一九九九）
渡邉英幸二〇一二「〈中華〉観念の淵源と華夷思想の論理」『歴史と地理　656』
渡邉義浩二〇〇八「両漢における華夷思想の展開」『両漢儒教の新研究』汲古書院

第5章　倭国軍事思想論序説

1．日本武尊の「孤独」と「悲劇」

武人説話には、武人が軍兵を伴う説話とそうでない説話があるが、軍兵を伴わない武人の代表が日本武尊である[1]。

日本武尊を論じた古代史や国文学の研究は膨大な数に上る[2]。特定の人物についてこれだけまとまった説話があること自体が稀なうえに、九州南端から関東まで華々しく西征や東征を行うこと、倭比賣（記）、弟橘媛（記紀）、宮簀媛（記紀）などの女性が重要な役割を果たすこと、さらには凱旋がかなわずに最期を迎えることなど、説話の構成要素も豊富で、雄略記紀や『宋書』の「倭王武上表文」などとの共通性があり、王権形成史や国家形成史を解明するうえで避けては通れない史料であることがその理由だろう。そこでは一般的に、日本武尊の説話は「悲劇」の説話として理解されてきた。

例えば、「英雄時代論争」の発端となった古典的な論文の中で、石母田正は日本武尊の説話について次のように述べている[3]。

この英雄物語からは、兵士の集団が行軍するかすかな足音さえもきこえない。およそ集団的なもの、社会的なもの、共同的なものは一切見ることはできないのである。ここに描かれているのに戦争という人間の集団と集団が攻防の起伏を経て相うつ戦闘ではなくて、英雄と英雄との格闘か、または人間と眼にみえない神々との絶望的悲劇的な闘争である。

「兵士の集団が行軍するかすかな足音さえもきこえない」という石母田の指摘が印象深い。

石母田は『古事記』に描かれた英雄を、日本武尊が「浪漫的英雄」、「来目歌」の「われ」に表象される「族長」が「叙事詩的英雄」、神武天皇が「散文的英雄」という三つの類型に分類した(4)。石母田が日本武尊を「浪漫的英雄」としたのも、上記で引用した箇所に示されているように、西征や東征を軍兵を率いることなく行う日本武尊の説話を、「孤独」や「悲劇」を描いた説話ととらえたからであった。

ここで簡単に石母田の論文を振り返っておく。

石母田は、民衆が未開の状態から抜け出して、次の新しい時代を切り拓こうとする過渡期に現れる民衆のリーダー、一体感を持って民衆を率い、「集団的」で「社会的」で「共同体的」な存在感を持ち、多くの場合は族長である彼らが、本来的つまり世界史的な意味での「英雄」のモデルだと考えている。この最も英雄らしい英雄が「叙事詩的英雄」である。そしてそれが古代日本にも存在したこと、その「現実の歴史過程」「英雄時代の存在」を認めなければならないという。古代国家の形成は「皇室または天皇」ではなく、この「族長」「貴族階級」によって成し遂げられた。古代日本の貴族階級も、「叙事詩的英雄時代」を体験したはずだ。この国家形成期の歴史の断片を残すのが、「来目歌」であり日本武尊説話である。そこには時代の「英気」や「時代の客観的精神」が現れている。このように言う。

だが、「古代貴族の階級的矛盾」は彼らに「敗北」をもたらす。「自由な独立農民の広汎な存在」という条件が欠けていたために、また、「古代の族長的豪族的貴族階級」が「律令制的宮廷的貴族」に転身して「独立的精神」

を失ったために、「英雄物語」の「叙事詩的精神の成長の道」は閉ざされた。「政治的論理のみじめさ」や「古代天皇制の志向」によって、「古代貴族」は、天皇制の中に自分を位置付ける「自己ぎまん」に陥り、「堕落」し、万葉集に連なる「抒情的浪漫的英雄」に埋没した。その結果生まれたのが、上述のような「絶望的悲劇的な闘争」をする日本武尊であった。

つまり石母田にとって、「兵士の集団が行軍するかすかな足音さえもきこえない。およそ集団的なもの、社会的なもの、共同的なものは一切見ることはできない」、この日本武尊の「孤独」は、日本武尊の生涯が悲劇的だったということだけでなく、日本古代史全体にわたっての「叙事詩的英雄の貧困」を意味している。石母田は、日本武尊が「孤独」であることから、古代貴族が独立性を失って「皇室に隷属する」こと、古代貴族の天皇制に対する敗北、古代天皇制の古代貴族に対する勝利を導いたのである。

このように、来目歌の「われ」と日本武尊を中核として打ち立てられた石母田の「英雄時代論」は、日本武尊の「孤独」や「悲劇」の解釈と切り離すことができない。石母田は、日本武尊の「孤独」や「悲劇」を、日本列島の古代思想や古代権力を象徴する問題としてとらえたと言える。

私は本章で日本武尊論を展開するつもりはない。ただ日本武尊説話を石母田とは異なった視点で、つまり軍事思想論として考え直してみたいと思っている。その際に注意すべき点は二つある。

まず第一に取り上げたいのは、日本武尊の「孤独」や「悲劇」の意味についてである。

日本武尊が「孤独」「悲劇」とされた理由の一つは、日本武尊が倭比賣に「天皇既に吾死ねと思ほす所以か…（中略）未だ幾時も経ねば、軍衆を賜はずて、今更に東の方十二道の悪しき人等を平けに遣はすらむ。これにより て思惟へば、なほ吾既に死ねと思ほしめすなり」（景行記）と嘆いたからである。この〝天皇から軍兵を賜らなかった〟ことが、父の景行から疎まれていたこと、大和に帰り着く前に息絶えてしまうこと、説話上ではかつては「大王」級の扱いを受けていたにもかかわらず皇子に「格下げ」され、[5]系譜が改ざんされた痕跡もあること、[6]こうしたことと結びついて、日本武尊の「孤独」と「悲劇」の像が作り上げられたと言える。

この「孤独」「悲劇」を日本武尊説話から取り除くことから始めたい。石母田自身が、日本武尊説話に漂う感傷の質に、万葉集的な抒情との同質性を感じ取っているように、「孤独」「悲劇」の要素は後次的に加えられた可能性が高いからである。[7]

確かに記紀に記載された日本武尊はほぼ単体で行動する。西征・東征ともに説話の中に軍兵は登場しない。例えば『日本書紀』の西征説話では、十六歳の日本武尊が、美濃在住で弓の得意な弟彦公と、弟彦公が率いる石占横立、田子稲置、乳近稲置を従えただけで熊襲討伐のために派遣されるが、彼らは軍兵とはされていない（景行紀二十七年十月条）。そして東征説話でも、景行から「斧鉞」を授けられ、長々とした激励の言葉に送られて出立するにもかかわらず、日本武尊に同行するのは吉備武彦と大伴武日連および膳夫だけである（景行紀四十年七月条）。本来、軍兵の指揮権の象徴が「斧鉞」だからこれは矛盾している。

『古事記』でも同様である。西征説話では同行者は記載されていない。東征説話では吉備臣等の祖、御鉏友耳健日子が同行するほか、久米直の祖、七拳脛が膳夫として同行するとされるが（景行記）、一方で先ほどのように、倭比賣に「軍衆を賜はずて…」と嘆いて出立するのだから、『古事記』も御鉏友耳健日子や七拳脛を「軍衆」とは認めていないことになる。つまり『古事記』の西征・東征説話でもやはり軍兵は同行しないのである。

このように日本武尊は、記紀を問わず軍兵を率いることなく単体で征夷活動をするが、そのうち〝天皇から軍兵を賜らなかった〟と嘆くのは『古事記』の東征記事だけである。そして次節以降に述べるように、軍兵を率いずに異族などの制圧活動を行う武人はそもそも日本武尊に限らない。その中でこのような嘆きを記すものはない。このことから考えると、単体で活動する武人説話は、「孤独」「悲劇」とは無関係に、武人説話のひとつの類型としてもともと存在していた可能性が高く、〝天皇から軍兵を賜らなかった〟という嘆きは後に追加されたと考えてよい。

〝天皇から軍兵を賜う〟という発想自体が極めて新しいものだろう。

『日本書紀』では、欽明紀十五年正月条で、百済が倭軍を要請する記事の中に「可畏き天皇の詔を奉りて、…賜へる軍」という表現がみられるほか、応神が平群木莵宿禰と的戸田宿禰に「精兵を授ける」記事（応神紀十六年八月条）、仁徳が上毛野君田道に「精兵を授ける」記事（仁徳紀五十三年五月条）、来目皇子を将軍として「諸の神部及び国造・伴造等、併せて軍衆二万五千人を授く」記事（推古紀十年二月条）のように、「軍兵を授ける」という趣旨で書かれた記事はいくつかあるが、これらはすべて朝鮮半島に関連する記事である[8]。

本書第２章「外征論」で指摘したように、『日本書紀』では、朝鮮半島の政治権力に対する外征記事で、百済や新羅に対する倭国の優位性、そして王・大王・天皇の軍事的主導性を強調する傾向が顕著であった。特に軍事記事では、国内での闘争に王・大王・天皇は関与しないにもかかわらず、朝鮮半島に関しては関与がより直接的で、その上、王族や豪族を強力に統率するように描かれている。上記した記事も含め、『日本書紀』の外征の記事には、国内戦以上にそれを王・大王・天皇の功績としようとする意図が明らかなのである。したがって、ここには律令制形成期（書紀編纂期）に存在した、半島支配を正当化する天皇制イデオロギーが強く影響していると考えてよいだろう[9]。

また本書第３章「軍兵論」で検討したように、律令制形成以前の軍兵の徴発方法は多様である。親衛軍的なものを除いて、軍兵が常時確保されていたわけではなく、徴兵は臨時的に行われ、王・大王の権限とは無関係に行うこともできたのが実態だっただろう。乙巳の変後においてもその傾向は続き、倭国政府に徴兵権限が一元化されていたわけでも、王・大王に独占されていたわけでもなかった。

こうしたことから考えると、「軍兵を賜らずに…」という日本武尊の嘆きは、記紀を通じて、国内の軍事活動においてはほぼ唯一の、極めて特異な例だということができる。軍団や中央軍制の整備が具体的に進むとともに、軍隊の統帥権限は一元的に王・大王・天皇にあるという認識が生まれなければ、この嘆きも発想されることはなかっただろう。

また『日本書紀』の東征記事で景行が日本武尊を激励する「(前略)兵甲を煩わさずして、自づからに臣隷はしめよ」とある言葉は、むしろ軍兵の力を用いずに服従させることが理想とされていたわけだから、『古事記』の〝天皇から軍兵を賜らなかった〟の嘆きとはまさに真逆と言ってよいものである。『古事記』と『日本書紀』の編纂理念の違いが現れていて興味深いが、儒教の非戦思想的な潤色によってこれも後次的に加えられたものに違いない。

おそらく本来の日本武尊の東征説話は、西征と同様に、軍兵を引き連れることなく、単体で(伊勢経由で)東国の神や武人と戦う説話だったのではないかと思われる。それに律令制下の朝鮮半島に対するイデオロギー的な軍兵派遣認識、もしくは八世紀代に活発化する蝦夷征討での軍兵派遣認識、あるいは儒教思想的な潤色が加えられて、現在のような『古事記』や『日本書紀』の記事のように改変されたのだろう。「軍兵を賜らず」の嘆きも、「兵甲を煩わさずして」の激励も、あくまでも『古事記』『日本書紀』の創作性に帰すべきことで、後次的に付け加えられたものに違いないのである。(10)

『陸奥国風土記逸文』で描かれる日本武尊は違う。景行が日本武尊に詔して「土知朱」を征討させる。ところが「土知朱」と「津軽の蝦夷」の合同軍が「官兵を射ければ、官兵え進まず」と逆襲した。そこで日本武尊が「槻弓・槻矢」で「土知朱」と「蝦夷」を駆逐するのである。記紀の日本武尊像を下敷きにした創作だろうが、ここでは「官兵」の存在が前提とされ、その危機を救うのが日本武尊である。

後の軍記を見るまでもなく、武人の描かれ方は多様である。記紀の編纂者にも様々な可能性があったはずである。だが記紀の日本武尊は『陸奥国風土記逸文』のようにではなく、軍兵を率いることなく単体で熊襲や蝦夷の本拠地に向かい、異族とも東西の地域の神々とも戦う武人とされた。従来の日本武尊論では、「孤独」と「悲劇」を抒情的に強調するあまり、軍兵を率いずに行う日本武尊の活動をとらえ損ねていると思う。

また第二に、日本武尊説話の形成過程と歴史解釈の方法についても触れておきたい。

日本武尊説話を構成するいくつかの要素に、例えば伊勢神宮との関係のような、天武・持統期という記紀編纂期の極めて新しい時代に加えられた潤色の形跡が明らかであること、そして系譜が改ざんされた痕跡も明確であることなどから、論者の多くは（言い方は様々であるが）、記紀の日本武尊説話が形成された前段階に、「原ヤマトタケル説話」のような「原型」を想定する。しかし、この「原型」の定義がまちまちであるために、議論がかみ合っていないのが実態である。

私は、帝紀や旧辞を議論するうえでも、私たちが現在目にする『古事記』『日本書紀』の、体系的な正当王権形成史の構想と適合している限りで、日本武尊説話の原案的なものを「原ヤマトタケル説話」と呼ぶべきであると考える。いくらその断片的な素材がそれ以前に存在していたとしても、構想と適合しなければ「原ヤマトタケル説話」とは呼ばない。

『古事記』や『日本書紀』に示されている正当王権史構想は、ごく大雑把に、「大和の制圧」「辺境の制圧」「朝鮮半島の制圧」「国土の統治」という旧辞的な平定史構想と、神日本磐余彦以来の王権の帝紀的な継承構想によって基礎づけられたものと考える。それを高天原・天照大神を正当性の本源とする神話的、聖的な構想が覆う。そうした構想が具体化する中で、王権による「辺境の制圧」の主人公とされたのが日本武尊という一人の人物である。

つまり、王権形成史構想の骨格が固まり、王権史構想の、特に「辺境の制圧」の内容に沿った各種の説話、あるいはそれらの断片を収集、選択、編集した結果、初めて「原ヤマトタケル説話」は生まれる。記紀の構想が固まらず、主人公が決まらない段階では「原ヤマトタケル説話」は存在しない。

そのように考えると、「原ヤマトタケル説話」を含んだ王権形成史構想が生まれ、固まった時期が、世襲王権が成立する欽明期を遡るとは思われない。欽明期以前に「原ヤマトタケル説話」なるものがすでにあり、それを部分的に修正して現在の説話を作り上げたとは考えないのである。

例えば吉井巌が推定したように、日本武尊の西征説話の原形は、「碓を核として成立した農耕社会の勇者が、遠くからやってきて、巫女的女性の援助のもとに、強暴な土地の悪者を退治したという話[11]」だったのかもしれない。日本武尊とは縁もゆかりもない武人の説話が、王権の勇ましい皇子による夷狄支配の説話へと、主人公の名前とともにすり替えられた可能性がある。また、日本武尊の東征説話が、もとはそれぞれ異なった三本の太刀に関する説話であったと考える砂入恒夫の説もある[12]。太刀の神秘さを伝える説話が、太刀にまつわる征服者の説話に姿を変えるのである。あるいは『常陸国風土記』の黒坂命の説話が、記紀の日本武尊説話に先立つ、という仁藤敦史の分析もある[13]。だがこれらは「原ヤマトタケル説話」ではない。私が言う「原ヤマトタケル説話」がまだ存在しなかった時代には、このような種々様々な断片的説話があっただろう。

そして三浦祐之が述べたように、例えば語りが父と子の葛藤を引き寄せることによって、つまり「伝承の論理としての説話累積」によって、日本武尊説話が徐々に作られたのかもしれない[14]。説話が累積によって形成されるという論理もわかりやすい。しかしその語りも、正当王権形成史構想に吸収されなければ「原ヤマトタケル説話」は生まれない。

いずれにしろ「原ヤマトタケル説話」も、その正史上での最終形態である日本武尊説話も、もともと日本武尊とは無関係の各種雑多な説話を、ある程度まとまったイデオロギーの下で組み合わせて初めて作り上げられると、私は考えているのである。

したがって日本武尊説話を特定の人物の伝記のように考えてはならない。西征・東征、そして「孤独」や「悲劇」に代表される、説話に描かれた日本武尊の足跡を、あたかも一人の人物が体験した歴史の縮図であるかのように解釈してはならないと思う。

「ヤマトタケル」という人物は歴史上存在しない。それは「カムヤマトイワレヒコ」と同じように、王権形成史上の登場人物（役者）として、欽明期以降に創作された一種のキャラクターであって、一人の人物の人生のように見えても、それは実在したものではない。

文学の力と言ってはそれまでだが、例えば石母田に限らず、日本武尊の「栄光」を王権の征服史に求め、「孤独」を何らかの政治的「挫折」に引き寄せて解釈する研究は多い。もちろん何人かの人物をモデルにして創作されたものだ、と慎重に断ったうえで論述される場合もあるが、西征や東征を現実の中央政権による列島征服史に重ね合わせ、一転して彼が「孤独」で悲劇的な結末を迎えると、今度はその政治的「挫折」と重ね合わせる。王権が征服を終えると、時代遅れとなった暴力の代表である彼は不要となり、歴史的に捨てられたという。それが日本武尊の「孤独」の正体だという。[15] こうした学説に接するたびに、私はキャラクターに合わせて歴史が解釈されているような気持ちに襲われるのである。

日本武尊が神との戦いに敗れて帰還中に死を迎えることに政治的な意味を与えるのは大げさすぎる。彼の死は、単体で神と戦い敗れた結果なのであって、時代の変化や、王権の右兵主義や、景行との疎外関係が死を招いたわけではない。そしてそれらを「栄光（明）」と「挫折（暗）」として連続させたのは、王権形成史を企画したおそらく七世紀代の官人の誰かであって、それ以前に、日本武尊の「栄光」と「挫折」が連続することはなかったはずである。

また日本武尊説話を、五世紀後半の雄略の歴史と重ね合わせて解釈することは極めて疑わしいだろう。例えば、『宋書』に記載された倭王武の上表文などを用いて、日本武尊の西征・東征が、「祖禰躬ら甲冑を擐らし、山川を跋渉し、寧処するに遑あらず。東のかた毛人五十五国を征し、西のかた衆夷六十六国を服し…」と共通するとしばしば言われる。しかし日本武尊は「甲冑」を用いることはなく、上表文にあるように「兵甲」を動かすわけでも、「甲を練り兵を治め」るわけでもない。この違いはほとんどの場合に無視されてしまう。

また、「タケル」の名前が似通っていること、兄殺しなどの残虐な行為が類似すること、神と対決することなど、雄略と日本武尊の説話に共通点が多いことはほとんどの論者が触れるところであり、吉田孝のように、甲斐に関する伝承を取り上げて具体的に論じる研究者もいる。[16] 私も両者の説話に共通性があることを否定するつもりはない。五世紀後半段階の史実が日本武尊説話に何らかの形で反映していることもあり得ると思う。しかしそれはあくまでも王権形成史構想の上でのことであり、また第一義的には記紀編纂上のことであり、歴史的実態とは位相を全く異にしたことである。いくら雄略の説話と日本武尊の説話に類似点があったとしても、日本武尊説話が五世紀後半の雄略期に存在していたことにはならない。先ほど述べたように、日本武尊説話を一人の人物の伝記のように考えてはならないが、もちろん雄略に関しても同様なのである。両者の比較研究は、まず記紀編纂論として行うべきではないか[17]。

こうした点に留意しながら、私は石母田が述べた「兵士の集団が行軍するかすかな足音さえもきこえない…」という指摘の意味を、改めて考えてみたいと思う。日本武尊の描かれ方から、日本列島の古代思想や古代権力について考えようとした石母田の姿勢を、私は石母田とは異なった方法で継承する。「孤独」「悲劇」ではなくである。

2. 武人の諸相

（1）単体で活動する武人説話群

①単体で活動する武人

記紀には日本武尊以外にも単体で活動する武人を取り上げた説話がいくつか存在する。彼らは軍兵とともに戦争に参加するのでも、軍兵を意のままに操るのでも、軍兵に信頼される将軍でもないので、彼らと軍事力とは直接には結びつかない。特定の武人以外に軍兵が描かれる場合もあるが、描かれていたとしてもほとんど付け足しで極めて影が薄い。中心人物の活動だけが圧倒的な重みを持ち、超人的な武力や、巧妙な変装や、だまし討ちによって、一対一の戦いで強敵を倒す。

例えば、神武の勢力に抵抗する兄猾を、「機（オシ）」に押し込んで暴力的に殺害する道臣命の説話もそうである。兄猾が「新宮」に「機」を設置して、饗応すると見せかけてわなを仕掛けていることを知った神武が、道臣命を派遣してその事実を調べさせる。道臣命はそれが事実であることを知り、「大きに怒りて詰（タケ）び嘖（コロ）ひて」剣と弓で威嚇して兄猾を追い詰める。兄猾は「機」に自分で押しつぶされて死ぬ。さらに道臣命は死体を引き出して斬る（神武即位前紀戊午年八月条）。

この道臣命の一連の行為は単体で行われる。兄猾は伏兵を準備して謀略をめぐらせていたと書かれているが、伏兵が道臣命を襲うことはなく、相手方の陣営であるにもかかわらず道臣命は全く警戒していない。道臣命が自身の軍兵を引き連れる記載もない。日本武尊説話でも、女装した日本武尊は、人がまばらになった状態で川上梟帥の殺害に及ぶが、名前を献上されて殺害が終了するまでの間に一定の時間を要していたにもかかわらず、もと「宴」に集っていたはずの親族がそれに気づくことはなかった。道臣命も日本武尊と同じように敵地に乗り込んで、何の妨害もない。実際の戦闘であれば到底あり得ない展開で描かれるのである。

また、出雲臣遠祖出雲振根は、神宝を朝廷に献上した弟の飯入根を恨み、水浴びに誘って、飯入根が水中にいる間に彼の太刀を木刀にすり替え、立ち合いをして討ち果たす（崇神紀六十年七月条）。『古事記』では、同様の説話が日本武尊による出雲建討伐伝承として西征説話の一部に組み込まれている（景行記）。いずれにしても軍兵が存在しない一対一の武人説話である。出雲地方の豪族による兄弟間の闘争説話として使われたり、兄弟闘争から離れて日本武尊の西征説話の一部として使われたりしているわけだから、太刀をすり替えることで相手を打ち倒す武人の説話は、定型化し普及していた可能性を感じさせる。

皇位を狙ってひそかに兵を挙げた大山守を菟道稚郎子が倒す説話でも、軍兵の活動は付属的なものにすぎない（仁徳即位前紀）。この説話では、大山守が数百の兵を率いて稚郎子を襲撃しようとし、大鷦鷯からの知らせを受けた稚郎子も兵を備えて待つので、説話の舞台上では集団戦の場面が設定されている。『古事記』も同様である（応神記）。ところが実際に両軍の軍兵が刃を交えることは一度もない。大山守が早朝に宇治川を渡河すると、渡し守に変装した稚郎子は大山守を渡船に乗せ、河の中ほどまで来たとき、船を転覆させて大山守を川に落としてしまう。そして大山守が川岸にたどり着くのを、川岸にいた稚郎子側の兵士が邪魔して、ついに大山守は川に沈んで死ぬ、という展開になる。

大山守も稚郎子も兵を率いているので軍事指揮者であるともいえる。しかし、軍兵を具体的に指揮する場面は両者ともに一度もなく、戦闘もない。大山守が死ぬのも、稚郎子の軍兵によって殺害されたからではなく川でおぼれたからであるし、周囲にいたはずなのに大山守の危機を救おうとする軍兵もいない。説話の核心は、変装した稚郎子が策略によって大山守を殺害することにあり、やはり一対一で戦うタイプの説話が基本にある。

安康が眉輪王によって暗殺されたことを聞いた雄略（幼武）は、自分の兄弟の関与を疑って、軍兵を率いて、つまり軍事指揮者として八釣白彦皇子の下に行くが、態度が煮え切らなかったために「天皇、乃ち刀を抜きて斬りたまひつ」と、自らが刀で切り殺す（雄略即位前紀）。『古事記』では同じ類型の説話が八釣白彦皇子ではなく黒日子王として伝えられるほか、白日子王が生き埋めにして殺される。安康によって皇位継承候補とされていた市辺押磐皇子に対しても、『日本書紀』では自分の手で射殺するし、『古事記』では射殺した後に忍歯王の身体を斬って、馬の飼い葉桶の中に入れて埋めてしまう。軍兵の動向については一切書かれていない。

征新羅将軍吉備臣尾代は、自分が率いていた五百人の蝦夷が反乱を起こしたので「合戦」する（雄略紀二十三年八月条）。五百人を相手に一人で戦うはずはないのだが、本文では尾代が軍を率いたことは書かれておらず、尾代個人の活躍と、蝦夷が踊ったり伏せたりして巧みに尾代の放つ矢をかわす動作が描かれるだけである。

　壬申の乱時に、吉備国へ派遣された樟使主磐手は、吉備国守当麻公広島を欺いて刀を外させて切り殺す（天武紀元年六月条）。吉備国という敵地で、その「国守」を、しかも出兵を促すための派遣であったことから考えても、当然周辺には軍兵がいたことが推測されるにかかわらず、殺害は単体で行われる。現実的にはあり得ない展開であろう。同時に派遣された佐伯連男は、筑紫太宰栗隈王を同じく殺害しようとして、王の二人の子供が立ちはだかったためにあきらめる。これも、二人の王子がいなければ殺害しようとしていたわけであり、説話の筋書きには、やはりかなり無理があると言わざるを得ない。また、敵地に乗り込んでの活動であったことは日本武尊の西征説話を思い起こさせるほか、欺いて刀を解かせて殺害することは、出雲振根の太刀をすり替える説話（崇神紀六十年七月条）や「乙巳の変」で入鹿に剣を解かせる場面などを思い起こさせる。

　こうした説話以外にも、軍兵を用いるのではなく、単体かもしくはそれに近い形で暴力的な活動を行う説話は少なくない。神渟名川耳が手研耳を殺す説話（綏靖即位前紀）や、市乾鹿文が父である熊襲梟帥の弓弦を斬ることで暗殺を手助けする説話（景行紀十二年十二月条）、眉輪王が安康を殺す暗殺説話（雄略即位前紀）もその傾向が強い。神渟名川耳や眉輪王は「威福自由（いきおいほしきまま）」の手研耳や即位後の安康を、特に眉輪王は「幼年」であるにもかかわらず殺害する[18]。市乾鹿文は一人の兵士の力を借りて自分の父を殺す。王・大王や異族の首領の暗殺が、このように単体に近い形でなされ、しかも子供や娘がそれを成功させることにリアルさは感じられない。

　また、断片的な記載ではあるが、野見宿禰と当摩蹶速の対決（垂仁紀七年七月条）が一対一であり、崇神紀十年九月条の武埴安彦との戦いでは、武埴安彦と和珥臣の遠祖彦国葺が輪韓川を挟んで対決し、一対一で矢を射あって（古事記はこれを「忌矢」と記している）、勝負はほぼこれで決してしまう。飛騨国の宿儺は、身体は一つで顔を両面に持つという異形の人物だが、「力多にして軽く捷し。左右に剣を佩きて、四つの手に並に弓矢を用ふ」とされ、具体的な描写はなく、ただ和珥臣祖の武振熊に殺されると書かれる（仁徳紀六十五年条）。また笠臣の祖県守は「為人（ヒトトナリ）勇悍（イサヲ）しくして強力し」とされ、人々を苦しめていた「大虬」を軍兵の力を借りることなく退治する（仁徳紀六十七年是歳条）。また鷲住王は「力強くして軽く捷し。是に由りて、独（ヒトリ）八尋屋を馳せ越えて遊行にき」とされる。ここではあえて「独（ヒトリ）」が強調されていることが注目されるし、「力強くして軽く捷し」という「為人（ヒトトナリ）」の描写が宿儺と共通する（履中紀六年二月条）。「軽く捷し」という用語は中国文献においても武人を言い表す常とう句である。こうした宿儺や県守や鷲住王なども、現在の『日本書紀』には十分な記事を残してはいないが、軍兵の記載のない、単体で活動する武人説話の一部であった可能性がある。

『古事記』の継体天皇条には次のように書かれている。

この御世に、筑紫君石井、天皇の命に従はずして、多く礼無かりき。故、物部荒甲の大連、大伴の金村の連二人を遣わして、石井を殺したまひき。

「磐井の乱」の記事だが、『古事記』ではこのように二人の派遣を書くだけで軍兵は記載しない。一方継体紀では、大伴大連らの推薦により物部麁鹿火大連を派遣することになるが、この過程の文章はほぼ全体が『芸文類聚』の引用文で作文したものである。麁鹿火と磐井の戦闘場面も、「親ら賊の帥磐井と、筑紫の御井郡に交戦ふ。旗鼓相望み、埃塵相接げり」と白兵戦が展開したように記載されながら、実は具体的な軍兵の記述はない（継体紀二十二年十月条）。これも奇妙ではないか。私は、この「磐井の乱」説話の原形は、麁鹿火と磐井が一対一で戦うスタイルの説話であった可能性が高く、一見異質ではあるが、実は日本武尊の説話などとも似ていたのではないかと思う。『日本書紀』の編纂時に、朝鮮半島に出兵する中央政権軍と、新羅と結託した磐井軍との戦いを強調する必要が生じて、現在のような描写に改変したのではないのか。

②記紀神話の神

記紀神話の中には、黄泉訪問、素戔嗚尊と天照の対立、八岐大蛇退治、大己貴命と兄弟の対立、国譲り、山幸と海幸などのように、対立や闘争を題材とした説話も多い。こうした説話で活躍する神々も、『古事記』の大穴牟遅が「八十神」を追放して国作りを成し遂げるように、しばしば単体で活動する。国譲り説話の武甕槌神と経津主神のように、何柱かの神が登場することはあるが、やはり彼らも軍兵を率いることはない。

何よりも記紀の神代全体を通して、「軍」「兵」あるいは「衆」「卒」「帥」といった用語はほとんど使われることがない。軍兵は、『古事記』上巻では、黄泉国からの逃走譚の中に「八はしらの雷神に、千五百の黄泉軍（ヨモツイクサ）を副えて追わしめき」としてわずかに一例だけ用いられ、『日本書紀』では、天照大神と素戔嗚尊の誓約の段（第六段）の第二の一書に、「是の時に、天照大神、弟の悪しき心有らむと疑ひたまひて、兵（イクサ）を起して詰問ひたまふ」と使われるだけである。

背には「靫」腕には「鞆」を装着し、「弓彇振り起て、剣柄急握りて…」と武装して素戔嗚尊と対面する天照大神（神代紀第六段正伝など）も、第二の一書以外では軍兵とかかわらない。素戔嗚尊に対する天照の警戒感は伝わるが、軍兵も率いずにただ自分だけが武装して対峙する。これが一般的な戦闘イメージから自然に生まれるようなものではないことは確かだろう。

また「天孫降臨」の場面でも、神代記では大伴連の祖天忍日命と久米直の祖天津久米命が武装するが、彼らに従う武装集団はいない。神代紀第九段の第四の一書では、大伴連の遠祖天忍日命が来目部の遠祖天槵津大久米を率い、武装して「天孫」を先導すると書かれるが、やはり彼らも軍兵を率いるわけではない。

天照の場合、素戔嗚尊の「武（タケ）」と対等に対峙するためには、天照でさえもこうした武装が必要であったことを物語っている。つまり、武装することが、天照の強い対抗心と素戔嗚尊の荒ぶる威力を象徴するものとなっている。また天忍日命の場合は、「天孫降臨」の先頭に立って葦原中国の荒ぶる神に立ち向かう、彼らの勇猛さの象徴が武装であった。いずれにしても、彼らの武装は軍兵を率いるためのものではなく、武人個人を際立たせるためのものである。

国譲り説話にも軍兵は登場しない。「神の桀（イサヲ）」の天穂日命、その子の大背飯三熊之大人、「壮士（タケキヒト）」の天稚彦命も、次々と単体で葦原中国に派遣されるが、軍兵を率いることはない。そして最後、経津主神に武甕槌神を副えて派遣されるが、『日本書紀』ではほとんど抵抗することもなく大己貴命や事代主は「避る」。『古事記』では建御名神が抵抗するが、一対一の戦いに敗れて服従する。いずれにせよ軍兵は現れない。

彦火火出見命（山幸）と火闌降命（海幸）の対決でも、海宮で呪力を得た弟神の山幸が兄神の海幸を服従させるが、海幸が隼人の祖先とされているにもかかわらず、対決は集団間ではなく一対一であるし（神代紀第十段第二の一書）、「荒き心を起こして迫め来ぬ」とされる海幸も軍兵を率いるわけではない（神代記）。つまり、こうした暴力性や緊張関係をはらむ数々の場面でも、神代記紀では抗争が集団化することはなく、神と神の、基本的には一対一の対決の枠組みが守られるのである。

『播磨国風土記』神前郡条では、「伊和の大神と天日桙命と二はしらの神、各、軍（イクサ）を發して相戦ひましき」と、軍兵を率いて行われる神々の闘争を描く。軍団創設など、壬申の乱以降に本格化した軍事体制の整備状況も考えると、神がそれぞれ軍兵を率いるこうした説話の方が、軍事的説話としてはむしろ自然ではないかと思われる。『史記』「五帝本紀」でも、黄帝は「諸侯の兵を募り、蚩尤と涿鹿の野に戦い、ついに蚩尤を虜にして殺した」などと書かれ、五帝が軍兵を率いることに障害があったようには見えない[19]。

ところが記紀神話ではそうではない。神代記紀では、これまで見てきたように、軍兵の存在にほとんど関心が払われていないと言ってもよい。その一端に、「黄泉軍」や素戔嗚尊に対する起兵の断片を残しながら、それは付け足しに等しく、軍事説話に発展することもなく、軍兵と切り離された個別的な重装備や暴力性で神々の闘争は表現される。むしろ軍兵は軽視され、神々は単体で戦う。この点で、神代記紀に見られる神々の抗争説話と、これまで見てきた単体活動型の武人説話とは共通するのである[20]。

つまり前節で見てきた単体で活動する武人と同じく、記紀神話で暴力・武力を振るう神に関しても、「兵士の集団が行軍するかすかな足音さえもきこえない…」のである。

単体で活動する武人について紹介してきた。それは、軍兵を率いることなく単体で敵地に乗り込んで、一対一的な戦いの結果、相手を服従させるものであった。したがってこうした説話に描かれた武人は軍人ではないし、軍兵の象徴ですらない。このタイプの説話は日本武尊に限らず、神代記紀にも人代記紀にも存在する。私はこのような単体で活動する武人説話が相当数確認できることから、これらを「説話群」と呼んでもよいと思っている。そして、これらの説話群に登場する神や武人の代表が日本武尊であろう。

この説話群の武人たちを、日本武尊の例に倣って「孤独」「悲劇」と解釈することや、それ自体が仮想である

「叙事詩的英雄」になり損ねた英雄のタイプとしてとらえることは適切ではない。共同体の代表である「英雄」が、民衆を引き連れて戦い、他の部族を征服しながら古代国家を建設するという歴史像も、その歴史過程から落伍した悲劇の皇子の歴史像も、この説話群から導くことはできない。

（2）従軍して活動する武人説話群

『日本書紀』では、集団戦の中で軍兵の一員として活躍する武人も数多く取り上げられている。単体で活動する武人と比べると、一つ一つの説話が断片的なものや、記載される理由が判然としないものもあるが、説話はよりリアルで戦闘の実態に近いことを感じさせるものも多い。このタイプの武人説話には、例えば次のようなものがある。

①従軍する武人

記録性に乏しく、他の例と一様に扱ってよいかどうかには疑問もあるが、神武東征における五瀬命は明らかに集団戦の中で戦う武人である。奈良盆地に進行する磐余彦の軍兵を迎えて、長髄彦が「属へる兵」を起こして「孔舎衛坂」で合戦を行う。その時に「流矢（イタヤグシ）」が五瀬命「肱脛」にあたる。五瀬命はその後、「撫剣（ツルギノタカミトリシバ）りて、雄誥（ヲタケビ）」して紀国の竈山で死ぬ（神武即位前紀）。長髄彦との激戦、磐余彦軍の苦戦、そして最終的には長髄彦を倒して大和を平定する伏線となった説話だが、『日本書紀』における最初の勇猛な武人、そして戦死する武人として五瀬命は描かれている。

新羅に派遣された「大将」の一人であった大伴談連が戦死した時、その「従人」で「同姓」の津麻呂は、「主、既已に陥にたり。何を用てか独全けらむ」と「踏み叱（タケ）びて」敵陣に向かい戦死した（雄略紀九年三月条）。

大伴津麻呂は、大伴氏の一族ではあるが従軍した軍兵の一員で、従者的な役割をした人物と考えられる。主人の死に殉じる忠実な部下で、死を覚悟して敵の軍中に突撃する自滅的な武人として説話化されている。

物部菟代宿禰と物部目連が「官軍」を率いて伊勢の朝日郎を討伐するが、朝日郎の強弓に苦戦して菟代宿禰は進撃しようとしない。この時に、物部目連の配下である筑紫の聞物部大斧手は、自分の危険をも顧みず、朝日郎が射る矢から目連を盾で覆い隠して進み、目連は朝日郎を捕らえて斬ることに成功する（雄略紀十八年八月条）。目連は自ら先頭に立って進む軍事指揮者だが、大斧手は目連が率いる軍兵の一員として命を投げ出して忠誠を尽くす従軍武人であった。大斧手は文字通り目連の「盾」であった。

有至臣（内臣）が百済に派遣された時、「函山城」の攻撃に関連して、「有至臣が将て来る所の民」であった筑紫物部莫奇委沙奇が、「能く火箭を射る」と特筆されている（欽明紀十五年十二月条）。戦闘の詳細は記されていないが、莫奇委沙奇は「民」であるにもかかわらず、おそらく「火箭」に長じていたことで名前が残されたと思われる。

百済聖明王の子である余昌が新羅軍に囲まれて窮地に陥ったときに、浮足立っている百済軍の中で、「能く射る人」であった筑紫国造は優れた射術を見せ、敵軍の騎兵の「最も勇み壮（ホコ）れる者」を射落とす。さらに雨のように矢を射かけて新羅軍の包囲網を突破し、そのすきに余昌も脱出する（欽明紀十五年十二月条）。この筑紫国造も有至臣に率いられた軍兵であった可能性があり、射術の能力が称賛に値したこと、百済支援軍の一員として戦闘で大きな働きをしたことが、『日本書紀』に記録された理由と考えられる。

同じく新羅との戦いで、大将軍紀男麻呂宿禰の副将の河辺臣瓊缶の軍が新羅軍に破られた時、倭国造手彦は新羅の闘将に追われるが、駿馬の働きで間一髪のところで城の溝を飛び越えて逃げ切った（欽明紀二十三年七月条）。

やはり手彦の詳細は不明だが、朝鮮半島での倭軍の活動の中で、駿馬を操り、溝を飛び越えた馬術が印象深かったために記録が残されたと思われる。壬申の乱で盧井造鯨を「馳せて」追いかけた「甲斐の勇者」などとともに、こうした騎馬の技術が特筆すべきことだったのだろう。

いわゆる物部戦争で、物部守屋に対する攻撃軍に参加し、木に登って弓を射かける守屋を、「枝の下に射堕して」射殺したのが迹見首赤檮である（崇峻即位前紀）。一連の記事は創作性が顕著で事実とは考えられないが[21]、ともかくここで赤檮は、守屋を討ち取る功績を挙げる武人として描かれる。赤檮は用明紀で「舎人」とされ、階層も上位ではなく軍兵の一員である。

数百の兵に囲まれながら「朝廷」の兵を翻弄する捕鳥部万も、従軍する武人の代表例と言える。万は物部守屋の「資人」として百人を率い、守屋の難波の家を守っていた側近で、同時に軍事指揮者であったが、守屋方が敗退したとの情報を得て逃亡し、一人で山中にこもる。いったんは山中から出てくるが、数百の衛士に囲まれると再びゲリラ的な活動に転じ、さんざん抵抗した後に自決する（崇峻即位前紀）。戦闘の描写も巧みなうえに、万が自分は「天皇の盾として、その勇（イサミ）を効さむとすれど、推問ひたまはず」であると述べるところには、「天皇」に見捨てられた「悲劇性」も漂う。自決後に「朝廷」が遺体を「八段に斬りて、八つの国に散らし梟せ」と命じること、遺体を晒すと「雷鳴り大雨ふる」であったことなど呪術的で劇的な要素もある[22]。

万の階層がそれほど高くないことや、包囲する軍兵を相手に奮戦することなどは、これまで取り上げてきた説話と共通する。「天皇の盾」であることも、先述した聞物部大斧手と共通していて興味深い。万が飼っていた白犬の忠犬譚も含むように、説話には多彩な要素を含んでおり、従軍する武人の説話としては、分量、内容ともにずば抜けていると言える。

以上、いくつかの事例を取り上げてみた。そのほか、山背大兄が蘇我入鹿に襲われた時、数十人の舎人とともに戦い、その目覚ましい働きが入鹿側の軍から「一人当千」と称賛されたという、山背大兄の「奴三成」（皇極紀二年十一月条）をこの中に加えてもよい。また壬申の乱では、大伴連吹負の下に参集する「豪傑（イサヲシ）」、吹負の命令でふんどし姿で馬に乗って敵陣に駆け入らせ、偽りの情報を流して近江方の軍勢を混乱させた秦造熊、瀬田橋を強固に防衛する智尊の軍勢を突破した「勇敢士（タケキヒト）」の大分君稚臣、騎士の先鋒として戦った「勇士（タケキヒト）来目」、「甲斐勇者（タケキヒト）」、近江方の別将であった廬井造鯨が率いる軍兵の進軍を止めた、大井寺奴徳麻呂等五人などが（天武紀元年七月条）、集団戦で奮戦する勇敢な武人として取り上げられている。

従軍する武人は軍兵と切り離せない。本来名前が残るような階層ではなかった彼らだが、勇猛、忠節、武芸的な技能などによって名を残した。

②軍事指揮する武人

記紀には、「将軍」などとして描かれる軍隊を指揮する武人の説話も多い。単体で活動する武人とは異なり、この説話では武人の活動と軍兵の活動を切り離すことができない。一方で、指揮者として描かれている点で従軍して活動する武人とも異なる(23)。

代表的なものには次のようなものがある。

磐余彦は「天皇親帥諸皇子・舟師東征」と、自らが軍兵を率いて進軍するが、孔舎衛坂で長髄彦の抵抗にあうと、周知のように「神策（アヤシキハカリコト）」をめぐらせていったん退却し、方向を変えて熊野側から攻撃する。自分たちは日神の子孫だから、日に向かって進むのは良くない。日を背に受けて進軍すれば、犠牲もなく敵を打ち倒すことができる、という作戦であった（神武即位前紀）。また磐余彦は、兄猾の討伐に道臣命を派遣したほか、霊夢を受けて「顕斎」を行い、道臣に八十梟帥の残党を討たせ、「諸将」の提案に沿って「女軍」「男軍」で兄磯城を討った（同上）。「日神」の子孫を強調する作戦など後次的なものも多いが、磐余彦は作戦を立て、軍兵を派遣し、祭祀を行い、戦闘の末に敵対者を倒して即位する。ただし、自らが武器を持って戦うことはない。記紀編纂者は、神聖なうえに軍事指揮者であった人物を、初代天皇になる前の皇子として描こうとしている。

道臣命は磐余彦の「密旨（シノビノミコト）」に従って、「大室」に八十梟帥の残党を誘い込む。残党には、大来目部から選んだ「猛卒（タケキイクサ）」を紛れ込ませていたので、道臣の歌を合図に、その軍兵は一斉に残党を襲い、徹底して殺害する。この「密旨」は「陰謀（シノビノハカリゴト）」ともされる（神武即位前紀）。実際に敵味方が同席して見分けられなかったとは考えられないから、こうした説話の背景には、演劇（戦闘歌舞）を考えるべきかもしれない。いずれにしろ磐余彦の「ハカリゴト」を道臣が指揮して実施する。道臣は知略と勇猛さを兼ね備えた武人兼軍事指揮者として描かれる。

気長足姫は神の教示によって新羅征討軍を興すが、「群臣」に対して、軍事活動が「国之大事」であること、軍事活動に失敗した場合の責任は自分にあること、「雄略（ヲヲシキハカリゴト）」を起こすことなどを述べる。また、軍兵については、軍隊の統率が大事であることや、相手が少数でも油断してはならず、相手が多数でも恐れてはならないといった戦陣訓を述べる（神功摂政前紀）。こうした指令はほとんどが漢籍を転用したものであり実証的な価値はない。ただ、男装して軍事指揮をとる気長足姫の呪術的な要素や、「ハカリゴト」、漢籍的な知識が入り混じっているところが興味深い。

武内宿禰は、自身が率いる「三軍（ミタムロノイクサ）」に命じて弓弦を髪に隠し、木刀を佩かせる。そして忍熊王を油断させ、互いに武器を捨てて和睦することを提案して自軍に武器を捨てさせる。それに応じて忍熊側が武装解除すると、今度は「三軍」に命じて弓弦を再びつけさせ、「真刀」を佩かせて忍熊側を攻める（神功皇后紀摂政元年三月条）。いわゆる太刀替えの説話などと同じように物語的だが、一対一ではなく、軍兵集団間の戦いの指揮をとる。

精兵を率いた上毛野君の祖竹葉瀬の弟田道は、新羅軍の弱点が左翼側であることを知り、「精騎（スグレルウマイクサ）」を連ねて左翼側を攻撃する（仁徳紀五十三年五月条）。また膳臣斑鳩は、高句麗軍と対峙する間に地下道を掘り、そこに「奇兵（カクレタルツハモノ）」を配備する。そして接近してきた高句麗軍を挟み撃ちにして破る（雄略紀八年二月条）。これらの記事は、記紀では珍しく具体的な戦術を記載した軍事説話である。事実かどうかはともかくとして、(24) 従軍型説話で見られた射術や騎馬技術に注目した記事と同じように、軍事指揮者の用兵や戦術に対して関心が払われていることがわかる。

すでに記載した雄略紀十八年八月条の物部目連の記事では、物部目連が配下の聞物部大斧手に命じて「盾を執りて軍の中に叱（タケ）びしめて、倶（トモ）に進ましむ」と記されている。目連は自ら先頭に立って進む軍事指揮者で、軍兵に「倶に進ましむ」と呼び掛けているところなど、単体で活動する武人説話にはない要素を持っている。道臣が歌で合図をすることや、武内宿禰の太刀替えの合図などと同じように、「族長」的な側面と言えるかもしれない。

稚鷦鷯（後の武烈）が平群鮪臣を倒す場合は、稚鷦鷯が大伴金村大連宅に行って「計策（ハカ）り」、金村が数千の兵を率いて鮪を討つ。また平群真鳥大臣の場合には、金村が稚鷦鷯に撃つべきことを提案し、ともに「謀（ハカリコト）」を定めて、金村が自ら兵を率いて真鳥の宅を襲う。軍事行動の終了後には、金村から稚鷦鷯に

「賊を平げ定すること訖りて、政（マツリゴト）を太子に反（カヘ）したてまつる」とされる（いずれも武烈即位前紀）。漢籍による潤色は著しく、王が軍事権を軍事指揮者に委任し、戦後にそれが王に返還されることなど、六世紀代にここまで権限が整理されていたとは到底考えられないが、「計策」「謀」といった作戦を立てること、軍を率いることなどが軍事指揮者の在り方とされている。

欽明紀二十三年七月条の「大将軍」紀男麻呂宿禰と、「副将」川辺臣瓊缶および調吉士伊企儺は、『日本書紀』が、軍事指揮者（軍事指揮官）の優劣を明らかにするために描いたような人物である。男麻呂は新羅戦に勝利し、軍兵に心服されたが、瓊缶は新羅軍に敗れ、軍兵の信頼を失い新羅軍の捕虜になる。さらに、妻よりも自分の命を惜しむという下劣な品性が描かれる。この品性の低さは、捕虜になった調吉士伊企儺が「日本の将、我が臗脽（しり）を噉へ」と叫ぶように強要されるにもかかわらず、「新羅の王、我が臗脽（しり）を噉へ」と叫んで殺される説話が続くことで、一層明確なものとなっている。さながら有能な軍事指揮者（軍事指揮官）と無能な軍事指揮者（軍事指揮官）が、教訓的に登場させられているようである。

壬申の乱で軍事指揮者（軍事指揮官）の代表と言えるのが、大海人方で「将軍」として戦った大伴吹負であろう。吹負がわずか数十人で起兵し、同族や豪族を集めながら軍兵を増やし、その後「将軍」に任命されると、集結した軍兵の中から「別将」や「軍監」を選別して組織を整え、みずから軍兵を率いて、北方や東方から次々と迫る近江方の軍兵と大和各地で転戦する（天武即位前紀）。

そのほか軍兵を率いて指揮を執るタイプの武人はかなりの数に上る。大伴吹負などを除いて実証性に乏しく、ほとんどが創作か漢籍からの転用文で修文されている。そこには指揮に従う軍兵がいることが前提とされており、その意味では、従軍する武人と同様に実戦を意識して説話化されたということができる。しかし従軍する武人のように戦闘で活躍するというよりも、軍事指揮者（軍事指揮官）として、作戦の企画（ハカリゴト）、軍兵の派遣、戦場での用兵、祭祀などを行うほか、戦況の分析、軍兵に対する訓話を行う。軍兵の信頼感があるかどうかや、品性などが問われることも異なる。

このような従軍する武人と軍事指揮する武人は、いずれも軍兵の存在を前提として描かれている点が単体で活動する武人の説話と大きく異なる。これらをひとまとめにして、「従軍して活動する武人説話群」と呼ぶこともできるだろう。

この説話群は、特に軍事指揮する武人説話において漢籍の潤色が著しく史実性には乏しいが、単体で活動する説話群に比べてより実戦を意識しているとは言える。記紀が編纂された時代にあって、中央軍制も徐々に整う中で、戦いの説話に軍兵が登場しないこと自体がおかしいのであって、その意味で言えば、従軍する武人説話も軍事指揮する武人説話も、時代に適合していた。そして従軍する武人説話では、射術や騎術などの武芸に対する関心の高まりがあること、中クラス以下ではないかと思われる武人の功績が記載されること、聞物部大斧手と捕鳥部万に共通して現れた、武人としての自己を上位者の「盾」と考える発想などが注目されることだろう。

対して軍事指揮する武人説話では、磐余彦や気長足姫のような、明らかに神話上の始祖や上位階層の武人が軍兵を率いること、作戦や戦術に関心が払われていること、祭祀や呪術的な行為も取り入れられていることが注目される[25]。また、軍事指揮者（軍事指揮官）に必要とされる能力や人格や勇猛な精神について、「戦陣訓」など教訓的な知見を盛り込みながら構成されている。さらに、軍兵に対する呼び掛けなどを記載するものもあり、久米歌の「撃ちてし止まむ」などとの関連が注目される[26]。

（3）来歴と素材の相違

これまで見てきたように、記紀に描かれた武人は、軍兵との関係で次の二つのタイプに分類できる。

A　軍兵とかかわりを持たないかあるいは極めて希薄で、主として単体で活動する武人説話群
B　軍兵との関係が深く、従軍して活動する武人説話群

そしてさらにBを次の二つに分類する。

B―1　戦場で活動する武人説話
B―2　軍兵を指揮する武人説話

このうちAの武人説話を〝単体活動型武人説話（単体型説話）〟とし、Bの武人説話のうち、戦場で活動するタイプ（B―1）を〝従軍奮戦型武人説話（従軍型説話）〟、軍兵を指揮するタイプ（B―2）を〝軍事指揮者型武人説話（指揮者型説話）〟として、それらの来歴と素材について考えてみたい。

①単体型説話

まず単体型説話の来歴および素材について述べる。それは一人（単体）の主人公に活動が集約、象徴化され、しばしば遠征し、一対一で対決する。そして敵陣の中で相手を打ち倒す、というような説話群であった。

文字もなく戦闘の記憶が口頭伝承で残されるほかなかった時代に、軍兵や組織の実態、あるいは戦闘の状況などが細部まで伝わらなくても、さほど不自然とは言えない。この段階で、すでに軍兵の記憶は剥落し、主人公の業績を核とする説話しか残されていなかった可能性はある。「始祖」の功績として必要不可欠な核心だけが伝え

られていれば、聞く側にはそれだけで、自分たちの祖先も含めた周辺の軍兵の動向は自然に感じ取れたかもしれない。こうした伝承が残され、それが様々な潤色や改変を経て、単体型説話として記紀に採用されたと考えることは可能である。

さらに、すでに指摘されていることではあるが、単体型説話の原形は、文字や伝承にではなく、何らかの儀式や演劇、歌舞に残されていたのかもしれない。日本武尊を筆頭に、武人は敵陣の真っただ中で、その軍兵が姿を見せないままに相手を打ち倒すわけだが、伝承の過程、あるいは文字で記録される過程でそうなったというよりも、いったん儀式や演劇で実演されていた主人公の姿を、改めて説話化したと考えることもできるからである。戦いの場面を一人の主人公に凝縮して、一対一の対決に単純化させることや、実戦的なリアリティを無視した舞台設定、極端な暴力性や大げさな動作などから考えてもその可能性は高い(27)。

例えば、道臣命の「剣案（ツルギノタカミトリシバ）り、弓彎（ユミヒキマカナ）ひて」という二段階の動作、「大きに怒りて誥（タケ）び嘖（コロ）ひて」という全身の表現、「虜（イヤシキヤッコ）爾が造れる屋に、爾自ら居よ」というセリフのような語り。そして「流るる血、踝（ツブナギ）を没る」などの暴力性を強調した描写。これは、日本武尊の西征での川上梟帥との問答や殺害の場面、あるいは東征での地域の神々との戦いや女性とのやり取りの場面と同様に、舞踊や演劇と切り離しては考えられないのではないか。また、菟道稚郎子の説話でも、稚郎子の変装、船を転覆させて大山守を川に落とすこと、大山守が川に流されながら歌を詠む場面、稚郎子が大山守の死体を見て歌を詠む場面など、二人を主人公とした歌謡劇に基づいたような説話であり、変装のモチーフや歌謡との組み合わせなど、日本武尊説話との共通性もある。征新羅将軍吉備臣尾代の武人説話でも、尾代の放つ矢を蝦夷が「或いは踊り、或いは伏す。能く箭を避り脱る」「尾代、空しく弾弓弦（ユミヅルウチ）す」とする

（雄略紀二十三年八月条）。これなども極めて演劇的と言える。

またこうした武人説話には、はじめから抗争や闘争の伝承を中核としていたのではなく、神宝譚のように、もとは神剣や神衣の威力や由来を語る説話を母体として生まれ、その後の改変によって武人説話となったものも多いと思われる。(28)呪物を獲得することで神秘的で超越的な霊験が現れる説話、あるいはそれを失うことによって、霊力の加護がなくなって衰滅するモチーフを持った説話は数多くある。それらは本来、神宝の持つ神秘的な威力を語り伝えるもので、最終的には神の霊威を物語っていただろう。だがそれが、使う側の武人に重心が移ることで、武人説話へと変貌したのではないか。あるいは武人説話が形成される段階で、神宝譚を取り入れたのかもしれない。そしてその場合には、戦闘をリアルに描くことよりも、神剣や神衣の威力を語ることが最大の焦点だったから、到底あり得ない展開での説話化も、抵抗なく行われたのではないか。

神剣を発見する素戔嗚尊の八岐大蛇退治や、「機」で兄猾を殺す道臣命、「姨倭比賣命の御衣御裳」を羽織って熊襲を打倒す日本武尊、先述した三本の剣とかかわる日本武尊の東征、相手の太刀を外させて殺すいわゆる太刀替えの説話、「忌矢」を射る和珥臣遠祖彦国葺、重武装する天照など、これらの武具・呪具が持っている意味は大きい。単体で活動する武人の身体と一体化した、その呪術性や神秘性が、生身の軍兵以上に重視されたといえる。

②従軍型説話

一方で、儀礼や舞踏の要素や神宝譚的な要素がないことから考えても、従軍型説話の性格は単体型説話とは大きく異なる。

私は倭国の軍事組織の実態を、倭国政権の組織性や統制力は弱く、諸豪族が主体として編成したものが主力だったと考えている（本書第3章参照）。たとえそれが外的国家として、倭軍としてのまとまりを持ったものであっても、それは本書第2章「外征論」でも述べたように〈広義の倭軍〉であって、〈狭義の倭軍〉とは異なる。それは外敵に向かうことを最大の目的にして結成されるなど、統一的な組織性を一方で持ちながら、中央や地方の豪族に率いられた、半独立的な豪族軍で結成された軍事組織である。政治外交的な軍事集団ではあるが、王権の指示命令は容易に徹底されず、情報共有すら難題だったと思う。一方で、外征軍としてだけでなく、国内統治と直結し、国内の治安維持部隊にも直ちに転換できる、中央集権的に編成された軍事組織が〈狭義の倭軍〉である。おそらく白村江の倭軍までは、〈広義の倭軍〉だったのではないか。

中・下級の武人の活動を主な題材とし、しばしば武技や軍功などにも触れる『日本書紀』の従軍型説話の記事は、〈広義の倭軍〉から〈狭義の倭軍〉への変遷とかかわっている可能性がある。

例えば、軍兵の組織的紐帯が氏族や村落共同体を本質とする段階であれば、共同体的な紐帯が強ければ強いほど、超人的な武勲を挙げた武人の記憶が、村落や氏族に残されて伝承される可能性は高い(29)。したがって倭国においても、豪族による伝統的な共同体支配、あるいはトモ的な支配の枠から容易に抜け出せないままで、軍兵が編成されたのが実態であるから、トモ集団や氏族や村落共同体の中には、そうした伝承を残す場合もあったかもしれない。しかしそれは極めて小規模な範囲内でのことであり、その武人の功績が中央権力の正史に取り入れられる可能性は低い。私が〈広義の倭軍〉とする、豪族によって賦役の一環で集められた小単位の軍兵を編成し、臨時的に任命された軍将がそれを指揮する、極めて形式的な軍事組織が継続していた場合も、中・下級の軍兵の働きを記録するような文化が、中央権力内に存在したとは思えない。

しかし〈狭義の倭軍〉の段階になれば、小単位で集められた寄せ集め的な軍編成・軍行動ではなく、一元的な権力の下で、軍兵が氏族的・村落的あるいはトモ（部）的な紐帯を超えた統合的な組織として結成される。そこでは集団的武力による一体的な軍事活動を可能にする組織体制と、軍規や軍事認識、そして事後の賞罰を決するための記録などが必要とされる。その段階で、戦場における部隊長クラスの武人の属性や名前、戦場での功績、軍兵を交えた集団戦の実態を記録する文化が、中央権力に一定程度整備されたのではないか。

歴史的な記録作成の動きが本格化すると同時に、特に隋唐の成立や、それに伴う朝鮮半島の政治的緊迫化によって、倭国の軍事的な機構も徐々に整備される過程の中で、〈狭義の倭軍〉の形成と記録化が進む。ただし、軍兵の活動を国家が一元的に把握する機構が整備され、従軍型説話に登場するような、決して上位階層ではない、軍兵の戦場での働きを記録する文化が形成されるためには、長い時間がかかったはずである。

やはり白村江戦（六六三）と壬申の乱（六七二）という二回の大規模な戦闘や、庚午年籍（六七〇）・庚寅年籍（六九〇）という二回の戸籍編成、天武四年（六七五）の兵制官設置、天武十二年（六八三）の陣法教習、翌年の「凡そ政要は軍事なり」の詔など、七世紀後半から八世紀にかけての一連の動きが重要な意味を持つのではないか。この時期に初めて、小単位で集められた豪族軍の寄せ集め的な軍編成と軍行動ではなく、統一的な作戦や命令系統の下で、各部隊が有機的に連携し、戦況に合わせて臨機応変に、かつ全体が一つの軍隊として組織的に戦う体制が本格的に目指されるようになったのではないか。

持統三年（六八九）閏八月詔に、「其の兵士は、一国毎に、四つに分かちて其の一つを点めて、武事（ツハモノワザ）を習はしめよ」とあるが、一般の兵士に武技を習わせるという政策が記録に残るのはこれが初めてである。当然それは、彼らの働きに支えられた集団戦を想定し、中・下位層の兵士の役割を重視する姿勢が強まったことを意味している。そして持統七年（六九三）には「陣法博士」が諸国に派遣される。地方の軍兵に集団戦を戦うための高度な訓練を施すためであろう。

また同時に、この過程で軍兵の技量や功績に関する注目度が向上する。それを端的に証明するのが、壬申の乱に伴ういわゆる「壬申年功臣」への処遇であろう。軍功に対する褒章は乱後すぐに始まるが、このような幅広い階層を対象とした制度的な対応は、『日本書紀』では壬申の乱以前には確認できない。

神武紀二年二月条に記載する、道臣命、大来目、珍彦らに対して「功を定め賞を行ひたまふ」ことなどから類推すると、権力基盤を構成する族長的な人物に対する権利の承認や、名前の賜予、貴重材の頒布などの形で褒賞が行われることはあっても、中央権力が軍兵層を直接対象として褒賞することは壬申の乱までなかったのではないか。そして軍兵に対するこのような関心の高まりが、戦術・兵法などの普及や「官人武装化政策」などにも表れ、また、武人個人の技術、すなわち武芸の優劣を通じて武人の在り方を描こうとする文学的な「語り物」、後には「軍記」へと連なるような記録類の形成へと向かわせるのではないのか(30)。

私はこのように、東アジア情勢の緊迫化と国内制度の整備を経て、大宝令制下での軍団成立に至るこの過程で軍兵の役割は見直され、戦法が集団戦を念頭に置いたものに大きく転換するとともに、軍事活動に参加する軍兵の徴発、組織化、功績の把握などを一貫して行う軍事体制が初めて本格的に整備されるようになったと考えている。つまり〈狭義の倭軍〉が形成されることは、同時に、集団戦の進行状況や個々の戦闘での軍兵の働きなどを掌握する、一元的な認識が形成されることでもあった。「従人」「民」「舎人」「資人」「奴」「国造」と様々な属性を持った武人が活躍する従軍型説話は、〈狭義の倭軍〉形成とは切り離せないと思う。

③指揮者型説話

では、「将軍」などとして軍事集団を率いて戦い、「ハカリゴト」を用いた実戦の様子も描かれる指揮者型説話についてはどうか。この説話群の性格は、単体型説話とも従軍型説話とも異なると思われるので、その特徴を四点指摘しておきたい。

まず第一に、「将軍」などの役職が七世紀後半以降のものであること。日を背に受けて進軍すれば成功するという教えも、天照を最高神とするような神話構造が固定化して以降のことであろうし、磐余彦や気長足姫が記紀に設定された時期が、記紀編纂期から大きく遡ることはないこと。また記事の中には漢籍による修飾が顕著であることなどから考えると、指揮者型説話の多くは、記紀編纂期に近い時期に創作されたか、あるいは大幅に改変されたものである可能性が高い。

第二に、記紀を比較すると、忍坂の大室の説話で、『日本書紀』では「猛卒」に号令を発するのが道臣命だったものが、『古事記』では宇陀の水取等の祖である弟宇迦斯の説話とされているし、忍熊王を打ち倒すのも、『古事記』では武内宿禰ではなく和邇臣祖武振熊である。また上毛野臣祖田道、紀小弓宿禰、物部目連などの説話は『古事記』には書かれておらず、筑紫君磐井を討伐するのが、『古事記』では物部荒甲（麁鹿火）大連と大伴金村連の二名とされているように、記事が定着していない。

第三に、しかしその一方で、道臣命や武内宿禰などの説話のように、知略によって相手の陣中に深く侵入するか、内応者を確保して急襲すること、だまし討ちをすること、残虐な暴力性を誇示することなどに顕著なように、物語的・神話的要素がかなり濃く、軍兵とのかかわりに違いがあるものの、単体型説話と似通った性格を持っている。

第四に、従軍型説話の武人が、「従人」「民」「舎人」「奴」や「甲斐勇者」など身分は概して低いのに対し、指揮者型説話の武人のほとんどは王族か有力な中央豪族であり、階層は大きく異なっている。

以上四点にわたって特徴を述べてきたが、こうした指揮者型説話は、第一、第二の点や、磐余彦、道臣命、気長足姫、武内宿禰などの説話が創作性が強く、また記紀全体の構想と密接に結びついていることから考えて、特定の集団に伝統的に伝えられてきたものが説話化したとは考えにくい。創作したか、漢籍などから借用したか、編纂時に収集した説話を使ったのかは明らかではないが、これらのストーリーや登場人物に合わせた説話が、編纂期の極めて新しい時期に王権でまとめられた可能性が高い。紀男麻呂宿禰、川辺臣瓊缶および調吉士伊企儺などの朝鮮半島での軍事行動に関係した説話も、その記録の原典が何かはよくわからないが、いずれにせよその教訓的な性格から考えて、やはりかなり新しい時期に、政治性が強く影響して形成されたものであろう。

上毛野臣や大伴大連などの説話は家記類から採用された可能性はある。王権に貢献してきた功績と伝統を強調する有力豪族の思惑と、仕奉の根源を正史に記載して、王権の超越性と正当性を強固にしようとする王権側の思惑が合致して、正史に取り入れられた例と言えるかもしれない。

記紀の中で指揮者型説話がなぜ形成されたのか。それは磐余彦や気長足姫のような皇子や皇后によって、軍兵を率いて行われた王権の征服史が構想されたからである。そして、一定の自立性を維持して存在していた中央豪族が、中央政権との相互依存関係が固定化する中で、倭王権に軍事的に貢献してきた豪族であるという自己主張を行ったからであろう。したがってこの指揮者型説話は、その内容に似通った部分も含みながら、単体型説話や従軍型説話とは、背景や性格を異にした説話群だと言わざるを得ないだろう。

④各説話群の関係

以上単体型説話、従軍型説話、指揮者型説話の三者について、その特色を述べてきた。このうち単体型説話は、単体で活動する点で独自だが、神話的・物語的である点で指揮者型説話と共通し、従軍型説話は軍功を描く点などで独自な要素を持っているが、軍兵とともにあることや、軍事活動に対する評価を含むものがある点で指揮者型説話と共通する。指揮者型説話は軍兵の上位に立って指揮する点で独自だが、神話的・物語的である点で単体型説話と類似するほか、軍事活動に対する評価を含む点では従軍型説話と共通している。つまり指揮者型説話は、単体型とも従軍型とも共通する点を持ち、いわば中間的な性格を持っていると言える。

ではこの三者の説話群の関係をどう考えればよいのか。

私はこの三者のうち、演劇との関係、神宝譚との関係などから考えて、単体型説話の方が、〈狭義の倭軍〉形成とかかわりの深い従軍型説話よりも、明らかにより古い要素を残していると考えている。そして指揮者型説話の武人が、単体型説話とも共通する物語的・神話的な側面を持つことから考えると、新しい時代に創作・潤色されたことは疑えないとしても、指揮者型説話は、単体型説話と同様に、従軍型説話よりもやや古い要素を残しているのではないかと思われる。神話の歴史的起源を問うに等しい、不確定な推論にならざるを得ないが、従軍型説話の記録性の高さに比べ、指揮者型説話には、その質により呪的で初源的なものを感じざるを得ないのである。そして下位層の武将・兵士層と、その武人が持つ武芸的な技術にはほとんど関心がないことから考えても、指揮者型説話が形成され始めた時代は、従軍型説話が形成された時代よりも、先行するのではないかと考える。

従軍型説話群は軍功と関係すること、武技に着目すること、『古事記』には存在しないこと、〈狭義の倭軍〉との関連などから考えて、三者の中では最も新しく形成され、『日本書紀』に導入されたものであることはほぼ確実だと思う。

では単体型説話と指揮者型説話との関係についてはどうか。先述したように、私は「磐井の乱」説話の原形が、物部麁鹿火と磐井が一対一で戦う説話ではなかったかと考えている。同様に、単体型説話を下敷きにして、それを指揮者型説話に改変した可能性はいくつかの説話で例示できると思う。

故、神倭伊波禮毘古命、其地より廻り幸でまして、熊野村に到りましし時、大熊髣かに出で入りてすなはち失せき。ここに神倭伊波禮毘古命、にはかに遠延まし、また、御軍も皆遠延て伏しき。この時、熊野の高倉下、一ふりの横刀をもちて、天つ神の御子の伏したまへる地に到りて献りし時、天つ神の御子、即ち寤め起きて、「長く寝つるかも」と詔りたまひき。故、その横刀を受け取りたまひし時、その熊野の山の荒ぶる神、自ら皆切り仆さえき。ここに其の惑え伏せる御軍、悉に寤め起きき（神武記）。

この高倉下の神剣奉献譚は、日本武尊が宮簀媛の家に剣を置いて出かけたために、伊吹山の神の威力で「痛身」となる説話とちょうど逆の構造をしている。本来は波線の部分はなく、単体で在地の神と戦い、在地神の威力で敗北しそうになった「天つ神の御子」の磐余彦が、神剣を得ることで在地神を打倒したという説話ではなかったか。

またこの御世に、大毘古命をば高志道に遣はし、その子建沼河別命をば、東の方十二道に遣はして、その伏はぬ人等を和平さしめたまひき。又、日子坐王をば、旦波国に遣はして、玖賀耳之御笠を殺さしめたまひき（崇神記）。

いわゆる四道将軍の説話も、『日本書紀』では「若し教を受けざる者あらば、すなはち兵を挙げて伐て」（崇神紀九年九月条）と軍兵が付け加わるが、このように『古事記』にはない。この前後関係を考えると、『日本書紀』

の説話から『古事記』の説話が形成されたとは考えがたく、やはりここでも単体型武人説話を背景にして、そこに軍兵の要素が付け加わったと考えるべきではないか。

こうしたことから、私は指揮者型説話よりも単体型説話の方に、より古い要素が残されていると考えている。したがって、厳密に言えることではないが、私は単体型説話、指揮者型説話、従軍型説話の順に、より古い要素を残し、この順に微妙にずれながら、それぞれの話型に固定化していったのではないかと推定する。

しかし、このような来歴を異にする様々な史料が、記紀（あるいは原記紀）編纂作業に一度に持ち込まれると、それぞれの説話は互いに影響し合っただろうし、漢籍などから借用した文言や説話で全体が修飾され、あるいは新たに創作した説話を挿入するなどの作業が加えられて、最終的にはほぼ同時期に記紀の中に位置付けられることになっただろう。

この結果、単体型説話、指揮者型説話、従軍型説話といった異なった三つのタイプの武人説話が記紀（あるいは原記紀）に混在することになった。新たな要素を持った指揮者型説話や従軍型説話も、単体型説話を払しょくするのではなく、神話的で始祖的な武人像を残したまま、並行して書き加えられた。三つの説話（群）は厳密に区別されることなく、対立することも整理されることもなく、モザイク的に記述された。

だが、来歴が異なるにもかかわらず、三タイプの説話（群）がこのように共存する記述法は、『史記』や『漢書』の記述法とは異質であると感じざるを得ない。記録的でなく物語的であることは言うまでもないが、「国家平定史」の軍事説話を、戦場の雰囲気をリアルに漂わせた叙述で伝えようとする「軍事思想」や「歴史認識」が弱かったことを示すと同時に、武人、軍兵、軍事指揮者などに対する古代倭の認識の特性を物語っていると考えられる。

時代が変遷し、軍事活動の実態は大きく変化しても、説話は三者を共存させた。それが記紀編纂者の立場の問題によるのか、能力の問題によるのかは不明だが、戦闘を実態に沿って徹底してリアルに表現しようとはしなかった。特に単体型説話が持つ物語性、主人公の超人性、実態との乖離などは、一見して「歴史記録」とは矛盾するものだと思うが、その説話を採択することに葛藤があったことすらほとんど感じとれない。単体で活動する武人は、武人の代表であり続けていただろうし、日本武尊がそうであったように、一種の憧憬がそこには込められているようにも感じられる。そしてそれは、万葉集にも共有される抒情性を吸収して、悲劇の英雄として新たに展開した。単体型説話の単体性は、中央政権の官人たちの間でも受け継がれ、一定の変貌を遂げながら、「ますらを」や「武士」にまで継承されたのではないかと考えられるのである。

3. 武人の原像

(1)「タケ」と武人

武人や軍事活動と切り離せない倭語の一つが「タケ」である。記紀での用例も多く、日本「武」尊、幼「武」尊の「武」はいずれも「タケル」の訓みを持つ。ではこれまで見てきた説話（群）の中で「タケ」はどのように用いられてきたのか。[31]

岩波文庫本と日本古典文学全集本を使って、地名や人名を除き、『日本書紀』で「タケ」と訓読された例を抽出してみると表5の通りである。[32]『古事記』『日本書紀』の編纂当時の訓みは明らかではなく断定はできないが、

表５　日本書紀の「タケ」使用例一覧

	記事	対象	用語	岩波文庫本	古典文学全集
1	神代第五段正文	素戔鳴尊	勇悍	イサミタケ	ヨウカン
2	神代第六段正文	素戔鳴尊	雄健	タケ	タケ
3	同上	天照大神	雄誥	ヲタケビ	ヲタケビ
4	神代第六段一・一	素戔鳴尊	武健	タケ	タケ
5	同上	日神	武備	タケキソナヘ	タケキソナヘ
6	神代第七段三・一	日神	武備	タケキソナヘ	タケキソナヘ
7	神代第九段正文	天稚彦	壮士	タケキヒト	タケキヒト
8	神代第九段五・一	火明命ほか	誥（四例）	タケビ	タケビ
9	神武即位前紀	磐余彦／五瀬命	雄誥（二例）	ヲタケビ	ヲタケビ
10	同上	道臣命	誥	タケビ	タケビ
11	同上	（軍兵）	猛卒	タケキイクサ	タケキイクサ
12	同上	土蜘蛛	勇力	タケキコト	タケキチカラ
13	同上	皇師	立誥	タチタケビ	タケビ
14	綏靖即位前紀	綏靖天皇	武芸	タケキワザ	ブゲイ
15	同上	綏靖天皇	神武	アヤシクタケ	タケ
16	景行二年三月	景行天皇	誥	タケビ	タケビ
17	同十二年十月	（軍兵）	猛卒	タケキイクサ	タケキイクサ
18	同二十七年十二月	（日本武尊）	武力	チカラヒト	タケキヒト
19	同四十年七月	日本武尊	雄誥	ヲタケビ	ヲタケビ
20	同上	日本武尊	猛	タケ	タケ
21	同上	日本武尊	武	タケキコト	タケキ
22	成務四年二月	景行天皇	神武	タケ	シンブ
23	仁徳五十三年五月	百衝	猛幹	タケクツヨシ	タケクツヨシ
24	雄略五年二月	（猷しし）	猛猷	タケキシシ	タケキシシ
25	同九年三月	大伴津麻呂	踏叱	フミタケビ	フミタケビ
26	同十三年八月	（軍兵）	敢死士	タケキヒト	タケキヒト
27	同十八年八月	聞物部大斧手	叱	タケビ	タケビ
28	顕宗即位前紀	弘計王	誥（二例）	タケビ	タケビ
29	武烈即位前紀	大伴金村	雄	タケキヒト	ユウ
30	欽明十五年十二月	（軍兵）	勇壮者	イサミホコレルヒト	イサミタケキヒト
31	同十七年正月	（軍兵）	勇士一千	タケキヒト	タケキイクサ
32	同二十三年七月	（君子）	武備	タケキソナヘ	ブビ
33	同上	調吉士伊企儺	勇烈	タケ	タケ
34	敏達十二年是歳	（吉備海部直羽嶋）	猛色	タケキオモヘリ	タケキオモヘリ
35	推古三十四年五月	蘇我馬子	武略	タケキハカリ	ブリャク
36	舒明九年是歳	（上毛野君形名の祖等）	威武	カシコクタケキ	カシコクタケキ
37	孝徳大化五年三月	物部二田造塩	叱咤	タケビ	タケビ
38	斉明四年七月	蝦夷	勇健者（二例）	イサミタケキモノ	イサミタケキモノ
39	同六年九月	鬼室福信	神武	アヤシクタケキ	アヤシクタケキ
40	天智即位前紀	（高麗軍兵）	胆勇	タケクイサミ	タンヨウ
41	天武即位前紀	天武天皇	神武	タケシ	シンブ
42	天武元年七月	大分君稚臣	勇敢士	タケキヒト	タケキツワモノ
43	同上	来目	勇士	タケキヒト	タケキヒト
44	同上	甲斐勇者	勇者（二例）	タケキヒト	タケキヒト
45	持統称制前紀	（軍兵）	敢死者	タケキヒト	タケキヒト

『日本書紀』では「誥」「叱」を「タケブ」の意味で使う例のほか、「武」「猛」「勇」「壮」「敢」などの漢字が「タケ」に充てられていることがわかる。(33)

では「タケ」はどのような意味を持ち、武人説話でどのように使われたのか。

まず表5の例から考えて、「タケ」が「激しい」とか「勇猛」という意味で使われていることは間違いない。そしてそれを使う対象は、圧倒的多数が王権に近い関係にある神や天皇や武人だが、一方では、荒神的な性格を持つ素戔嗚尊をはじめとして、土蜘蛛や蝦夷のような夷狄、異族、朝鮮半島の武人などについてもわずかに用いられる。そして単体型説話の日本武尊はもちろん、従軍型の聞物部大斧手や大伴津麻呂にも、指揮者型の蘇我馬子や天武にも用いられるように、武人説話を横断して使われる。

また、日本武尊の東征に関して「兵甲（ツハモノ）を煩さずして自ずからに臣隷はしめよ。即ち言を巧みて暴ぶる神を調へ、武（タケキコト）を振ひて姦しき鬼を攘へ」（景行紀四十年七月条）とあるように、「兵甲（ツハモノ）」の否定の上に「武（タケキコト）」が成り立っているという一面がある。軍兵の力と「タケ」の力では質が異なると認識されていた可能性が高い。

さらに素戔嗚尊の性格は「勇悍（イサミタケ）くして安忍（イブリ）なることあり。且常に哭き泣つるを以て行とす。故、国内の人民をして、多に以て夭折なしむ。復使、青山を枯に変す」（神代紀第五段正文）とされたり、「始め素戔嗚尊、天に昇ります時に、溟渤（オホキウミ）以て鼓（トドロ）き盪（タダヨ）ひ、山岳為に鳴り呴えき。此則ち、神性（カムサガ）雄健（タケ）きが然らしむるなり」（神代紀第六段正文）とされる。この「タケ」は、物理的な武力や暴力だけを意味しているのではなく、時には「安忍」であり、時には「神性」が「タケ」であったように、怖れや敬意を含んだ呪術的で神秘的な威力でもあった。

このほか『日本書紀』には「神武」を「タケ」と訓む例がある。神渟名川耳に対して、「汝特挺（スグ）れて神武（アヤシクタケ）くして、自ら元悪を誅ふ」とする例（綏靖即位前紀）、景行に対して、「我が先皇大足彦天皇、聡明く神武（タケ）くして、籙（ツギテ）に膺（アタ）り図を受けたまへり」とする例（成務即位前紀）、鬼室福信に対して、「唯し福信のみ、神武（アヤシクタケ）き権（ハカリコト）を起して、既に亡ぶる国を興す」とする例（斉明紀六年九月条）、天武に対して、「壮に及りて雄抜（ヲヲ）しく神武（タケ）し」とする例（天武即位前紀）の四例である。これらの「神武」と書く「タケ」も、漢字「神」「武」が作為的に用いられていることは明らかだが、身体的に加えられる直接的な武力・暴力というよりも、より神秘的で呪術的な力である「タケ」を表現しようとしている。

旧百済の遺臣を率いて戦った鬼室福信や、壬申の乱を戦った天武の「タケ」も、実際は激烈な集団戦を戦った「タケ」でありながら、少なくとも記紀編纂者の認識の上では、呪術的・神秘的な威力と切り離すことはできなかったのだろう。

また「神性（カムサガ）雄健（タケ）き」（神代紀六段正文）、あるいは「日神、本より素戔嗚尊の、武健（タケ）くして物を凌ぐ意（ココロ）あることを知ろしめせり」（神代紀六段第一の一書）のように、「サガ」や「ココロ」とともに使われる例がある。これは『古事記』で日本武尊を遠ざけようとする景行が、「建（タケ）く荒き情（ココロ）を惶みて」（景行記）と、日本武尊固有の「情（ココロ）」に関して「タケ」が用いられている例と共通する。つまり「タケ」は「サガ」「ココロ」「ヒトトナリ」のような、眼に見えない内面的な心性や性格とも密接にかかわる言葉であった。

時代が下っても、調吉士伊企儺が「人と為り勇烈（タケ）くして」（欽明紀二十三年七月条）とされるように、個人の性格（ヒトトナリ）を示す例がある。そして推古紀三十四年五月条に記載された蘇我馬子の薨伝で、馬子の「性（ヒトトナリ）」を「武略（タケキタバカリ）有りて、亦弁才有り」とする例などにも引き継がれていて、ここでも暴力そのものを指すのではなく、軍事的な手段を用いて物部氏を倒す人間性に対して「タケ」が使われるのである。

また「タケ」は、基本的には素戔嗚尊、天稚彦、綏靖、日本武尊、そして「敢死士」「勇壮者」「勇士」「勇健者」「勇敢士」「勇者」「敢死者」のように、「タケキヒト」「タケキモノ」として個人に属して使われるのが通常の使い方である。その中には単体型説話に登場する武人だけではなく、位階が下賜される蝦夷の「勇健者（イサミタケノモノ）」（斉明紀四年七月条）や、大分君稚臣が「勇敢士（タケキヒト）」とされ、「勇士（タケキヒト）来目」あるいは「甲斐勇者（タケキヒト）」と呼ばれる例もあるように、従軍して優れた活動をした武人に対して、一種の称号のように使われる例も多い。

だが一方で、例えば欽明紀十七年正月条に百済の王子恵を「筑紫火君を遣して、勇士（タケキヒト）一千を率て、衛りて弥弖に送らしむ」とあるが、この「勇士」は、「勇士来目」や「甲斐勇者」のような特定の「タケキヒト」を指しているわけではない。特定の個人から離れ、おそらくそのような優れた武人を集めた、集団としての「勇士（タケキヒト）」である。また同様に、神武即位前紀の「我が猛卒（タケキイクサ）を選びて、虜と雑ぜ居う」、景行紀十二年十月条の「猛卒（タケキイクサ）を簡びて、兵の椎を授けて…」の二例の「猛卒（タケキイクサ）」、あるいは「高麗の士卒（イクサビト）、胆勇（タケクイサ）み雄壮（ヲヲ）し」（天智即位前紀）のように軍兵全体に対して使われる場合もある。

ここでは「タケ」の概念が拡大したと言わざるを得ない。しかし同時に、これを軍兵一般の武力や軍事力の意味にまで拡大して解釈することは誤りである。上記の二例の「猛卒（タケキイクサ）」については、いずれも「選」「簡」と、軍兵全体というよりも、選抜された精兵を指す。また欽明紀の「勇士（タケキヒト）」も、軍兵の中から勇ましい者たちを選んで結成した、少数精鋭の勇猛な部隊であったと考えられる[34]。したがって「タケキヒト」から独立した抽象的な武力や軍事力に対して「タケ」が用いられているわけではない。

楚の武王、随を侵す。薳章をして成ぎを求めしむ。瑕に軍して以て之を待つ。随人、少師をして成ぎを董さしむ。闘伯比、楚子に言ひて曰く、吾志を漢東に得ざるは、我則ち然らしむ。我は吾が三軍を張りて、吾が甲兵を被り、武を以て之に臨む。（以下略）

『春秋左氏伝』桓公六年条にある、「武を以て之に臨む」の「武」は記紀には存在しない。

つまり、確かに「タケ」が特定個人の性格や技能から離れて、精兵などの軍兵を指す場合がないとは言えない。しかし、ほとんどの場合、「タケ」は軍兵集団（イクサ）ではなく、兵士の個人的な性格と強く結びついている。「タケ」が現実に存在する個々の武人や兵士から離れて存在することはない。すでに述べたように「日神」の「武備」（神代紀）も、単体型説話の神の個人的な武装を意味しているにすぎず、軍兵全体の装備を意味していない。神渟名川耳が「武芸（タケキワザ）人に過ぎたまふ」とされるのも（綏靖即位前紀）、武人や兵士個人の能力や技術と密接にかかわっている。「武を以て之に臨む」の「武」のように、集団全体の武力や軍事力を総体的にとらえる抽象的な概念としては、「タケ」はついに生まれることがなかった、と言えるのではないか。そうであるとすれば、集団全体の武力や軍事力を意味する言葉は、少なくとも記紀には存在していなかったのではないか。

『日本書紀』では十一例ある「タケビ」からもいくつかのことを指摘することができる。

例えば天照が素戔嗚尊に対して武装して行う「稜威（イツ）の雄誥（ヲタケビ）奮はし、稜威の嘖譲（コロヒ）

を発して、淫に詰り問ひたまひき」（神代紀第六段正文）の「雄詰」はただ怒って大声を上げたのではなく、武装して、弓を振り上げ、剣を握りしめ、足を力強く踏みしめて激しく蹴り上げるという動作を伴う、演劇的で呪術性を濃厚に漂わせたものである。特にこの足を踏むという行為と「タケビ」とは深く結びついており、大山祇神の娘の吾田鹿葦津姫が、「無戸室」で火明命ほかの四神を産むときも、それぞれの神は「蹋（フ）み誥（タケ）びて出づる」（神代紀第九段第五の一書）し、大伴津麻呂が新羅軍と戦って戦死するときも「踏（フ）み叱（タケ）びて」（雄略紀九年三月条）敵陣に乗り込む。天照や津麻呂の説話からすれば、全身を使って怒りや口惜しさが表現されているということもいえるが、火明命などの例ではそれは難しい。すでに民俗学的な検討が行われているが、大碓皇子と小碓命（日本武尊）が生まれた時に、景行が「碓（ウス）に誥（タケ）びたまいき」とされる（景行即位前紀）ことから考えても、やはりこの「タケビ」の根底には、何らかの霊力を発揮させようとする呪術性があったと思われ、足を踏む行為はそれをさらに強めるためと考えてよいだろう。そしてそれは大伴津麻呂のような、従軍した武人にも継承されたのではないだろうか。

『古事記』の「タケ」についても触れておく。

「タケ」の用法や意味については、例えば日本武尊を遠ざけようとする景行が、先述したように「建く荒き情（ココロ）を惶（カシコ）みて」と、「情（ココロ）」に関して「建（タケ）」を用いたり（景行記）、川上梟帥が日本武尊に向かって「吾二人を除きて、建（タケ）く強き人無し」「吾二人に益りて建（タケ）き男は坐しけり」と、一対一で相対する特定の武人間で用いているように（景行記）、『日本書紀』と共通する使い方もされる一方で、両者にはいくつかの違いもある。

例えば『古事記』では、「タケ」に使う漢字はほぼ「建」の一字に限定される。「タケブ」の意味で使う場合とそれ以外の「タケ」を区別することもなく、『古事記』では「タケ」に「建」字のみを充て、「武」「勇」「猛」などを使うことはない。また『日本書紀』の「武」字を持つ神名が、「武甕槌神」「武素戔嗚尊」「武三熊之大人」「彦波瀲武鸕鷀草葺不合尊」の四例に限られるのに対して、『古事記』では「建依別」「建日向豊久士比泥別」「建日別」「建日方別」「建御雷神」「建布都神」「建速須佐之男」「建御名方神」など、神代記だけで十例に及ぶ。また神名と人名、および天皇の和風謚号の一部に用いられるか、天照と五瀬命の「男建（ヲタケビ）」の例を除き、『古事記』で「建（タケ）」を形容詞的に用いるのは日本武尊に限られる。

『古事記』がなぜ「武」字等を避けるのか、なぜ「タケ」を付加する神名に記紀で違いがあるのか、修飾する対象が日本武尊だけなのはなぜか、など不明なことは多い。上述した「勇士（タケキヒト）一千」、「猛卒（タケキイクサ）」のような集団を指す例がないことも『古事記』の特徴である。

このように『古事記』と『日本書紀』では違いがあることも確かだが、その問題はひとまずおくとして、記紀の「タケ」については以下のように定義することができるだろう。

「タケ」は、「激しい」「勇猛」といった一般的な意味以外に、呪術的な霊力や個人の内面的な心性とも切り離せない言葉であり、本来は個人に属した気持ち、性格、表情、技能、能力などに関して用いられた。軍事的な能力や技術も含んで、評価や顕彰に使われることも多かったが、それも個人単体と密接に関係している。つまり「タケ」とは、武力や軍事力全般を指して用いられることはなく、基本的には武人個人を主とした対象として使われた言葉で、単体型説話にも指揮者型説話にも従軍型説話にも共通して用いられた概念なのである。

記紀編纂期は衛府や軍団などの律令軍制が整う時期であり、軍兵の重要性は律令官人にも十分に認識されていたはずである。そして、数々の類書を通じて、中国の壮大で躍動感のある戦闘記事も多くの人たちが目にしていたことであろう。しかしそうであるにもかかわらず、権力の正当性を保障する歴史的根源としてまとめられた記紀の神話的世界にも、統一的な国家権力が認定する初めての正史にも、三つのタイプの武人説話は共存し、命脈を保っていた。とりわけ単体型説話は、集団戦を基調とした律令軍制の理念とは異質であるにもかかわらず、記紀の代表的なタイプの武人説話として存在してきたし、場合によっては、壬申の乱期にすら、単体型説話は語り継がれると同時に生成されつつあった可能性もある。

ではなぜ王権の正当性や支配の歴史を語る重要な役割を担っていながら、神々の世界や権力の世界が、軍兵を動員して作り上げる集団的武力、つまり軍事力を伝える説話ではなく、一見奇異に見える、軍兵を具体的に描写しない単体型説話によって描かれたのだろうか。

軍神であるにせよ、民衆のリーダーであるにせよ、王であるにせよ、軍兵を駆使する武人（軍事指揮者）の説話が、単体型説話を吸収しなかったのはなぜなのか。このことは武人の「タケ」とどうかかわっているのか。この問題はほとんど誰にも取り上げられたことはないが、実は古代軍事思想論や天皇制論として問われるべき重要な問題ではないだろうか。

（2）武人の原像

私は現在、このことに関して二つの理由があったと考えている。

まず第一の理由は、この単体型説話の起源の古さと、伝統性の強さに関するものである。

起源の古さとはいっても、私はそれほど古い時代にこの単体型説話の起源を求めているわけではない。ここで記紀（帝紀、旧辞も含む）の形成まで論じることは到底できないが、通説の通り、その出発点は六世紀後半にあたる欽明期を下らないと考えている。仏教や儒教をはじめとする渡来系の宗教や思想が本格的に流入した時期、また、遣隋使や遣唐使などを通じて、自国の権力の正当性を、体系的にまとめられた「歴史」として示す必要性に迫られた時期、この六世紀後半から七世紀後半にかけてのおよそ百年間が、原記紀が固定化する第一段階だったと考える。

一方で、これまで述べてきたように、単体型説話には古い説話の要素が残されていた。呪術性や演劇性、あるいは神宝譚や儀式との結びつきも強く、記紀神話の神々も単体で抗争した。そしてこの単体型説話は、こうした古い要素を残したままで正統的権力形成史に組み入れられていた。

私はこの原記紀が固定化する第一段階に、いわば初めて公的に採用されたのが、単体型武人説話のような、軍兵を用いない一対一型の抗争説話だったのではないかと考えている。こうした単体型説話が、文字としてまとめられた最初の武人説話であり、それが始祖像や初源的な国家形成史と結びついたために、伝統的に最も重んじられていたのではないか。そして、それが代表的な説話群としてすでに一定程度定着していたために、他の説話を追加することはできても、消し去ることができなかったのではないか。

そして先述したように、壬申の乱時に樟使主磐手が吉備国主当摩公広島を殺害する説話から推測すると、記紀の最終的な編纂作業が始まる天武・持統期直前まで、この単体型武人説話が作成され続けていた可能性がある。また、継体記の磐井の乱の記述などを取り上げて考えたように、本来は単体型だった説話が、軍兵の記事を付け加えられて指揮者型の説話に改変された可能性もあった。これなども相当新しい改変と考えざるを得ない。神武記の東征の始まりも、「神倭伊波禮比古」と「同母兄五瀬命」の二柱が日向を出発するとだけあって軍兵の記述がないように、特に『古事記』の指揮者型説話では軍兵を統率する側面は極めて弱い。要するに、記紀の最終編纂時期という相当新しい時代に至るまで、単体型説話は維持され続けてきたのではないか。記紀が天武・持統期以降の「作品」であることは論をまたないが、すでに単体型説話を中心にしてまとめられた原記紀があって、最終的にはそれが記紀を拘束し続けてきたと考えてもよいのではないだろうか。

また第二の理由は、単体型説話の「単体」の意味に関係している。

単体型説話が大きな意味を持ったのは、武人が単体であることに執拗なこだわりがあったからだろう。単体の武力が重視されたと言い換えることもできる。このことは「武（タケ）」の在り方とも深くかかわっているのではないか。

『日本書紀』では「武」の多くが「タケ」と訓まれ、神代紀から持統紀に至るまで用いられていた。「タケ」は単体型説話にも、指揮者型説話にも、従軍型説話にも使われたが、集団的な武力ではなく、武人単体の武力で、呪術的・神秘的で、内面性や技能性と切り離せないものであった。そして記紀編纂期には、書紀の随所で使われるほどに普及していた。

一方、個々の兵士を組み込んだ軍隊は、「武（タケ）」を集団的武力に変革するはずである。それが令制軍を整備するうえで重要な目的でもあっただろう。しかしその過程が記された史料は皆無と言ってよい。少なくとも記紀編纂者にはその点での関心がほとんどなく、個人としての「武（タケ）」に触れることはあっても、軍隊の集団的な軍事力や、軍事諸機能を総合的に表す「武（タケ）」に触れることはない。あったとしても極めて弱かったとしか思われない。「武（タケ）」は集団的な「武（タケ）」には〝昇華〟しなかった。そのように思わざるを得ない。

唐突だが、『孫子』「勢篇」にはこうある(35)。

故に善く戦う者は、之を勢に求め、人に責めずして、之が用を為す。故に善く戦う者は、人を択びて勢に与わしむること有り。

ここでは個人的な勇気や能力よりも、集団の「勢」、つまり軍隊全体で作り上げられた総合的な軍事力が重視される。そして軍兵を適材適所で選び、集団的な軍事力として組織できる者が、戦闘の強者だと言われている。おそらくこの「勢」は単なる単体の武力の集合（総和）ではない。少なくともモノフォニーではなく、ポリフォニーでなければならない。同じ旋律を同じ声部がなぞっていてはポリフォニーにはならない。役割分担と作戦と、指揮統制が必須である。単体で戦う武人を描く思想と、戦闘での「勢」を重視する思想には、確実にこのような違いがある。

もとより実際の戦闘は集団戦である。だが集団が個人の総和でしかなければ、それは集合戦にしかならない。集団で生み出す力も、結局は個人に還元するしかない。役割分担や軍兵の配置や、地勢の把握や、統制のとれた作戦行動よりも、単体が武功を挙げることや、そのために技能を磨くことや、勇敢で自己陶酔的な精神の純粋性が重視されるほかない。軍全体の強さが客観的にとらえられるのではなく、単体の武人がどのようにして敵を打ち倒したかが評価され、脚光を浴びざるを得ない。単体型武人説話群が重視され続けた背景にこのような〝思想的な風土〟を考えるべきではないか。

このことは、例えば次のような事象と関連していないだろうか。

白村江において、百済の将と日本の諸将とは「我等先を争はば、彼おのづからに退くべし」と語り合ったという（天智紀二年八月条）。『日本書紀』ではこのことを「気象（アルカタチ）を観ずして」と、唐・新羅連合軍の陣形等をよく観察しなかったからだと批判的に記す。だが、これが史実に基づいたものだとすれば、倭軍はなぜ「気象」を観ずに、両者の力関係を無視したのだろうか。また、なぜ集団全体での行軍ではなく、「我等先を争はば」なのだろうか。そしてなぜ「彼おのづからに退くべし」と独りよがりに過信したのだろうか。

もちろん、倭軍にとっても朝鮮半島での軍事活動の経験はこれが最初ではなく、集団戦の実戦も国内外を問わず繰り返してきたことだろう。しかし、それは一体どのような集団戦だったのか。兵法や、軍略や、さらに支配技術や統治技術と連動した集団戦だったのか。常にそうであったとまでは言うつもりはないが、相手方や自軍の実態を分析したうえでの、統率のとれた、軍略に基づいた進軍ではなく、単体の力に頼った自己陶酔的な突撃と、何か別の力によって、敵方が「おのづから」敗れることを期待した、基本的には楽観的な軍事活動ではなかったのか。

私は、私が〈狭義の倭軍〉と呼ぶ軍容にすら到達しない状態で白村江を戦ったと考えている。つまり〈広義の倭軍〉の状態であったわけだが、当時の軍兵を象徴する軍事思想として、「武（タケ）」の思想を挙げることができるのではないか。そして、その状態で律令兵制を受容したのが実態ではなかったか。

私はまた、単体型武人説話群と「武（タケ）」は、いわゆる「武士」の「武」とも関連していると思う。つまり、「日本の古代・中世社会では、武士は芸能人だった」、「武士とは何よりも、「武」という芸（技術）によって他と区別された社会的存在なのである」と高橋昌明が述べた、「芸」としての「武」である[36]。

「武士」が「武」という「芸」によって区別された存在になるのはなぜだろうか。それは武人の技能に着目した従軍型説話の武人を、「武」の正当な継承者として認めることだが、単体で行う武的活動の「武（タケ）」を重視する志向がなければ、武人それぞれが有する個人の「芸（技能）」が、これほどの意味や価値を持つこともなかったのではないか。

『続日本紀』の「武芸」には二様の使い方がある。例えば慶雲元年六月丁巳条に、諸国の軍団兵士に関して「番毎に十日、武藝を習はせて…」とあるような「武芸」と、養老五年正月甲戌条で褒賞された佐伯宿禰式麻呂ほか四名の「武藝」の二種類の「武芸」である。もちろん高橋が言う「武」の「芸」は、後者の「武芸」に近い。それは武人が個人として獲得する技能で、軍団兵士が訓練する集団戦術とは異なる。つまり単体の技能としての「武（タケ）」の「武芸」である。

単体型武人説話群と「武（タケ）」とのかかわりは「武芸」にとどまらない。いわゆる「武士道」には、単体型武人説話の武人を純化させた姿が濃厚に認められる。

菅野覚明は武士道を突き詰めると次のようなものになるという[37]。

> 武士道というのは、ある意味で極端な思想である。その極端さは、ある倫理学者の言い方を借りるなら、世界の裸形を見ようとする姿勢に由来するということができよう。あるがままのむき出しの自己や他者を見つづけること。それはまた、己の死を見つめることでもある。武士道思想が漂わす異様なまでの緊張は、おそらくそこから発するものなのである。

柳生宗矩の『兵法家伝書』には次のようにある[38]。

> 大軍を引て合戦して勝と、立相の兵法と、かはるべからず。太刀二つにて立相、切合て勝心を以、大軍の合戦にかち、大軍の合戦の心をもって、立相の兵法に勝べし。太刀さきの勝負は心にあり。心から手足をもはたらかしたる物也。

菅野が言う「自己探求」を本質とする「武士道」には、まさに一対一の単体型説話群と「武（タケ）」の在り方に通じるものがある。武芸は個人技を磨くことと、自己を鍛えることに向かうほかない。また柳生宗矩のように、一対一の「立相」が「大軍の合戦」と同列に論じられるのも、単体を重視する、モノフォニーの伝統抜きには考えられない発想だろう。

こうした単体の力に頼った（過信した）武力思想は、武士道がそうであったように、一方では自己鍛錬と精神の純粋性を求めて進むことになる。そしてもう一方では、自己の限界を穴埋めするために、外部に、真新しい神（仏）と新規な文物を求めることになる。そうした思考は最終的にはいつか誰かが救済してくれる、という「おのづから」の希望を残し続けることだろう。[39] 天皇制の根源がここにあることは言うまでもない。

「武（タケ）」について述べる中で触れたように、日本武尊は「兵甲（ツハモノ）を煩わさずして自づからに臣隷はしめよ」と命令された。もちろんそのような命令が実際に下されたとは思わない。ただ、すでに述べてきたように、軍兵の軍事力を軽視し、単体の武力に頼り、「おのづから」の解決を期待する思想や幻想性を、そしてその伝統を再確認しておきたい。日本武尊と、一対一で戦う単体型の武人説話群と、「武（タケ）」と、白村江と、さらに言えば抒情への道を歩む武人説話と、武士道と、天皇制が、ここで強く結びついていることは疑えない。

このように「武（タケ）」と密着し、後には武士にも引き継がれた武人の特徴、構造的志向、それを称賛する価値観のことを、単体型説話の名前を取って〈単体性〉と呼んでおきたい。これが倭国軍事思想の要である。

〈単体性〉が強固であることは、自己へと向かうベクトルが太いことと裏腹に、軍事が現実の政治や社会に与える外部的な影響が限定的であったことを意味する。〈単体性〉は呪術的な力と未分化で、個人の内面的・精神的な要素が濃く、さらに「芸」でもあったわけだから、ダイナミズムを欠く。たとえそこに大きな変化が生じたとしても、それが現実の政治や社会を直ちに左右する方向性は持たない。中国戦国時代のように、貴族層による戦車戦が庶民層による歩兵戦に変わる過程で富国強兵思想が現れる、というようなドラマチックな変化は、古代倭では起こり得ない[40]。

また再び孫子を例にとれば、そこでは戦争を「道（内政）」「天（自然）」「地（地形）」「将（判断）」「法（規律）」という五つの視点で分析し、それを「総合戦略」として実戦で応用しようとする。またよく知られているように、「兵とは国の大事なり」「戦わずして人の兵を屈する」「彼を知り己を知らば、百戦して殆（あや）うからず」「兵を形（あらわ）すの極みは、無形に至る」などの数々の格言も、孫子が集団性の産物である戦争を客観的に対象化したうえで、「総合戦略」つまりポリフォニーの軍事思想として導き出したものであった[41]。

こうした思想は、一回の戦闘に勝つための「個別戦術」として有用なだけではなく、儒家、法家、道家などの政治思想とも混融し、国家財政策や外交政策、あるいは配下の豪族を服従させることや、人民統制と一体の、まさに支配思想そのものでもあった。つまり、これは孫子に限ることではないが、代表的な中国古代の軍事思想は、個別的な戦闘における軍略・戦術的なものから、軍事活動の妥当性や正当性を証明するもの、さらには統治思想や国家構想に至るものまでを貫く総合性・一貫性を有している。それは一対一の単体型武人説話群からは生まれないものである。〈単体性〉ではこのような思想は育つはずもない。

そしてこの〈単体性〉は、軍事思想の根底にあるだけでなく、儒教的教養を、天人相関説ではなく個人の修養や道徳に向かわせる傾向の中にもあるし、「天」という究極的な理念を「天皇」という現実的な単体の支配者に置き換えた。また、『万葉集』のように、和歌を社会にではなく、男女の情緒に向かわせる傾向の中にもある。濃密できめ細かい描写に優れていたことや、内面性を美で表現することができたのもこのことが大きい。

また、〈単体性〉とは特殊な「私」の在り方を意味しているから、〈公〉とともにあって、〈公と私〉を作り出す重要な要素の一つだと考えられる。しかし、もしそうであるのなら、いつか誰かが救済してくれる、という「おのづから」の希望を抱いた〈単体性〉の「私」は、「公」にその希望を託すはずである。日本の「私」はしばしば「公」に従属したが、そこに希望を抱いたからではないのか。そこには独特の〈公と私〉があって、「公」に武人が従属する日本の歴史と重なる。(42) 先ほど、単体型武人説群の中に天皇制の根源があると言ったが、天皇が「公」である限り、武人は決して天皇の上に立つことはない。それは「武（タケ）」が〈単体性〉であることの、必然的な結果なのである。(43)

冒頭で述べたように、石母田正は日本武尊が「孤独」であったことに、古代日本の特殊性、世界史的に考えれば「限界」を見ようとした。しかしこれまで述べてきたように、それは〈単体性〉から考えなければならない。〈単体性〉として考えることで本当の意味での「限界」が見える。日本武尊が単体で行動することを、歴史事象と安易に結びつけて解釈すべきではない。もっと重要なことは、それを軍事思想として追究することである。「武」は〈集団〉と〈単体〉の間で、〈総合力〉と〈個人技〉との間で、〈軍事力〉と〈武技〉の間で揺れ動いた。この意味で〈単体性〉は武人の幻想的な出発点、伝統の幻想的根源、つまり〝武人の原像〟なのである。

（1）ここでいう「武人」とは、戦闘行為などの場面で武装して戦う武将や兵士のことを指しており、専門分化した常備軍的な特定集団のように、身分や職業として固定的に定まったものだけを指しているのではない。大伴や物部などのいわゆる「軍事的トモ」、あるいは親衛軍的な集団が一定程度存在したことを認めるが、おそらく倭国段階の軍事集団の主力部隊は、農民や狩猟民も含めて社会階層は雑多であり、しかも中央や地方の豪族が戦闘にあたってその都度徴集した軍兵であったと思われる（本書第3章参照）。また後述するように、本章は髙橋昌明の武士論を念頭に置いている。しかし倭国の段階では「家業」とするほどには固定化していなかったと考えられるので、ここでは武士ではなく、武人の用語を用いる。髙橋昌明一九九九序章（初出は一九九六）、第Ⅰ部第一章、同第二章（初出は一九九五）、同付論参照。

（2）日本武尊については英雄時代論争の中で取り上げられることが多かった。英雄時代論争に関しては枚挙にいとまがないが、研究史をまとめた代表的なものとして上田正昭編一九七一（「解説」ほか所収論文）、佐伯有清一九七五、徳光久也一九六六、近年のものとしては大平聡二〇〇六などがある。また文献目録としては上田正昭編一九七一巻末目録、記紀歌謡研究会二〇〇〇、同二〇〇三。日本武尊論についても数多いが、伊藤清司編一九八三、鬼頭清明一九九一、砂入恒夫一九八三、吉井巌一九七七など参照。なお引用する史料が『日本書紀』か『古事記』かにかかわらず、本章では「ヤマトタケル」をすべて「日本武尊」と表記する。

（3）石母田正二〇〇〇「Ⅰ　古代貴族の英雄時代」（初出は一九四八）、一三五ページ参照。石母田正の英雄時代論の個別的論点に関しては、田中元一九六三の批判が論争当時のものでは最も徹底していて参考になる。なお、石母田の「古代貴族の英雄時代」については、古代日本の国家形成を六世紀に認める現在の通説の源流となった論文として、山尾幸久二〇〇三「結章」が独自に取り上げていて注目される。英雄時代論の「終息」以降、こうした検討はほとんど見かけたことはない。

（4）石母田正前掲論文参照。英雄時代論争は時代区分の問題、古代ディスポティズムの形成の問題、皇統譜や説話累積に関する問題、文学や悲劇の誕生に関する問題など様々な論点を抱えた論争であった。当然そこには軍事に関する論点も含んでいたはずであるが、多くの問題とともに、軍事に関する論点も十分に深められたとは言えない。中央政権が支配を拡大するうえで軍事が果たした役割、常備軍などの軍事体制、軍事組織の実態、王・大王・天皇と軍事とのかかわりなどは、ほとんど論じられないままに「英雄」が論じられた。私はこの英雄時代論争において、本来なら徹底して論じられるべき重要な論点が、今なお古代倭・日本の軍事研究の弱点の一つとしてそのまま取り残されているのではないかと考えている。

（5）福田良輔一九六四参照。

（6）吉井巌一九七六、十一（初出は一九六九）、十二（初出は一九七一）、十三（初出は一九七二、一九七三）、同一九七七、直木孝次郎一九九四参照。

（7）「悲劇」が生み出された原因についても見解は様々である。父子関係に内在する疎外感に起源を持つことを指摘する論者もいれば、直木孝次郎のように、雄略を王権形成の画期とする考え方が生まれるとともに、本来は雄略（ワカタケル）の父として伝承されていた日本武尊の最期が、征服を未完のまま終えた「悲劇」の王へと改変されたことに原因があるとする研究者もいる（直木孝次郎一九九四参照）。またこの「悲劇」に「大王制」から「天皇制」への体制改革が象徴されていると考える研究者も存在する（西條勉一九九四、同二〇〇三「ヤマトタケルの暴力」（初出は一九九二）参照）。そして、記紀編纂期に若くして亡くなった大津皇子などの死の影が、日本武尊の「悲劇」に「反映」しているという説も古くからある。

（8）神代紀で天稚彦に「天鹿児弓・天羽羽矢」を「賜う」などの記事はあるが、天武・持統期を除き、「天皇」が軍兵や武器を「賜う」とする記事のほとんどは、百済支援に関して、百済に対する「字小（自国に服属する小国を養う）」主義の立場から言われているものである。しかしこのような認識が、百済と倭の間で実際に共有されていたとは思えない。豪族に率いられた海外派兵や、交易的な意味を持った武器の輸送が存在していたとしても、徴兵や軍編成、武器管理、兵站準備などを王・大王の権限で中央権力が行い、それを王・大王の名で一元的に配下の将軍に授けることや、あるいは百済の王に与えるような整備された体制は、天武・持統期以前・以後を問わず考えにくいだろう（この点については第3章で論じているので参照されたい）。

（9）従来から指摘されてきたように、百済三書には倭・日本に迎合的な百済の姿勢と、高圧的な倭・日本の姿勢が、潤色も交えて随所に記述されている。上記した欽明紀十五年正月条の「可畏天皇…賜軍」もその典型である。山尾幸久一九八九前篇二章、仁藤敦史二〇一五参照。

（10）日本武尊の「孤独」に関しては、貴種流離譚的に父と子の葛藤の面から解釈されることも多い。しかし、〝父親から疎まれる子供〟が、たとえ古くから存在する神話や昔話の要素であったとしても、〝一元的に管理された軍兵〟の認識がなければ、「軍衆を賜はずて…」という嘆きが生まれるはずもない。また復命するまでに死ぬことや、大王の座から格下げされたことも、説話形成のどの段階で加わったことなのかよくわからない。したがって、記紀編纂期を大きく遡る段階で、すでに日本武尊説話が「悲劇」であったことが証明されているわけではない。吉井巌が指摘するように、大津皇子殺害などの不運な皇子の悲劇性が影響している可能性はあるが、いずれにしても「軍兵を賜らずに」と同様にそれは新しい。私は説話が形成されるかなり新しい段階で「悲劇」の傾向が強まり、『古事記』では『日本書紀』より濃くその要素を導入したのではないか、そして、さらに説話を「悲劇」の説話として強調するために、「軍兵を賜らず…」が最終的に追加されたのではないかと考えている。

(11) 吉井巌一九七七、五四ページ参照。
(12) 砂入恒夫一九八三「三つの御刀物語」(初出は一九七二)参照。
(13) 仁藤敦史二〇〇一参照。
(14) 三浦祐之一九九八第二章参照。
(15) 吉井巌や西條勉などこの見解を解く論者は多い。
(16) 吉田孝一九八二参照。
(17) 「倭王武上表文」や「稲荷山鉄剣銘文」と重ね合わせ、日本武尊東征説話は、王権が東国統治の起源を物語る征服説話に由来する、という説明がされることがある。そのようなものがあったかどうか何とも言えないが、もしあったとすればそれはやはり一対一型で、単体の武人が活躍する形式のものだったと考えている。直木孝次郎一九九四参照。
(18) 周知のように、目弱王が安康を殺害したという情報を聞いた雄略(大長谷王子)も「童男」とされる(安康記)。
(19) ちくま学芸文庫本『史記　1　本紀』(一九九五刊)参照。
(20) 「軍兵」自体が存在しないのだから、神代記紀には軍事指揮者型の武人(神)は一切現れないし、いわゆる「軍神」が存在する余地もない。「軍神」に関しては湯浅邦弘一九九二、同一九九三参照。
(21) 加藤謙吉一九八八参照。

(22) 加美宏一九六三、多田一臣一九八八参照。捕鳥部万説話と『軍記』との関連についてはすでに多田の指摘があるが、佐伯真一などの見解も参考に、記紀の武人説話と『軍記』との思想的なつながりや、その語り口の特質について今後検討したいと考えている(佐伯真一二〇〇四参照)。
(23)「将軍」に関しては本書第3章で検討した。
(24) 岩波文庫本『日本書紀　三』五五ページ参照。注に記載されているように、『三国志　魏志　武帝紀』の説話と類似する。
(25) 従軍する武人と軍事指揮者の武人との関係は、律令制度下における武官構成と共通する点がある。律令制度下における武官は、世襲的に武官となる下級武官と、文官と武官を行き来する非専属的な上級武官とによって構成されるが、軍事的な技能に着目された従軍する武人は階層的にも下級であり、軍事指揮を執る武人は上級だからである。坂本太郎一九八六、髙橋昌明一九九九第二章(初出は一九九五)、同第四章参照。
(26) 久米歌に関しては記紀歌謡研究会二〇〇〇、同二〇〇三参照。
(27) 歌舞に関する論文も多いが、上田正昭「戦闘歌舞の伝統」(上田正昭編一九七一所収、初出は一九六三)、大橋信弥一九七五、坂下圭八一九八六(初出は一九八四)、廣畑輔雄一九九三第六章参照。
(28) 注(12)参照。
(29) 吉田集而一九八八参照。
(30) 多田一臣一九八八参照。
(31)「タケ」に関しては中村啓信や野田嶺志が論究しているが本章とは論点が異なる(中村啓信二〇〇〇、野田嶺志二〇一〇第十四章、同第十五章(初出は一九九七、二〇〇〇)参照。
(32) ここでは岩波文庫本『日本書紀　一～五』岩波書店(一九九四～一九九五刊)、『日本古典文学全集　日本書紀　一～三』小学館(一九九四～一九九八刊)を使用した。また『古事記』については岩波文庫本『古事記』岩波書店(一九六三刊)を使用している。

(33) 細かく見ていくと、武、雄、建…の意味はそれぞれ異なるが、本章では省略する。
(34)『日本書紀』の用例から考えて、軍兵を集団として明示する場合には「兵衆」「軍卒」のように「衆」や「卒」を付加し、「イクサノヒトドモ」などと訓む場合が多い。こうした軍兵集団に対して「タケ」とされる例はない。
(35) 浅野裕一一九九七、八八ページ参照。
(36) 髙橋昌明一九九九第Ⅰ部第一章、同第二章など参照。
(37) 菅野覚明二〇〇四、二二六ページ参照。
(38) 西山松之助ほか編一九七二、三〇五ページ参照。
(39) 荀子の「おのづから」は「仁者無敵論」としてのものであって、『日本書紀』とは全く異質である。石飛憲一九九九、内田智雄一九五五、柴田昇一九九八、寺師貴憲一九九九、湯浅邦弘一九九九第三部第三章、同第四章参照。日本の「おのづから」に関しては相良亨一九八四、同一九八九、竹内整一二〇〇四参照。
(40) 湯浅邦弘一九九九第一部第一章参照。
(41) 孫子に関しては浅野裕一一九七九、同一九九七、湯浅邦弘一九九九第一部第二章、同第二部参照。
(42) 公と私に関する論文は多いが、井上勝博一九九六、同一九九九、田中禎昭一九九九、田原嗣郎一九八八a、同b、溝口雄三一九七二、同一九八八a、同b、同一九九六、同二〇一一、近年のものでは関根淳二〇〇九、呉哲男二〇一一、山尾幸久二〇〇三第八章など参照。
(43) 唐突に聞こえるかもしれないが、私はこの問題は、律令体制が中国の礼制を導入する中で、「軍礼」だけは導入しなかったことと関連していると考えている。

＊参考文献

浅野裕一一九七九「十三篇『孫子』の成立事情」『島根大学教育学部紀要　第13巻』
同　　一九九七『孫子』講談社学術文庫

池田温編一九九二『古代を考える　唐と日本』吉川弘文館
石飛　憲一九九九「『韓非子』難勢篇と『荀子』の勢説」『国語教育論叢　9』
石母田正一九七一「英雄時代の問題の所在について」『論集日本文化の起源　第2巻』平凡社（初出は一九五三）
同　二〇〇〇「古代貴族の英雄時代」『神話と文学』岩波書店（初出は一九四八）
伊藤清司編一九八三『日本の神話　5　倭建命』ぎょうせい
稲岡耕二一九七三「軍王作歌の論」『国語と国文学　50—5』
井上勝博一九九六「日本古代史における「公」と「私」についての基礎的考察」『日本史における公と私』青木書店
同　一九九九「日本古代における「公」と王権」『日本史研究　440』
上田正昭編一九七一『論集日本文化の起源　第2巻』平凡社
内田智雄一九五五「荀子の兵戦論」『同志社法学　6—5』
遠藤　宏一九七〇「万葉集作家未詳歌と「ますらを」意識」『論集上代文学　第一集』笠間書院
及川智早二〇〇〇「『古事記』中巻ヤマトタケル（小碓）命西征譚試論」『国文学研究　130』
大隅清陽一九九二「唐の礼制と日本」『古代を考える　唐と日本』吉川弘文館
同　一九九三「儀制令における礼と法」『日本律令制論集　上巻』吉川弘文館
大橋信弥一九七五「久米部の歌舞について」『日本史研究　157』
大平　聡二〇〇六「英雄時代論と英雄時代論争」『日本歴史　700』
荻原千鶴一九九八『日本古代の神話と文学』塙書房
奥村和美二〇〇五「「公」であること」『万葉語文研究　第一集』和泉書院
尾畑喜一郎一九八六「原ヤマトタケル物語をめぐって」『上代文学　56』
加藤謙吉一九八八「蘇我・物部戦争」『戦乱の日本史　1』風土社
加美　宏一九六三「将門記の形態と方法」『将門記　研究と資料』新読書社

河野克之一九六九「ヤマトタケル伝説の成立」『歴史学研究　346』
記紀歌謡研究会二〇〇〇「久米歌研究文献目録」『古代研究　33』
同　二〇〇三「久米歌研究史」『古代研究　36』
菊池英夫一九六一「節度使制確立以前における「軍」制度の展開」『東洋学報　44―2』
同　一九六二「同右（続編）」『東洋学報　45―1』
同　一九七一「中国軍制史研究の基本的視点」『歴史評論　250』
同　一九七九「日唐軍制比較研究上の若干の問題」『隋唐帝国と東アジア世界』汲古書院
同　一九八四「律令法系の特質の成立過程について」『中国律令制の展開』唐代史研究会
同　一九九四「唐初軍制用語としての「團」の用法（一）」『中央大学文学部紀要　154』
同　一九九六「同右（二）」『中央大学文学部紀要　163』
北山茂夫一九七一「日本における英雄時代の問題によせて」『論集日本文化の起源　第2巻』平凡社（初出は一九五六）
鬼頭清明一九九一「ヤマトタケルとワカタケル大王」『東洋大学大学院紀要・文学』
楠木千尋一九九二「カムヤマトイワレビコと〈久米歌〉」『日本歌謡研究　32』
同　一九九三「「天神御子」と〈久米歌〉」『国語と国文学　70―4』
工藤　浩二〇〇六「久米歌と大嘗祭」『国語と国文学　83―2』
呉　哲男二〇一一「オホヤケ（公）の系譜学的遡行」『国文学解釈と鑑賞　76―5』
三枝康高一九五三「「ますらを」の意味」『国語と国文学　30―12』
西條　勉一九九四「ヤマトタケル系譜とタラシ系皇統の王権思想」『古事記研究大系　6　古事記の天皇』髙科書店
同　一九九六「〝雄略的なもの〟の克服」『国文学論輯　17』
同　二〇〇三『古代の読み方』笠間書院
斎藤静隆一九七九「日本書紀「来目歌」伝承の形成序説」『上代文学　43』

同　一九八〇「「来目歌」の原質」『国学院大学大学院紀要　12』
佐伯有清一九七五「古代国家への道」『古代史への道』吉川弘文館
佐伯真一一九九七「「朝敵」以前」『国語と国文学　74―11』
同　二〇〇四『戦場の精神史』日本放送出版協会
同　二〇一八『「武国」日本』平凡社新書
坂下圭八一九八六「天之日矛の物語（一）」「同（二）」『古事記・王権と語り』有精堂出版（初出は一九八四）
坂本太郎一九八六「日本律令の右文主義とその伝統」『日本歴史の特性』講談社学術文庫（初出は一九八六）
相良　亨一九八四『日本人の心』東京大学出版会
同　一九八九『日本の思想』ぺりかん社
柴田　昇一九九六「『商君書』の歴史的位置」『史林　79―1』
同　一九九六「『尉繚子』の世界」『東方学　92輯』
同　一九九八「荀子と兵学」『名古屋大学東洋史研究報告　22』
菅野覚明二〇〇四『武士道の逆襲』講談社現代新書
砂入恒夫一九八三『ヤマトタケル伝説の研究』近代文芸社
関根　淳二〇〇九「日本古代史料における「国家」」『上智史学　54』
高木市之助一九四一『吉野の鮎』岩波書店
髙橋昌明一九九九『武士の成立武士像の創出』東京大学出版会
竹内整一二〇〇四『「おのずから」と「みずから」』春秋社
多田一臣一九八八「古代文学に見る「軍語り」」『国文学解釈と鑑賞　53―13』
田中　元一九六三「英雄時代論の再検討」『工学院大学文化科学研究論叢　1』
田中禎昭一九九九「「公私」の淵源」『歴史評論　569』

田原嗣郎一九八八ａ「日本の「公・私」上」『文学　56―9』
同　一九八八ｂ「同右　下」『文学　56―10』
寺師貴憲一九九九「戦国前期兵制に関する一考察」『歴史　92』
遠山一郎一九七八「ヤマト平定物語試論」『言語と文芸　86』
徳光久也一九六六『古事記の批評的研究』北海出版
内藤　明一九九六「万葉集の「ますらを」と「たわやめ」」『早稲田人文自然科学研究　50』
直木孝次郎一九九四「ヤマトタケル物語の成立」『大阪市文化財論集』
長久保恭子一九八〇「和風諡号の基礎的考察」『古代天皇制と社会構造』校倉書房
中村啓信二〇〇〇「ヤマトタケと訓むべき論」『古事記の本性』おうふう（初出は一九八七）
西山松之助ほか編一九七二『日本思想大系　近世芸道論』岩波書店
仁藤敦史二〇〇一「ヤマトタケル東征伝承と焼津」『焼津市史研究　２巻』
同　二〇一五「『日本書紀』編纂史料としての百済三書」『国立歴史民俗博物館研究報告　第194集』
野田嶺志二〇一〇『日本古代軍事構造の研究』塙書房
廣畑輔雄一九九三『神武天皇の伝説』風間書房
福田良輔一九六四「倭建の命は天皇か」『古代語文ノート』南風堂桜楓社
松田　浩二〇一〇「万葉集巻三・笠金村歌群の主題と編纂と」『埼玉大学国語研究学会　10』
三浦祐之一九九八「説話累積としての倭建命説話」『神話と歴史叙述』若草書房
水林　彪一九九六「わが国における「公私」観念の歴史的展開」『日本史における公と私』青木書店
溝口雄三一九七二「土着中国に対するこの土着日本」『理想　470』
同　一九八八ａ「中国の「公・私」上」『文学　56―9』
同　一九八八ｂ「同右　下」『文学　56―10』

同　　一九九六『公私』三省堂
同　　二〇一一『中国思想のエッセンス　I』岩波書店
山尾幸久一九八九『古代の日朝関係』塙書房
同　　二〇〇三『日本古代国家と土地所有』吉川弘文館
湯浅邦弘一九九二「軍神の変容（1）」『島根大学教育学部紀要（人文・社会科学）26』
同　　一九九三「同右（2）」『島根大学教育学部紀要（人文・社会科学）27―1』
同　　一九九九『中国古代軍事思想史の研究』研文出版
同　　二〇〇九『諸子百家』中公新書
同　　二〇一二「興軍の時」『大阪大学大学院文学研究科紀要　52』
吉井　巌一九七六『天皇の系譜と神話　第二巻』塙書房
同　　一九七七『ヤマトタケル』学生社
吉田集而一九八八『不死身のナイティ』平凡社
吉田　孝一九八二「酒折宮の説話の背景」『甲斐の地域史的展開』雄山閣

あとがき

本書に所収した論文を書き始めたきっかけはいくつかある。もともと『古事記』や『日本書紀』と、『史記』や『漢書』などの漢籍との歴史叙述の質の差が何を意味するのか、という問題には興味があったが、軍事に関心を持つようになってからも、菊池英夫氏の研究（第5章の参考文献参照）などに触れて、史料の量と質で比較にならない中国古代史研究には憧れていた。そして十年以上前に、ふとしたことから湯浅邦弘氏の『中国古代軍事思想史の研究』（研文出版一九九九年刊行）を読んで影響を受け、その後湯浅氏や柴田昇氏の論考（第5章の参考文献参照）に接してさらに刺激を受けた。記紀の軍事思想を掘り下げてみたい、という誘惑にかられたのである。

確かに中国古代史では「軍事思想史」が成り立つのである。湯浅氏の著書を読んで、例えば「雁の飛び立つのを見て伏兵の存在を知る」といった知識・技術のレベルではなく、軍事思想が権力や支配と一体的に存在するものであることを初めて知ったような気がする。うかつなことに、私はそれまで「富国強兵」が軍事思想から生まれたことを知らなかったのである。

だが、日本古代史で同じようなことをやろうとしても無理だということはすぐにわかった。正史に加えて『春秋左氏伝』をはじめとする歴史書や『孫子』などの諸子百家の思想書、大量の竹簡・木簡などに恵まれた古代中国とは異なり、日本古代の場合は、軍事思想に触れるような文献史料は極めて乏しい。記紀の編纂者には軍事思想はないに等しく、似たようなものがあったとしても中身はほぼ「空っぽ」である。さらに、記紀を何十回、何百回読んでも、比較検討する史料がないわけだから、記紀編纂者の妄想の中から抜け出して史実に至ることは極めて難しい。冗談でよく言うが、それはタイムマシンがないと無理である。弥生時代や古墳時代の軍事思想を知ろうとしても、現状では限りなく困難であろう。

内容のない思想を論じることは不可能である。だからおそらく取り組んでみても、自分の考え方の骨格を示すこと以上にはならないだろうと思った。このために本書の最終章でもある「倭国軍事思想論序説」というタイトルは最初に決めたのだが、具体的な論点が思い浮かばず、すぐには軍事思想論に取り掛かれなかった。

そこで「倭国軍事考」というタイトルを決めて、手始めに書き出したのが本書第1章の「親征論」であった。天皇制研究や日本的権力論は私の長年のテーマだが、王・大王・天皇と軍事とのかかわりを検討することから始めようと考えたのである。以後「外征論」「征夷論」「軍兵論」と書き継いで（執筆の順番と本書の章だてとは異なる）、最後に「倭国軍事思想論序説」に至った。

「外征論」は倭と王・大王・天皇にとっての東アジア世界論としてお読みいただければありがたい。ここ五年ほど、数人の友人たちと毎年中国・韓国を旅行し、高句麗、伽耶、百済、新羅等の遺跡を見て歩いているが、これによって『古事記』や『日本書紀』の読み方が変わってきた。広い世界と一体的に歴史が動く感覚と、オリジナルな道筋に分け入ってゆく感覚の両方を体感することで自分にとっての史料も変化したのである。

「征夷論」は中国思想導入論と差別論として考えていただきたい。中国文化なくして日本文化はあり得ない。元号を漢籍から採用したか、「国書」から採用したかというレベルの話ではない。そもそも漢字（文字）を使用すること、呉音・漢音・唐音・古韓音などの音（訓み）を現に使用していることの意味がわからなければ、日本文化などわかるはずもない。ここでは華夷思想を取り上げて、差別の描かれ方を論じようとした。

「軍兵論」は私が最も苦手とする歴史的実態に関する基礎的な研究だが、自分で取り組んでみて、思いのほか、古代史研究でもこうした基礎的研究が進んでいないことを痛感した。実証研究にはある種のリアルが求められると思うが、何にリアルを感じるかは研究者によって異なる。あえて言えば研究者の洞察力や現実的な分析力が問われる。そのことをここで感じ取っていただければありがたい。

湯浅氏の著作を読んで十年かけて、何をどう論じれば「倭国軍事思想論」になるのかを模索し続けてようやくたどり着いたのが、「倭国軍事思想論序説」の武人論であり「武（タケ）」とは何かという視点であった。今から思えば当たり前の結果であり、最初からそれをやればよかったとも思うが、先行研究もほぼ皆無の状態なので思いのほか時間がかかった。だが、軍事にかかわる多様な課題に取り組むことができて、回り道にはなったものの、思想研究もかえって深めることができたような気がするし、おかげで不十分ながらも自分なりの「古代国家論」が展開できたような気もする。

本書に至ったもう一つのきっかけを挙げるとすれば、現在性である。現代社会を感じることで自分は動かされた。本文でも触れていることだが、白村江の戦で「我等先を争はば彼おのづからに退くべし」（天智紀二年八月条）と言って壊滅する戦いの姿には既視感がある。現場の指揮者の中には反対意見があっても、世界（相手）も現場も知らない最高司令官は自意識過剰で、自己保身的で無責任だから、わき目もふらずに攻撃しさえすれば現状が打開することを楽観的に信じ込ませようとする。ただ信じ込ませるだけでなく、それにあたかも大きな意義があるかのように装ってだます。従軍する者は、たとえそれに疑問を感じても、大きな意義を振りかざされると従わざるを得ない。空気ができて、抵抗するすべもなく、操られる。非科学的ではあるが七十数年前の戦争が重なってしまう。七世紀の後半ですでにこうであったことに、愕然としながら、暗澹とした気持ちを抱いてしまうのである。

私は戦争を最低の愚行だと思っている。もちろんケガをするのも死ぬこともいやだし、人に命令されることも、自分を超える高くて大きなものが存在していて、それには抗いようがないと思い込まされることも嫌いである。煽った人間が生き延びて、煽られた人間が死んでゆくのも、責任の所在を突き詰めることなく、天災のようにそれをやりすごしてしまうことにもやりきれない思いがする。自分で反省することは必要だが、責任がどこの誰にあるのか、何が問題なのか考えることを恐れてはならないのではないか。他人事で済ましてはならないし、過去も知らずに簡単に未来などを信じない方がよい（よかった）のではないか。

戦争や軍事の本質がわからなければ、それを駆り立てる政治や社会の構造がわからなければ、そしてそれに従う自分たちの心性がわからなければ、同じようなことはまた繰り返されるのかもしれない。確かに時代は比較しようもないほどに大きく変わったから、同じことは起こるはずもないが、ただ単にその時の国際情勢や政治関係、経済関係、あるいは政治権力者の個性に起因するだけではなく、もっと構造的な、あえて言えば宿命的な要因があるのなら、同じようなことは同じように起こるのかもしれない。白村江や真珠湾に突っ込んでいったように、自分や誰かがどこか別の場所に突っ込むのかもしれない。そのような恐れは本当にないと言えるのだろうか。飛躍するが、「ない」と言う自信がないから、倭国の段階から軍事について考えてみたいと思った。

あとがきの最後に個人的な感想を記すことをお許しいただきたい。

私は一介のサラリーマンにすぎない。本書のもとになった論文を書き始めてから書き終わるまでに、四つの所属を延べ六回異動した。それぞれの所属での同僚たちの姿は今でも目に浮かぶが、全く無関係で異質なのに、仕事と古代史が車の両輪のようになってしまった。無関係で異質だったからこそよかったのかもしれない。勉強時間がなくて鬱々としていたはずなのに、仕事がなければこうした論文も書けなかったのではないかという気がするから不思議である。

また田舎暮らしをしているから論文を手に入れるのには苦労した。なるたけ日本史や考古学、東洋史、国文学とジャンルを広げて、しかも古代から近現代へと時間幅も広げて、日本、朝鮮半島、大陸へと対象地域も広げて、クロスオーバーに研究することを心掛けているのだが（実際にどこまでできているかは別問題として、気持ちの上では）、研究情報の収集と論文の入手には図書館のレファレンスを活用するしかなかった。インターネットが普及し、情報収集もしやすくなって、ネット上で公開されている論文も増えてきたから少しは楽になったが、島根県立図書館と益田市立図書館のレファレンスがなければ、私は研究すること自体をとっくにあきらめていた。本書の刊行にあたって、レファレンスの担当職員の皆さんに感謝の気持ちを伝えたいし、今後ともこの大事な役割を継続していただきたいと切に願っている。

私は岡山大学の日本史研究室と、立命館大学の大学院（修士課程）で日本古代史を専攻した。岡山大学では古代史は故吉田晶氏、近現代史はひろたまさき氏が私の先生で、立命館大学では山尾幸久氏が私の先生であった。簡単に言えば吉田先生からは古代史の基本を、ひろた先生からは近現代史の魅力を、山尾先生からは東アジア的世界と日本古代史の深みを学んだ。

自分もそうだが、先生方も年齢を重ねられ、吉田先生は先年亡くなられたし、病床に伏しておいでの先生もおられる。しかし年齢を重ねられても、私が書いた論文を送ると、先生方はきちんとコメントを付けて返してくださった。横着な自分には絶対できないなあ、ともらうたびに感動した。もう不可能だが、この本を吉田先生にも読んでもらいたかった。「専制の考え方が違うよ」「若槻君、国家の考え方がおかしいんじゃないか」と、やさしい目できっと言われただろうけど。

自分は比較的真面目ではあったと思うが、「まとも」なことを「まとも」にやる力はない。基礎的なことやオーソドックスなことが苦手で、人とは異なった方向に迷い込む癖があるので、学生生活は右往左往した。手当たり次第に思いつくままに進むのは今でもそうである。腰の据わったことは大学院でもとうとうできなかった。先生方から見れば、何をやっているのか訳のわからない学生の一人だったことだろう。自分でも訳がわからなくてそうやっているのだからしょうがないのだが。

しかし先生方は、それぞれの個性的な方法で、歴史研究の面白さを私にずっと感じさせてくださっている。はじめはもちろん新鮮な知識や切り口の面白さとして、そして次には広がりや深みとして、研究が無限に続くもので、発見は無数にあることが私にも少しはわかるようになってきた。研究者の考え方や視角の持ちようで、史料はどうにでも読めるものだということも、（先生方は決してそうは言われなかったのだろうが）私が会得したものである。そしていろいろなものを抱えながら自分たちが現代に生きていて、歴史研究者になると、幸か不幸か歴史を知ることと生きることが切り離せなくなることも私が感じ取ったことである。

大学院時代に知り合い、今でも刺激し合う関係にある三浦啓伯、青木隆幸の両氏と、ときどき参加させていただいている、榎英一氏をはじめとする自主的な勉強会（山尾ゼミOB会）の皆さんは、私の書く論文のほぼ唯一の読者である。こうした友人やこの会があったおかげで、学界とは無縁な自分が研究を続けてこられたし、山尾先生と榎さんには、本書の出版を勧めていただいた。塙書房で本書の編集のお世話になった、全文を整理整頓してくださった寺島正行さんとともに、心から感謝申し上げたい。

最後におよそ三十五年間も結婚生活をしている恵子さんありがとう。

二〇一九年九月二日

煙をはさみで切る　若槻真治

事項索引

さ

研究者名索引

あ

か

さ

若槻真治（わかつき　しんじ）

略　歴
1957年　島根県雲南市生まれ
1979年　岡山大学法文学部日本史学科卒業
1982年　立命館大学大学院博士前期課程修了
1984年　島根県庁入庁。以降、文化財、芸術文化、国際分野中心に勤務
2017年　島根県庁退職
2019年　島根県芸術文化センター・グラントワ劇場館長退職

主要論文
「来神伝承論」『試行　70号』1991年
「聖性とは何か」『出雲古代史研究　7・8合併号』1998年
「狩猟採集民の精神と権力」『古代文化研究　14号』2006年
「石見銀山の街道と柵列に関する基礎的考察（前編）」『石見銀山遺跡の調査研究3』2013年
「同上　（後編）」『同上　4』2014年

倭国軍事考《わこくぐんじこう》

2019年12月10日　第1版第1刷

著　者　若槻真治
発行者　白石タイ
発行所　株式会社　塙書房
〒113-0033　東京都文京区本郷6丁目8-16
電話　03(3812)5821
FAX　03(3811)0617
振替　00100-6-8782

亜細亜印刷・弘伸製本

定価はケースに表示してあります。落丁本・乱丁本はお取替えいたします。

ISBN978-4-8273-1307-9　C3021